상장의례(喪葬儀禮)의 이론과 실무

김갑석 · 김영목 · 박원진 · 조희욱 編著

도서출판 대학서림

차례

서 론

대학에 〈장례지도학과(Mortuary Science)〉가 개설된 지 10여 년이 지났으며, 자격검정원에서 장례지도사 자격시험을 시행한 지 벌써 8년째가 지났다. 그동안 전통상례傳統儀禮와 현대장례現代葬禮를 비롯한 의례儀禮 및 실무實務를 가르치고 배우는 방법이 각 대학마다 다르고, 가르치는 사람마다 일치一致하지 않았기 때문에 배우는 학생들의 입장에서는 많은 혼란이 있었던 것도 사실이다.

지방地方마다 혹은 집안마다 다른 가가례家家禮 장례절차를 통일시킨다는 것은 무리가 따르지만, 2003년부터 장례지도사 자격검정원에서 자격시험을 시행하면서부터 조금씩 격차를 줄이고 하나의 통일된 모델을 제시하고 있어서 그나마 다행이라고 할 수 있다.

본 책에서는 전통상례 절차에 관한 부분은 『주자가례朱子家禮, 12세기』와 『상례비요喪禮備要, 1648』 『사례편람四禮便覽, 1844』의 내용 중에서 초종初終에서부터 길제吉祭까지의 절차를 발췌하였으며, 그 중 현대장례의 3일장三日葬에 맞추어 초종初終에서부터 성복成服까지의 절차를 실무위주로 편집하게 되었다.

전통 상례의 시각으로 보면 맞지 않는 부분이 있을 수 있겠지만, 현대에는 장례식 장소가 자택에서 장례식장으로 옮겨졌기 때문에 현대장례식의 모델인 수시-염습-입관-영좌설치-성복의 순서로 구분하여 장례를 공부하는 학생들과 자격검정시험을 준비하는 종사자들에게 조금이나마 도움되기를 바라는 마음으로 각 대학 장례지도학과 담당 교수들이 모여서 부족함과 부끄러움으로 이 책을 출판하게 되었다.

또한 기술표준원에서 장례식장 서비스(KS S 2021)가 2009년 8월 10일 제정되어 장례서비스를 제공하는 사업장에 KS서비스 인증이 실시되고 있다. 현대장례의 표준 모델의 이해를 돕기 위해 장례식장 서비스-용어(KS S 2021-1), 장례식장 서비스-프로세스(KS S 2021-2), 장례식장 서비스-기반구조(KS S 2021-3)를 삽입해 놓았으니 참고하기 바란다.

부디 이 책을 접하는 모든 분들께서는 큰 공부에 작은 밑거름으로 활용해주시고, 부족한 부분은 널리 양해해 주시고 잘못된 부분은 수정해 주시기를 바란다.

또한 출판에 기꺼이 도움을 주신 대학서림 윤진영 회장님 이하 편집부와 임직원 여러분께 진심으로 감사드립니다.

2011년 2월

편집인 일동

제 1 장
장례절차의 정착과정

대부분의 사회에서는 죽음을 단순히 인간의 생물학적인 활동의 정지가 아니라 인간의 영혼이 현세에서 타계로 옮겨간다고 믿고 있으며, 상례喪禮에는 그러한 관념들이 일정한 행위로 표현되고 있다. 우리나라의 경우 개인보다는 가족과 사회가 가치관의 중심을 차지하였던 전통사회에서 식구의 죽음으로 인한 가족질서의 위기는 엄격한 장례절차를 거치면서 극복되었기 때문에 유교적 이념에 충실한 장례의 실행을 매우 중요하게 여겼다[1].

장례葬禮는 어떠한 사회에서도 존재하였지만 사회적 규범이나 이데올로기에 따라 그 개념과 내용을 달리하고 있다. 고대사회에서 사람의 죽음을 어떻게 처리하고 있었는가는 고분古墳과 중국의 기록들을 통해 알 수 있다. 고분을 통한 선사와 고대

---

1) 『사례편람(四禮便覽)』 전8권 중 5권(60%)이 喪禮에 할애되어 있는 것으로 보아 죽음의 처리에 대한 인식의 정도를 읽을 수 있다.
: 1844년(헌종 10)에 이광정(李光正)이 간행. 그 후 1900년(광무 4)에 황필수(黃泌秀) · 지송욱(池松旭)이 증보 · 증간하여 『증보 사례편람(增 補四禮便覽)』이라 하였다. 이재의 예학(禮學)에 관한 깊은 조예를 토대로, 주자(朱子)의 『가례(家禮)』의 허점을 보완하면서 이를 현실적으로 사용하기 편리하도록 엮었다. 따라서 이 책이 간행되어 보급된 후 모든 예(禮)가 이 책에 따라 행해지게 되었다.

의 상례는 사람을 땅에 묻었으며, 일정한 법칙을 가지고 있었음을 알 수 있다. 우선 고대사회의 장례관습을 살펴보면 다음과 같다.

1. 예濊

"사람이 혹 중한 병으로 앓거나 죽는 일이 있으면 그 집을 헐어버리고 새로 집을 지어 살았다."[2)]

또한 "식구가 몹시 앓거나 죽으면 살던 집은 버리거나 헐어버리고 다시 새 집을 짓는다."라고 하였다.[3)]

예濊는 3~4세기에 현재의 강원도 북부 지역에 위치하고 있었던 부족국가로서 고대 상장례 풍습을 이들 기록을 통해 살펴볼 수 있다. 같은 내용의 두 문헌 기록으로 보아 당시는 죽음과 질병을 동일시하고 매우 꺼리는 염기사상厭忌思想이 있었음을 알 수 있다. 그리고 집을 쉽게 허물고 버리는 것으로 보아 여기저기 옮겨 다니는 수렵·목축생활을 한 것으로 생각되는 주검에 대한 사생관死生觀이 생성되기 이전으로 볼 수 있다.

---

2) 『후한서(後漢書)』「동이전 예(濊)편」
: 중국 남북조시대(南北朝時代) 남조(南朝) 송(宋)의 범엽(范曄)이 편찬한 기전체(紀傳體) 사서(史書)로 광무제(光武帝)에서 헌제(獻帝)에 이르는 후한(後漢)의 13대 196년 역사를 기록하고 있다. 한편, 〈후한서(後漢書)〉 85권의 '동이열전(東夷列傳)'에는 부여(夫余), 읍루(挹婁), 고구려(高句驪), 동옥저(東沃沮), 예(濊), 삼한(三韓), 왜(倭)에 관한 기록이 전해진다. 많은 부분이 진수(陳壽)의 〈삼국지(三國志)〉 위서(魏書) 30권 '오환선비동이전(烏丸鮮卑東夷傳)'의 내용과 일치하지만, 차이가 있거나 새로운 사실들도 많아 한반도의 고대사(古代史) 연구에 중요한 사료(史料)로 쓰이고 있다.

3) 『삼국지(三國志)』「동이전 예(濊)편」
: 진(晉)나라의 학자 진수(陳壽: 233~297)가 편찬한 것으로, 《사기(史記)》 《한서(漢書)》 《후한서(後漢書)》와 함께 중국 전사사(前四史)로 불린다. 또한 《위서(魏書)》 동이전(東夷傳)에는 부여(扶餘)·고구려·동옥저(東沃沮)·읍루(挹婁)·예(濊)·마한(馬韓)·진한(辰韓)·변한(弁韓)·왜인(倭人) 등의 전(傳)이 있어, 동방 민족에 관한 최고의 기록으로 동방의 고대사를 연구하는 데 유일한 사료가 된다.

2. 동옥저東沃沮

“사람을 장사지내는 데에는 나무로 큰 곽槨을 만들어 길이가 십여길(10장에 이르는 큰 나무덧널)이나 되게 하고 한 쪽으로 문을 만들어 놓는다.

새로 죽은 사람을 땅 속에 우선 가매장假埋葬해 두었다가 살이 모두 썩은 뒤에 뼈만을 추려서 이 곽 속에 넣어두니 결국 한 집안 식구들이 한 곽 속에 들어가게 된다.

그리고 나무를 새겨 신주처럼 만들어 죽은 사람의 수를 헤아렸다.”라고 하였다.[4)]

사람이 죽으면 모두 가매장 해 놓았다가 시체는 겨우 몸만 가릴 만큼 흙으로 덮었다가 그 뼈만을 추려서 이 곽 속에 넣는다. 그리하여 온 집안사람의 뼈가 이 한 곽 속에 들어가게 된다.

여기에 “나무로 산 사람의 모양을 새겨 꽂아서 이 나무의 수효로 죽은 사람의 수를 알게 된다. 또 기와로 만든 솥을 달아매고 그 속에 쌀을 넣어 두는 것이 그 나라 풍속이다.”라고 하였다.

동옥저는 3~4세기에 고구려 지역의 동쪽으로서 예濊와 접한 곳에 위치하고 있었던 부족국가로 역시 우리나라의 역사적 근거지가 되는 곳으로 볼 수 있다. 이들 두 문헌도 같은 내용으로 나무로 만든 집처럼 큰 곽에 가족을 같이 세골장洗骨葬[5)]을 하였음을 알 수 있다. 더욱이 나무 곽 안에는 흙으로 빗어 만든 옹기솥에 저세상에서 먹을 양식인 쌀을 넣어 두었다는 것으로 보아 당시의 저승관념을 알 수 있으며 여기서 나타나는 쌀이나 질그릇으로 보아 발달된 농경사회임을 알 수 있다.

그리고 부부합장이나 가족과의 합장合葬 형태로 나타나는 공동장共同葬에서 유추類推할 수 있는 부부중심의 가족관계임을 알 수 있고, 이승에서의 부부관계나 인간관계가 저승에서도 인정되어야 하고, 땅 위의 이승과 땅 속 저승의 삶이 동일하다고

---

4) 『후한서(後漢書)』「동이전 동옥저(東沃沮)편」.

5) 육체를 땅 위에 두고 그 위를 풀이나 짚과 같은 것으로 덮어 두어 살이 완전히 썩도록 만든다. 2,3년 후에 좋은 날을 잡아 초분을 해체한 다음 시체가 완전히 탈육된 후에 유골만을 취합하여 뼈를 깨끗이 씻어 장례를 치루는 장법(이차장 *二次葬*).

보는 저승관념을 의미한다고 할 수 있다. 이를 통해 혈연을 중심으로 한 가족중심 사회, 저승과 이승이 모습은 다르지만 문을 통해 통하는 세계라는 관념과 일정한 사생관死生觀을 가진 것으로 볼 수 있다.[6]

3. 부여夫餘

"사람이 죽으면 곽은 있어도 관은 없다. 사람을 죽여 순장殉葬[7]하는 풍습이 있었으며 숫자가 많은 자는 백 명이나 되었다. 또 임금이 죽으면 옥갑玉匣에 넣어 장사지낸다."라고 하였다.[8]

사람이 여름에 죽으면 모두 얼음을 채워두고 또 사람을 죽여 순장한다.
이 순장하는 데 있어 사람을 많이 죽일 때는 백여 명까지 죽인다.
그리고 장례를 후하게 지내는 사람은 있어도, 관은 없다.
… … …
사람이 죽으면 시체를 다섯 달 동안 집에 두는데 오래 둘수록 좋은 것으로

6) 『삼국지(三國志)』「동이전 동옥저」 편.

7) 임금이나 남편 또는 신분이 높은 사람등이 죽으면, 그 신하나 아내· 종 등이 뒤따라 스스로 목숨을 끊거나 강제로 죽여서 함께 매장하는 장례습속, 순사(殉死), '딸려묻음'이라고도 하며 신분계급이 뚜렷한 가부장제 사회에서 볼 수 있다. 이러한 순장이 역사적으로 가장 활발히 행해진 곳은 중국이다. 《사기》에는 BC 7세기 진(秦)나라의 순장기록이 나타나며, 이후에 순장의 금지령이 공포되었음에도 불구하고 청(淸)나라 초기까지도 황제나 왕 · 왕족이 죽으면 장식품 · 일용품 · 거마 등과 함께 많은 처첩과 종자 · 노예가 희생되었다. 산 사람을 대신하여 토용(土俑)을 매장하는 풍습도 이미 춘추시대에 나타났다. 또한 중국에서는 아내가 남편을 따라 목숨을 버리는 일도 많이 볼 수 있었는데, 이것은 여성이 남편이나 시부모, 또는 일족(一族)의 재산으로 취급되어 헌신적인 복종이 요구되는 도덕관념과 정절을 중시하여 재혼을 막으려는 것에서 그 배경을 찾을 수 있다. 유교도덕을 정치의 근본으로 삼은 중국에서는 이러한 여성의 묘비에 그러한 행위를 기리는 글을 새기거나 기념문(記念門) · 사당 등을 지어 존경의 대상으로 만들었다. 이러한 풍습은 미혼여성에게도 적용되어 약혼자가 죽으면 그 뒤를 따라 죽는 예도 있었으며, 죽은 약혼자와 혼례를 올려 평생을 시집에서 독신으로 보내기도 하였다. 또 미망인이 묘지에서 살거나, 죽은 남편과 같은 무덤이나 관棺에 매장하는 풍습도 순장과 같은 맥락에서 온 풍습이다.

8) 『후한서(後漢書)』「동이전 부여」 편.

여긴다.

죽은 사람을 제사지내는 데는 음식을 날 것으로 장만하지만 익힌 것으로도 한다.

상주된 사람은 되도록 장례를 빨리 지내려 하지 않지만 타인들이 억지로 지내게 한다.

거상据喪하는 데는 남녀가 모두 흰 옷을 입고 여자는 목걸이나 패물을 떼놓는다.[9)]

부여는 중국의 동북쪽에 있던 옛 부족으로서『삼국유사』에 의하면 주몽이 부여에서 무리를 이끌고 나와 고구려를 세운 것으로 되어있어 고구려보다 한 발 앞서 왕국을 형성하였다고 볼 수 있다.[10)] 지하에 나무로 곽槨을 만든 다음 관棺을 한 개 또는 여러 개의 관을 넣도록 되어 있는 장법葬法이 언급되고 있으며, 이들 문헌에서 나타나는 후장厚葬과 순장殉葬을 통해 당시의 저승에 대한 관념이 있었다고 볼 수 있다.

당시의 상장례 기간이 길고 얼음 등을 사용한 것으로 보아 시신에 대한 보존처리를 했을 것으로 보이며, 장례비용이 많이 들었을 것이다.

그리고 제물에 대한 언급으로 보아 죽은 자를 위한 일정한 의례儀禮가 있었음을 알 수 있으며, 상복喪服 의미의 옷이 등장하는 것으로 보아 죽은 사람을 기준으로 한 산 사람들의 관계가 인식되고, 조상祖上에 대한 인식과 숭배사상崇拜思想이 나타나고 있다고 볼 수 있다.

이로 보아 고대사회古代社會에서도 상복喪服을 입는 기간과 장사葬事지내는 기간을 정하고 있었으며, 곽槨을 사용하여 매장埋葬하였기 때문에 이에 따른 절차가 있었을 것이다. 물론 부족에 따라 상례喪禮에 대한 의미와 상기喪期를 달리하고 있지만, 뼈를 추려 매장을 한다는 것은 현재까지도 전남 섬 지역에서 행해지고 있는 초분草墳의 근원을 추측할 수 있는 중요한 단서가 된다.

---

9)『삼국지(三國志)』「위이동이전」부여 편.

10) 박태호,『장례의 역사』서해문집, 2006. p.49.

4. 고구려

남자와 여자가 혼인만 하면 벌써 장사지낼 때 입을 옷을 장만한다.

그리고 장사는 후하게 지낸다. 금, 은, 돈, 폐백 같은 것을 후하게 써서 장사를 지낸다. 그리고 돌을 쌓아 봉분을 만들고 봉분封墳 앞에는 소나무와 잣나무를 많이 심는다.[11)]

사람이 죽으면 집안에 빈소를 만들어 놓고 삼 년을 지낸 다음 초빈草殯[12)]에 길일을 가려서 장사지낸다.

부모나 남편의 초상에는 삼 년 동안 복을 입고 형제간에는 석 달 동안을 입는다.

초종初終을 치를 때는 모두 곡哭하고 울지만 장사 지낼 때에는 춤추고 음악을 곁들여 죽은 사람을 보낸다.[13)]

장사葬事가 끝나면 죽은 사람이 살았을 때 입던 의복과 거마車馬를 무덤 곁에 놓아 두었다가 장사에 모인 사람들이 다투어 집어 가지고 간다. 『북사北史』 고구려전

삼국지, 남사, 북사, 당서, 양서, 후한서 등에 고구려에 관한 기록이 간혹 다르게 나타나기도 하지만 대체로 위의 기록과 유사하다고 할 수 있다.

혼인 후 수의를 마련한다는 기록으로 보아 시신에게 예禮를 갖추어 치장治裝을 한 것으로 보이며, 3년 상喪이나 3개월 상喪 등이 거론된 것으로 보아 근친近親간의 서열序列 및 친소親疎의식이 나타나고 중국의 영향으로 인한 유교적 상장례와 상복제도를 받아 들였다는 것을 알 수 있다.

---

11) 『삼국지(三國志)』 동이전 고구려 편.

12) 초장(草葬)의 일종으로 초분(草墳)을 말하는데 짚을 깔고 그 위에 관을 두며 관의 상부를 풀이나 나뭇가지로 덮는 장법으로 내륙에서는 거의 소멸되어 그 자취를 찾아 볼 수 없으나 일부 남서해 도서지역에서는 아직도 행해지고 있는 장법이다. 시신을 바로 땅에 묻지 않은 채 돌이나 통나무 위에 관을 얹어놓고 육탈(肉脫)이 될 때까지 이엉과 용마름으로 덮은 초가 형태의 임시 무덤을 말한다.

13) 중국 역사서에 남아있는 고구려와 부여 그리고 삼한의 풍습을 보면 유독 술을 마시고 노래하고 춤추는 이야기가 많이 기록되어 있다.

또한 혼인하면서부터 죽음에 대한 대처를 준비하고 후장한 것으로 보아 저승에서의 육신의 존재를 인정하는 등의 저승관념과 사생관이 형성되었음을 할 수 있다.

또 봉분封墳 앞에 특별한 종류의 나무를 심어 묘역墓域을 표시하는 것은 무덤에 대한 신성시 사상이 있었음을 알 수 있다. 오랜 기간 동안 집안에 빈소殯所를 모시는 것으로 보아 이차장二次葬일 가능성도 유추할 수 있다. 장사 후 재물을 나누어주는 것은 상속 및 재물의 재분배로 볼 수 있으며, 춤과 음악으로 장사를 지내는 것은 죽은 사람을 보내기 위한 죽음의 의례儀禮로 볼 수 있으며 이와 유사한 의례는 최근까지 남도의 도서지방에 존재하고 있다.

5. 신라

사람이 죽으면 널을 쓰고 염습殮襲을 해서 장사葬事를 지내고 무덤을 만든다. 왕이나 부모, 그리고 처자妻子가 죽었을 때도 1년밖에 복服을 입지 않는다.[14)]

> 사람이 죽으면 관을 써서 염습해서 장사를 지내고 무덤을 만든다. 부모나 처자의 초상에는 1년 동안 복을 입는다.[15)]

이들 기록으로 보아 시신을 염습하여 치장治葬을 하고, 상복을 입는 복제服制가 나타나고 있다. 지증왕(500~513) 5년에는 순장을 금하고 상복법을 정하였으며,

---

14) 『수서(隋書)』 동이전 신라 편
: 636년(태종 10) 당(唐)나라에서 장손무기(長孫無忌) · 위징(魏徵) 등이 태종(太宗)의 명을 받아 제기(帝紀) 5권, 열전(列傳) 50권, 지(志) 30권으로 나누어 편찬하였다. 이 중 〈지〉 부분은 남조(南朝)의 양(梁) · 진(陳), 북조(北朝)의 북제(北齊) · 북주(北周) 및 수 등 5대(代)의 사실을 기록한 별개의 서책을 후에 편입시켜 놓은 것이다.

15) 『북사(北史)』 「신라전」
: 중국 당(唐)의 이연수(李延壽)가 편찬한 사서(史書) 기전체(紀傳體)로 북위(北魏), 서위(西魏), 동위(東魏), 북주(北周), 북제(北齊), 수(隋) 등 남북조시대(南北朝時代) 북조(北朝)의 여섯 왕조의 역사를 기술한 중국 25사(二十五史) 가운데 하나이다. 〈북사(北史)〉 94권(卷)에서는 열전(列傳)으로 고구려(高句麗), 백제(百濟), 신라(新羅), 물길(勿吉), 거란(契丹), 유구(流求), 왜(倭) 등에 대해 기술하고 있어 한반도와 동아시아 역사의 연구에도 중요한 사료(史料)로 쓰인다.

부모와 처자는 1년 복을 입는 상기喪期를 정하였다고 한다.[16)]

이 시기는 불교의 영향으로 일반인들도 화장火葬이 성행하였고, 많은 골호骨壺들이 경주 지방에서 발견되고 있는 것으로 보아 화장한 후 뼈를 항아리에 담아 묻는 매장법이 유행하였음을 알 수 있다.

이 골호들은 지하 50 cm 정도의 깊이에 아무 구조 없이 발견되기도 하고, 큰 항아리 속에 넣은 것도 있으며 석실묘石室墓의 내부에서 발견되기도 한다.

6. 백제

> 부모와 남편의 상喪에 3년 동안 복服을 입는다.
>
> 그 밖의 친척들은 장사만 지내면 이내 상복喪服을 벗는다.[17)]

백제도 고구려, 신라와 유사한 기록으로 볼 수 있는데, 백제는 기원 전후 무렵 고구려·부여의 이주민들이 한강유역에 세운 나라로서 낙랑이 멸망한 4세기 초부터 급격히 발전하였으나 4세기 말경 고구려 광개토대왕의 영토 확장정책에 밀려 공주로 도읍을 옮기게 되고, 538년 다시 부여로 옮겼기 때문에 세 군데에 고분의 중심지가 있을 뿐 상례에 대한 기록은 별로 없으며, 중국 역사서에도 '고구려와 같다'라고만 되어 있고 『삼국유사』나 『삼국사기』에도 구체적인 기록이 없다. 결국 고고학적인 발굴 자료를 통해 당시 상례의 풍습을 그려내야만 한다.

이처럼 삼국시대에는 소렴小殮, 관을 만든 것으로 보아 대렴大斂, 죽은 사람에게 입히는 수의壽衣 개념의 복식, 성복成服에 대한 기록이 처음으로 문헌에서 보이고 있으며, 초종이나 상복입는 기간, 길일吉日을 장일葬日로 택일하는 절차, 매장埋葬, 졸곡卒哭의 절차 등이 나타나는 것으로 보아 이 시기부터 사회적으로 어느 정도 상장례의 절차가 주자朱子의 『가례家禮』와 유사한 의례절차가 있었을 것으로 보인다.[18)]

---

16) 『삼국지』 수서 편, 신라에서 장골처가 발견되는 것으로 보아 불교의 법식에 따라 화장을 해서 장골을 하기도 하였다.

17) 『주서(周書)』 이역전(異域傳) 백제 편.

또한 복제服制를 정하고, 상기喪期를 제한하였다는 것은 통일된 규칙 없이 행해지던 일생의례一生儀禮를 일정한 규범規範으로 정착시키기 위한 의지로 보인다. 특히 주자가례의 규정으로 알려져 왔던 3년 복제가 고대로부터 있어 왔던 우리의 전통적인 상례였음이 밝혀졌다[19].

7. 통일신라시대

분묘墳墓를 치장하는 것은 사책에 비방만을 남길 것이요, 인력을 수고롭게 하면서도 죽은 혼령魂靈을 구제하지 못하는 것이다. 임종 후 열흘이 되면 왕궁밖 뜰에서 불로 태워 장사지내고 상복을 입는 경중이야 규례가 있을 터이나 장례절차는 힘써 검약하게 하라….[20]

삼국을 통일한 신라는 강력한 왕권을 다지며, 새롭게 편입한 지역을 통치하기 위하여 지방관을 파견하여 중앙집권을 강화하였다. 이는 경주를 중심으로 하는 신라의 귀족문화와 불교문화가 점차 지방으로 확산되는 계기가 되었다.

또 문무왕에 대한 기록을 보면 시호諡號를 효성이라고 하고, "내가 죽으면 동해의 용이 되어 나라를 지키리라"라는 유언한 대로 법류사 남쪽에서 불사르고 유골은 동해에 뿌렸다"고 전해지는 것으로 보아 이 시기는 화장문화가 주류였음을 알 수 있다.[21]

---

18) 고구려, 낙랑 등이 만주와 중국을 점령하고 있었고, 중국과의 빈번한 교섭을 통해 일생의례를 비롯한 이데올로기의 영향을 많이 받았을 것으로 추측된다.

19) 김시덕, 「一生儀禮의 歷史」, 『韓國民俗史』, 지식산업사, 1996.

20) 『삼국사기』 제7권 「신라본기」.

21) 『삼국사기』에서는 "동해바다 큰 바위에 장사하다"로, 『삼국유사』 본문에서는 "유골을 장사지낸 대왕암", 또 「왕력」편에서는 "능이 ……바다 중에"라 하였는데, 이것이 신라 왕실 최초의 화장기록이다.

8. 고려시대

부모나 남편이 죽었을 때 쓰는 복제는 중국과 똑같다. 그러나 형제간에는 석 달 밖에 복을 입지 않는다. 불법佛法을 공양供養하고 믿는다.[22)]

고려시대는 거란, 여진, 몽고족의 잇따른 침략으로 많은 문화유산이 유실되기도 하였으나, 개경 중심의 귀족문화貴族文化와 지방의 호족문화豪族文化가 조화를 이루며 문화가 꽃을 피운 시기였다. 통일신라시대에 이은 불교문화가 귀족은 물론 일반 서민에게까지 영향을 미칠 정도로 널리 퍼져 있었다.

『고려사』의 문헌을 통해 보면 승려는 물론이고, 왕을 비롯한 귀족계급에 있어 화장火葬을 많이 했으나 천민의 신분도 화장을 한 것으로 보아 고려시대 초기에는 화장이 널리 성행했음을 알 수 있다.

그러나 이러한 장례 관습은 고려 말 충렬왕 16년(1290년) 중국 원나라로부터 안유에 의해서 성리학과 함께 들어온 주희朱熹(1130~1200)의 『가례』는 유교숭상의 이데올로기에 편승하여 우리나라 장례의 기본이 되고 이전과는 많이 다른 모습을 보이게 되었다.

1389년 고양왕 원년 헌사獻詞의 상소 중에서 화장을 비판하고 매장을 주장하는 내용이 있다.

“장葬이란 장藏하는 것이니 유골遺骨을 감추러 폭로暴露하지 않게 함이다. 근세에 부도浮屠의 다비법茶毘法이 성행하여 사람이 죽으면 장사하여 모발毛髮을 태우고 기부肌膚를 미란하게 하고 그 유골만 남기며 심한 자는 뼈를 태워 재를 날려서 어조魚鳥에게 베풀어야 하늘에 가서 태어날 수 있고 서방에 이를 수 있다고 했다. 사대부로서 고명한 자도 또한 모두 이에 현혹되어 죽으면 땅에 장사하지 않는 사람이 많았다. 이것은 불인不仁함이 심하다. 사람의 정신은 유행하고 화통하여 생사와 인귀人鬼가 본래 동일한 기온으로 조부모가 지하에서 편안하면 손자도 편안한 것이다. 이제부

---

22) 『주서(周書)』 「동이전」.

터 일체통금一切通禁하시고, 위반한 자는 죄를 논하소서."23)

화장금지에 대한 문헌상의 자료는 고려 말 쓰러져가는 국운을 되살리기 위해 과감한 개혁을 시도한 공민왕(1352-1374)14년 2월, 왕비 노국공주의 국장에 불교식으로 화장하려 했을 때 신하가 반대하여 중지하였다는 기록이 최초이다. 이후 고려 말 실질적인 실권자인 신진 사대부들은 왕에게 상소를 통해 척불斥佛을 주장하며 『주자가례』에 의한 예禮를 행할 것을 강력히 주장했다. 즉, 시신의 화장은 부모와 조상의 제의례祭儀禮를 원천적으로 끊는 것이라 여겼다.

결국 이러한 과정을 거치면서 불교식 화장은 금지되고, 주자가례에 의한 토장土葬과 삼년상이 시행되었으며, 유교식 가묘家廟를 세우고 대부와 서인에 이르기까지 조상의 제의례를 받들게 되었다.

9. 조선시대

조선 전기까지만 해도 『가례家禮』24)를 표본으로 한 유교식 장례가 정착되지 못하다가 16세기를 넘어서면서 율곡의 『제의초祭儀鈔』25) 등 우리식 가례가 등장하기 시작한다. 이는 『가례』는 중국의 실정에 맞는 관혼상제의 실천 방법이었기 때문에 우리의 실정에 맞게 재해석이 요구되어 『가례증해家禮增解』26), 『가례집람家禮輯覽(金長生)』27),

---

23) 고려사, 志券 제39, 刑法二.

24) 『주자가례(朱子家禮)』를 일컫는 것으로 『문공가례(文公家禮)』라고도 한다.
5권. 부록 1권. 그러나 이것은 후인(後人)의 의탁(依托)이라는 설도 있다. 한국에 전해진 것은 고려 말 주자학과 함께 전래되었다. 그 뒤 명(明)나라 성화(成化)연간에 구준(丘濬)이 위의 『주자가례』를 기초로 하여 여기에 의절고증(儀節考證)·잡록(雜錄)을 추가하여 『문공가례의절(文公家禮儀節)』 8권을 만들었다.

25) 1577년(선조 10) 이이(李珥)가 학문을 시작하는 이들을 가르치기 위해 편찬한 책인 『격몽요결』의 부록으로 제의를 설명해 놓은 글이다.

26) 1824년(순조 24) 간행하였으며 규장각도서. 이의조의 부친이 주자의 《가례》를 바탕으로 하여 고금의 예설(禮說)을 수집한 것을 다시 교정하여 간행하였다. 인사(人事)는 때를 따라 변하는 것이나 가례는 변질될 수 없는 가치관과 의의를 가진다고 보고, 시대에 따라 변질되고 의의가 달라진 변례(變禮)를 인용하고 고례(古禮)의 본질을 상세하게 해설하였다.

『사례편람四禮便覽(李縡)』 등 수많은 예서들이 출간되었다.

16세기 후반이 되면서부터 가례 중에서도 가장 어렵고 복잡한 상장의례에 대한 관심이 급증했다. 이러한 바탕 위에서 다양한 형태의 예서가 나타났는데 대표적인 것이 『국조오례의國朝五禮儀』이다. 『국조오례의』는 군왕으로부터 평민에 이르기까지 그 신분에 맞는 예의 기본을 정립한 것으로 성종 때 강희맹이 왕명에 의해 쓰여졌다. 그 후 영조20년 때, 윤급에 의해 시대에 맞게 내용을 첨삭添削한 속편이, 영조 27년 때 신만이 속편에서 누락된 부분을 보완하여 보완편이 완성되었다.

오례의는 길례吉禮, 가례家禮, 군례軍禮, 빈례賓禮, 흉례凶禮의 다섯 가지 예의를 갖추어 행함으로서 사람의 도리가 구체화된다고 하여 이 예제禮制가 인간 생활의 규범으로써 소중히 여겨져 왔다.

조선시대 중기의 예서로는 『상례비요喪禮備要』[28]나 『사례편람四禮便覽』을 들 수 있다. 『상례비요』는 신의경이 저술하고 뒤에 김장생이 교정·보완해 당시 조선사회에 많은 영향을 미쳤다.

『사례편람』은 이재李縡에 의해 저술되었고, 조선시대 후기를 대표하는 예서로 평가되며 오늘날 전통 상장제의례의 근간根幹을 이루고 있다. 『사례편람』은 중국의 『주자가례』[29]의 허점을 보완하면서 복잡하고 상이한 가례서들을 집대성하여 저술

---

27) 1599년(선조32) 사계(沙溪) 김장생(金長生)이 중국 송대(宋代)의 학자 주자(朱子)의 《가례(家禮)》를 중심으로 엮은 것이다. 아들 김집(金集)이 교정을 보았고, 1685년(숙종 11) 서문중(徐文重)·이사명(李師命)이 목판본으로 간행하였다. 중국의 학설을 기반으로 하였다고는 해도 한국의 가정의례(家庭儀禮) 전반에 걸쳐 그때까지의 여러 학설과 풍속에 대하여 기술하고, 엮은이 자신의 의견을 곁들여 놓았기 때문에 주체적인 색채가 짙은 책이다. 권1에 의례 전반에 대한 그림을 설명과 함께 실어 보기에 편리하게 한 점이 특징이다. 또한 엮은이의 서(序)와 우암(尤庵) 송시열(宋時烈)의 〈가례전집람후서(家禮專輯覽後序)〉가 있고, 권2에 성년의식인 관례(冠禮), 권3에 혼례, 권4~9 상례, 권10에 제례의 순으로 실려 있다. 조상의 위패를 모시는 가묘(家廟) 제도와 혼례·상례·제례에 대한 일반 가정의 의식절차와 그 의미가 상세하게 기술되어 있다.

28) 『주자가례(朱子家禮)』를 주로 하고, 그 밖의 고금 제가(諸家)의 예설(禮說)을 참고로 하여 초상(初喪)에서 장제(葬祭)까지의 모든 의식을 요령있게 적어놓았다. 신의경이 저술한 것을 김장생(金長生)이 교정 증보하였고, 다시 김집(金集)이 교정하여 1648년(인조 26)에 간행하였다. 책의 내용은 초상에서부터 제사에 이르기까지의 모든 절차와 의식을 그림과 함께 기록하였다.

29) 중국 명(明) 나라 구준(丘濬)이 관한 주자(朱子)의 학설을 모아서 편찬한 책. 『가례(家禮)』라고도 함. 관혼상제(冠婚喪祭) 등 사가(私家)의 예법을 수록함.

함으로서 조선의 현실에 맞고 실용적인 가례서로 탄생하게 되었다. 그 후 『사례편람』은 19세기에 이재李縡의 자손에 의해 공개되어 이후 오늘날까지 가장 대표적인 가례서로 평가받고 있다.

상장의례가 사회적으로 정비되기 시작한 것은 삼국시대이지만 국가적으로 제도화된 것은 조선시대이다. 『국조오례의』『상례비요』『사례편람』 등과 같은 각종 예서를 통해 알 수 있듯이 초종初終에서부터 습襲, 소렴小殮, 대렴大斂, 길제吉祭에 이르기까지 상장의례 절차가 상세히 기록되어있다. 각 예서禮書마다 명칭 및 구분에 약간의 차이는 있으나 절차상에는 별다른 차이를 보이고 있지 않다.

10. 일제강점기

일제 강점기인 1912년 6월 조선총독부에서는 풍수사상風水思想에 근거를 둔 미신을 타파하고 분묘墳墓의 위생적인 관리, 경관보호 등을 이유로 〈묘지화장장매장화장취체규칙〉을 발포하였다. 이 규칙에 따르면 특별한 경우를 제외하고 묘지의 신설은 부, 군, 면과 같은 지방공공단체가 아니면 허가하지 아니하도록 엄격하게 규정하고 있어 모두 공동묘지만을 사용하도록 되어 있었다.

1934년 조선총독부에서는 〈의례준칙〉을 들고 나왔다. 당시 〈의례준칙〉의 내용가운데 상장례와 관련한 부분을 보면, 전통적인 장례절차를 무시하고 상주와 상복, 습렴, 상기 등 복잡하고 문제의 소지가 있는 부분만 발췌하여 새로이 20항목의 상례 절차를 제시하였다.

상례의 제한 내용은 성복의 절차를 생략하고, 염습이 끝나면 바로 상복을 입도록 했다. 상복은 굴건제복이 아니라 두루마기에 통두건을 착용하거나 상장喪章을 달도록 제한하고, 양복을 입을 경우에는 완장을 차도록 했다. 장례 기간은 5일을 원칙으로 하고 최대 14일까지만 할 수 있으며, 복제는 2개월에서 2년으로 제한했다. 또한 삼우제三虞祭를 1회의 우제로 단축시켰으며 상여로 운반할 때에는 호창呼唱, 즉 상여소리를 못하게 하고 정숙하게 하여야 한다고 규정하였다.

하지만 〈의례준칙〉은 전통 상례에서 갖는 '망자의 조상신으로의 승화'나 '공동체 구성원의 죽음이라는 위기 극복' 등과 같은 절차를 무시함으로써 의례의 의미를 상실하고 말았다. 그 결과 상장례는 단순하게 시신을 처리하는 절차만 이행하는 수준에 머무르게 되었다. [30]

또한 집안에 신주神主를 모시느냐 모시지 않느냐에 따라 장례의 절차는 상당한 차이를 보인다. 즉 신주를 모시는 경우에는 초종初終, 습襲, 소렴小殮, 대렴大斂, 성복成服, 조상弔喪, 문상問喪, 치장治裝, 천구遷柩, 발인發靷, 급묘及墓, 반곡反哭, 우제虞祭, 졸곡卒哭, 부제祔祭, 소상小祥, 대상大祥, 담제禫祭, 길제吉祭의 19단계의 대절차[31]에 60개의 항목으로 구성되어있다.[32] 그러나 신주를 모시지 않는 경우에는 당시의 상황에 따라 절차를 생략하거나 통합하여 11개 정도로 실행되고 있다.

또한 각 절차들이 대절차와 소절차로 구분되어 있어 자칫하면 혼란을 일으킬 수도 있다. 또한 순차적으로 진행되기 보다는 죽은 자와 산 자를 위한 의례 등이 혼재되어 치루어지기 때문에 학문적 연구에 있어 혼란이 되기도 한다.[33]

그러나 이처럼 복잡한 절차로 진행되어지는 상례의 목적은 죽음을 인식하고 살아 있는 사람에게 죽음으로 인한 슬픔을 극복하게 함으로써 정상적인 생활로 회복하도록 하는 데 있다. 즉, 죽음의례의 절차는 산 자로 하여금 죽은 자와 점차적인 격리

---

30) '가정의례준칙'의 공포 과정을 보면 '의례준칙'(조선총독부, 1934,11,10), '표준의례'(재건운동본부, 1956), '표준의례공포'(보건사회부, 1961), '가정의준칙, 가정의례준칙에관한법률 시행령 공포'(보건사회부, 1969), '가정의례에관한법률'(개정 공포함, 보건사회부, 1973, 5, 17), '가정의례에관한법률'(보건복지부, 1993, 12, 27), '가정의례에관한법률 시행령'(보건복지부, 1994, 7, 7), '건전가정의례의정착 및 지원에관한법률'(보건복지부, 1999, 2 ,8), '장사등에관한법률'(2008, 3, 28) 등으로 변천되어 오고 있다.

31) 『四禮便覽』과 『喪禮備要』는 대절차가 19개이지만 『家禮』는 이보다 많은 21개로 구성되어 있다. 이는 『家禮』가 의미단위의 항목별 구분을 할 때 소절차를 대절차로 묶은 결과이고, 『四禮便覽』과 『喪禮備要』는 의미단위별 항목을 조선의 상황에 맞게 재구성하면서 소절차로 다룬 부분이 많기 때문이다. (김시덕 "한국 유교식 상례의 연구", 고려대학교 대학원 석사논문, 2007, pp.53~54)

32) 장철수, 『한국전통사회의 관혼상제』, 한국정신문화연구원, 1984, p.90에는 문상을 제외하고 18개 절차를 제시하고 있다.

33) "대렴은 입관을 위해 주검을 베로 감아서 매듭을 짓는 것으로 소렴을 행한 이튿날 곧 죽은지 사흘째 되는 것이나 요즘은 3일장을 주로 하므로 소렴에 이어 곧장 대렴을 하는 것이 관행으로 되어 있다."(임재해, 『전통상례』, 대원사, 1990, pp.34~35)

를 통해 친인의 죽음을 인식하게 함으로써, 죽음으로 인해 다시 돌아올 수 없다는 사실을 체득하게 하여 비통한 마음과 정서의 제어를 통해 애통을 수렴하게 하여 적절한 시간 이내에 정상적인 생활로 복귀하도록 하는 것이다.

제 2 장

전통상례(傳統喪禮)

1. 초종(初終: 1일째)

초종初終은 별세하는 순간, 운명殞命하는 순간을 의미하는 것으로 '돌아가시다'라는 의미를 가진 말이다. 종終은 군자君子의 죽음으로 사람 노릇을 끝냄을 의미하며, 사死는 소인小人의 죽음으로 육신이 죽어서 썩는 것을 뜻한다. 終마지막은 始처음에 대응하는 말이고, 死는 점점 다해 없어져 남는 것이 없음을 의미한다. 즉, 초종은 죽음을 맞이하는 절차로 다음과 같은 소절차들로 진행된다.

1) 임종臨終

임종臨終이란 집안에 죽음에 임박한 사람이 있는 경우 숨이 멈추는 과정까지를 뜻하며 말 그대로 죽음을 맞이하는 절차이다. 임종은 죽음에 이르는 순간을 가르키는 말로, 절명絶命, 운명殞命, 종신終身이라고 한다.

병이 중하면 환자를 정침正寢으로 옮기고遷居正寢, 방의 북쪽에 머리를 동쪽으로 가도록 눕힌 후 깨끗한 옷으로 갈아입힌다. 환자의 머리를 동쪽으로 가도록 눕히는 것은 동쪽의 방향이 양陽의 방향이고 만물이 소생하는 봄의 기운을 가진 방위이고,

태양이 떠오르는 방위가 되기 때문에 환자가 소생하기를 바라는 마음이 자리하고 있기 때이다.[34]

숨이 끊어지기를 기다리는데臨終, 이때 속굉屬紘, 속광屬纊이라고 하여 햇솜을 인중人中에 올려놓고 움직임의 여부로 숨이 있는가를 확인한다. 속굉으로 임종이 확인되면 침상寢牀을 치우고 땅에 뉘이고[35] 가족들은 곡哭하면서 손으로 망자의 얼굴을 내리쓰다듬어서 눈을 감기고 햇솜으로 입과 코, 귀 등을 막고 홑이불로 머리까지 덮는다.

또한 예법禮法에는 '남자는 부인의 손에서 죽지 않게 하고, 여자는 남자의 손에서 죽지 않게 한다男子不絶於 婦人之手 婦人不絶於 男子之手'고 하였는데, 이는 곧 천거정침遷居正寢 등을 할 때 남자는 남자가 처리하고 여자는 여자가 처리해야 한다는 의미이다.

2) 복復, 초혼招魂, 고복皐復

복復은 육체를 떠나는 영혼을 부르는 의식으로 망자가 다시 살아나도록 하기 위한 의례이며, 이를 초혼招魂, 고복皐復이라고도 한다. 이는 사람이 죽으면 혼魂이 몸에서 떠나 하늘로, 백魄은 땅으로 간다는 믿음에 의해 북망산천北邙山川으로 떠나는 망자의 혼령魂靈을 불러 좌정坐定시키는 의식이다. 혼을 불러 좌정하는 이유는 혼백魂帛을 모신 후 신주神主를 모시고 망자의 혼을 조상신祖上神으로 승화昇華시키기 위한 장치이다.

죽음이 확인되면 시신을 보지 않은 사람이 망자의 웃옷上衣이나 속적삼을 들고 앞쪽 처마동쪽 지붕에 올라가서 북쪽을 향하여 망자의 이름이나 직함을 부르며 왼손으로 옷깃을 잡고左執領 오른손으로 옷 허리友執腰를 잡고 크고 긴 목소리로 "아무개는 돌아오시오"라고 세 번 외친다. 이것이 변하여 세간에서는 "아무개 돌아오시오 복복복"이라고 외치기도 한다. 남자는 이름을 부르고 여자는 자字를 부른다. 혹은 관직官職이나 봉호封號, 혹은 평상시 부르던 대로 한다.

『의례儀禮』, 「사상례士喪禮」 편의 소疏에 '반드시 망자의 웃옷을 왼손으로 잡는 것은

---

34) 이철영, 『상장제의 정석』, 효사랑, 2008. p.36.

35) 『예기(禮記)』 「상대기(喪大記)」에 '침상(寢牀)을 치우고 바닥에 뉜다'고 한 것은 '사람이 처음에 땅에서 태어났기 때문에 침상을 치우고 땅에다 뉘는 것이며, 그 생기(生氣)가 돌아오기를 바라는 것이다'고 하였다.

초혼이 살아오기를 구하는 것이기 때문이다. 왼쪽은 양陽이고 양은 생生을 주관하기 때문에 왼손을 사용하는 것이다.'고 하였다.

복이 끝나면 뒤쪽 처마(서북쪽) 처마를 통해서 내려와 복을 할 때 사용하였던 웃옷은 습襲과 염殮을 할 때는 사용하지 않고 시신의 가슴 위에 덮어두거나 영좌靈座에 올려놓는다고 하였는데, 『의례儀禮』, 「사상례士喪禮」 편의 주註에 '조계阼階로 올라가서 옷으로 시신을 덮는다.'고 하였고, 주에 '시신에 덮는다依尸는 것은 옷을 덮기를 마치 혼魂이 돌아오는 것처럼 하는 것이다.'고 하였다.

복復을 할 때 소란스러우면 혹시 영혼이 당황하여 못 돌아올까 하여 곡哭을 잠시 멈추고 조용히 있다가 복復이 끝나면 다시 곡을 한다. 여기에서 곡소리는 청각적으로, 지붕 위에 던져둔 옷은 시각적으로 이웃에게 초상初喪이 났다는 것을 알리는 역할을 하기도 하였다.[36]

공자孔子께서도 『예기禮記』에서 초혼招魂을 부르는 것은 신神에게 다시 살아나기를 비는 것이라고 하였다. 혼백을 불러 유명幽冥에서 돌아오기를 바라는 것은 귀신에게서 구하는 길로 자식된 도리를 다하는 것이다.

그리고 복復을 반드시 세 번 부르는 까닭은 예禮가 삼三에서 오기 때문이다. 한번은 위를 향해 불러서 혼백魂魄이 하늘에서 내려올 것을 축원祝願하고, 한번은 아래를 향해 불러서 혼이 땅에서 돌아오기를 빌고, 한번은 북쪽을 향해서 불러서 혼이 천지사방天地四方에서 올 것을 빌기 위한 것이다.[37]고 하였다.

복復의 실제적인 의미는 죽음을 확인하고, 주변에 알리는 기능이 있음을 알 수 있다.

3) 천시遷屍

복復이 끝나면 시신을 옮겨 시상尸牀에 눕힌다. 예서禮書에서는 이를 '설치철족楔齒綴足'이라고 하고 있으나, 보통은 이를 '수시收屍'라고 하는데, 시신을 처리하는 최초의 단계이다.

---

36) 임재해, 『전통상례』, 대원사, 1990, p.21.
37) 국사편찬위원회, 『상장례의 삶과 죽음의 방정식』, 2005, p.77.

집사자는 시신이 있는 방에 휘장을 치고 짚 뭉치나 괴목槐木을 백지에 싸서 양쪽에 놓고 그 위에 칠성판(七星板, 松板이나 대로 엮은 것, 또는 부엌문이나 창문의 문짝을 사용함)을 올려놓고 자리와 베개를 놓고, 시신을 그 위로 옮기는데, 머리가 남쪽으로 가도록 한다.

시신이 굳어지기 전에 손발을 고루 주물러서 펴고 자세를 바르게 하여 경직되는 것을 막는다. 솜으로 코를 막고, 입이 닫치지 않게 이를 고이고 손발을 가지런히 하여 묶고 백지로 얼굴을 덮는다. 이를 고이는 것은 입이 닫히지 않게 해서 반함飯含을 할 때 쌀이나 구슬, 동전을 입에 넣고 물리게 하려 함이고, 발을 나란히 하는 것은 뒤틀리지 않게 하려 함이다.

음양陰陽에 따라 남좌여우男左女右 즉, 남자는 왼손이 위로, 여자는 오른손이 위로 가도록 포갠 다음 한지나 헝겊 끈으로 양손을 묶은 다음 이를 허리에 동여매고 두 엄지발가락 역시 묶어 두고 어깨와 팔, 허벅지, 무릎, 발목도 차례로 묶는다.[38]

발바닥을 벽에 붙이거나 목침을 대어 반듯하게 하여 홑이불을 얼굴까지 덮은 후 그 앞에 병풍을 치고 향상香床을 차리고 향을 피우며 촛대를 좌우에 세우고 촛불을 켠다.

사자상使者床

사자상에 대한 규정은『주자가례』『사례편람』『조선시대 관혼상제』등의 예서禮書에서는 어떠한 기록도 없으나, 관습으로 널리 전승되는 것은 사후死後에 영혼과 육신으로 분리되고, 죽음을 통제하고 관장하는 어떤 초월적인 존재가 저승에 있다는 이원적인 내세관來世觀 또는 저승관에 대한 전통적인 관념을 반영하고 있기 때문이다.

초혼招魂을 불러도 망자亡者가 살아나지 않으면 죽은 이의 회생回生을 기대하기 어렵다. 따라서 사자상을 차리는 것은 죽음을 인정하고자 하는 의례이다. 이때 지역에 따라 차이는 있지만 '사잣밥'이라고 하여 저승사자가 3명이라고 인식하여 소반이나 키에 밥 세 그릇, 동전 세 닢, 짚신 세 켤레, 소금이나 간장 또는 된장을 담아 대문

38) 국사편찬위원회,『상장례 삶과 죽음의 방정식』, 2005, p.77.

간에 놓은 것으로 저승사자를 위한 대접상이다. 망자를 데리고 가는 저승사자들을 잘 대접하면 죽은 이의 저승길이 순탄할 것이라고 믿는 관념에서 나온 것으로 보인다. 밥은 요기로 반찬은 간장이나 된장으로 하고 짚신은 먼 길에 갈아 신으라고 준비하며, 돈은 망자의 영혼을 부탁하는 의미로 일종의 노잣돈이다.

이러한 사잣밥은 지역에 따라서는 입관을 마치면 엎어놓기도 하여 문상객이 이를 보고 염殮을 했는지 안했는지를 알 수 있기도 하였고, 성복을 하면 사잣밥을 엎어놓는데 이것은 저승사자가 영혼을 거두어 갔다는 의미이기도 하다.

사잣상을 차리는 것에 대해서는 크게 두 종류의 의견으로 분리되는 것 같다. 하나는 망자의 혼을 저승으로 데려가는 저승사자를 잘 대접함으로서 저승사자가 망자의 혼을 편안히 모시고 갈 것이라는 바램에서 하는 것이다.

둘째는 이와는 반대로 사잣상을 차리지 않는 경우로서 "사람이 죽은 것도 억울한데, 왜 저승사자를 대접하느냐"라는 인식이다. 전자의 경우는 주로 서민층에서 많이 나타나는 현상이다. 후자의 경우는 지체가 있거나 종가의 전통이 이어져 오는 집안에서 나타나는 현상으로 『예서禮書』에 충실한 의례를 수행하려는 의도로 보인다.

4) 입상주立喪主

상喪의 주인을 세우는 절차로서 보통 망자의 장자長子가 상주喪主가 되지만, 경우에 따라 손자가 상주가 되는 경우도 있다. 이럴 경우 상주가 된 장손을 승중(承重: 아버지나 할아버지를 잃은 사람이 할아버지 또는 증조할아버지의 뒤를 이어서 일체의 의무와 책임을 이행하는 것, 또는 그 사람을 의미함 또는 승중상承重喪이라 한다.

장자나 손자가 없는 경우에는 차자次子나 차손次孫이 주상이 되며, 상처喪妻를 한 경우에는 장자가 있더라도 남편이 주상이 된다. 자손이 없이 상부(喪夫; 남편이 사망한)한 경우 아내가 주상이 된다. 주상에 해당되는 사람이 없는 경우에는 친족 중에서 가장 근친近親인 사람으로 하여금 상례를 주관하게 하고 주상主喪, 상주喪主로 정한다.

입상주라는 소절차는 상주를 정하기보다는 상례喪禮를 치르는 동안 책임을 지고 수행해야 할 역할을 분담하는 절차이다. 즉 계획성 있고, 짜임새 있게 상례를 처리하기 위한 업무분장이다.

다음으로 주부主婦를 세우는데 주부는 죽은 사람의 아내를 말하며 없으면 상주의 아내가 된다. 남편의 상에는 삼우제까지는 아내가 되었다가 삼우제 후에는 큰며느리로 바꾼다. 복인服人이란 상복喪服을 입는 자를 말하는 것으로 본종복인의 범위는 8촌 이내의 친족이고, 외족은 외사촌이내, 처족은 부모에 한한다.

그리고 호상護喪, 사서司書, 사화司貨 등의 담당자를 정한다. 상주가 갑자기 부모를 잃은 슬픔과 경황 중에 직접 상례의 일을 관리할 수 없으므로 대신해서 상喪을 치러주는 예禮에 밝고 경험이 많은 어른을 호상護喪으로 정하고 부고발송, 조객안내, 축문작성, 상가재물관리 등을 맡아 상사喪事를 주관한다.

5) 역복불식易服不食

역복易服은 상중喪中에 상주, 주부 이하 근친近親들은 옷을 바꾸어 입고 음식을 먹지 않는 의미로, 망자의 아들, 처, 자부, 첩, 시집가지 않은 딸은 관冠과 윗옷을 벗고 머리를 풀고 흰옷을 입었다. 남자 상제는 위 옷깃을 섶에 끼우고 맨발을 하며, 나머지 복인은 비단옷과 같은 화려한 옷과 장식을 풀고 검소한 차림을 하게 하는 절차이다.

복인服人들 중 남자 상제들은 흰 두루마기를 입되 망자가 남자이면 두루마기의 왼쪽 소매를左袒, 外艱喪, 여자이면 오른쪽 소매에 팔을 꿰지 않고 소매를 빼서 늘어뜨렸다右袒, 內艱喪. 그리고 앞섶을 여미지 않은 채 안옷고름으로 살짝 매기만 했다.

이때부터 상주는 3일을 굶고, 복인의 차등에 따라 기년期年과 9월복의 복인은 세 끼를 먹지 않는다. 5개월 복과 3개월 복을 입는 사람은 두 끼를 먹지 않는다. 친척이나 이웃에서 죽을 쑤어 와서 권하면 조금 먹어도 된다.

『가례집람家禮輯覽』의 주註에 「문상問喪」 편에 '어버이가 처음 돌아가시면 가엾게 여겨 슬퍼하는 마음과 애통하는 뜻으로 신장이 상傷하고 간肝이 마르며, 폐肺가 타서 물 한 모금도 입에 넣지 못하고 사흘 동안 불을 피우지 않는다. 때문에 이웃과 마을 사람들이 그를 위하여 미음과 죽을 쑤어 먹인다. 애통하는 마음이 있으므로 입은 단맛을 모른다.'고 하였다.

6) 설전設奠 = 전례奠禮

망자亡者의 혼이 의지할 수 있도록 전奠을 처려 음식을 차려 놓은 것을 말하는데, 고인이 살아계실 때처럼 섬긴다는 의미에서 음식을 바치는 것으로 돌아가셨다고 차마 생시生時와 다른 사자死者의 예로 바꿔 올릴 수 없기 때문이다.

수시를 마친 후 집사자執事者가 망자亡者의 혼魂이 의지할 수 있도록 탁자에 포脯와 식혜食醯를 올리면 축관祝官이 손을 씻고 술을 따라 올린다. 술은 잔에 가득 차게 부어 시신의 오른쪽(동쪽) 어깨 근처에 놓고 망자의 혼을 달랬다.

이를 시사전始死奠이라고 하는데 애통해 하는 상주喪主를 대신해 집사와 축관이 주관했다. 이를 제祭라 하지 않고 전奠이라 한 것은 고인이 살아있을 때와 똑같이 섬긴다는 의미에서 예禮를 행하는 것이며 이때 절은 하지 않는다.

7) 치관治棺

호상護喪이 시신을 모실 관棺을 준비하는 절차이다. 호상이 목공木工을 시켜 나무를 골라 관棺을 준비하게 하며, 생전에 미리 만들어 놓기도 하였다. 옻칠을 하기 때문에 시간 여유를 두고 준비해야 하며, 관재棺材는 유삼油杉을 으뜸으로 치고, 오동나무, 소나무 은행나무 등 지역의 목재를 사용하기도 한다. 요즘은 용품 전문회사에 주문하면 되기 때문에 걱정할 것이 없다.

영남지방에서는 관을 '유택幽宅'이라고 할 정도로 중요하게 여겼기 때문에 이에 따라 맏사위가 준비하는 지역 유래도 있다. 반면 소백산맥을 동서로 양분하여 동쪽 지역에서는 입관入棺한 채로 매장埋葬하는 전통이 있고, 서쪽지역(경기도, 충청남북도, 전라남북도)에서는 관을 제거하고 매장하는 퇴관退棺 또는 탈관脫棺하는 전통이 있어서 하관下棺할 때 관을 해체하고 염殮을 한 시신만을 매장하기도 한다.

8) 부고訃告

부고訃告는 상喪이 났음을 친척과 친지 또는 평소에 가까이 지낸 이들에게 알리는 것이다. 마을 내에서 초상初喪이 났음을 알리는 상가喪家표시는 복復이라는 절차에서 이루어졌으나, 가로 세로 40 cm 정도의 백지에 먹물로 〈喪家〉, 〈忌中〉, 〈喪中〉이라 쓰고, 먹물로 둘레의 선을 그려 상가 입구에 붙였다.

호상소護喪所에서는 통부록通訃錄을 작성하고 멀리 있는 친척이나 친지에게 직접 전하는 전인부고傳人訃告를 했으나, 최근에는 우편부고, 신문부고 등이 있으며, 요즘은 발달된 통신수단을 이용하여 인터넷 부고, 핸드폰 문자부고 등도 있다.

부고에 기록하는 망자의 칭호는 할아버지는 왕대인王大人, 할머니는 왕대부인王大夫人, 아버지는 대인大人, 어머니는 대부인大夫人, 아내는 망실亡室, 동생은 망제亡弟로 쓴다.

최근까지만 해도 부고를 받으면 죽음에 대한 부정, 불길한 통지라 하여 대문 안으로 들이지 않고 변소에 걸어놓는 관행이 남아 있었다. 이는 죽은 자의 혼이 부고에 붙어 산자를 해친다는 풍속 때문이다.

부고는 호상護喪이 내는 것이나 근래에는 사자嗣子 또는 사손嗣孫, 친족대표, 우인友人 대표 등을 부고에 열거하고 있으나 고례古禮에는 맞지 않는 일이다.[39]

2. 습(襲, 1일째)

습襲은 시신을 깨끗이 씻기고 습의襲衣, 襚衣, 壽衣[40]를 입히고, 반함飯含하는 절차로서 시신을 정화淨化하는 의식이다.

1) 진습의陳襲衣

습襲, 즉 시신을 향나무를 잘게 쪼개어 삶아 우려낸 향탕수香湯水나 쑥물, 쌀뜨물로 목욕시키고 깨끗한 옷襲衣으로 갈아입히는 절차이다. 먼저 잘 보이지 않는 깨끗한 곳에 습구襲具를 버릴 구덩이인 굴감掘坎[41]을 파놓는다. 당堂의 앞 동쪽 벽 아래에

39) 〈건전가정의례준칙〉 제16조(부고)에 "신문에 부고를 게재하는 경우에는 행정기관 및 공공기관, 단체의 명의를 사용하지 아니 한다"고 규정하고 있다.

40) 『주자가례』의 주에, '습에는 옷 1벌을 쓰고, 대렴과 소렴에는 죽은 사람이 가지고 있던 옷과 친구들이 보내준 옷 及親友所襚之衣에 의거해서 마땅한 바에 따라 사용한다. 만약 옷이 많으면 다 쓸 필요는 없다'고 하였다. 여기에서 언급한 襚之衣에서 변하여 수의(襚衣)가 되었고, 현대에는 수의(壽衣)로 쓴 것이 아닌가 한다.

탁자를 준비하고 습의襲衣를 진설한다.

2) 목욕沐浴

습의의 진설이 끝나면 시신을 깨끗하게 목욕시키는데, 이는 시신을 깨끗이 정화한다는 의미다. 시신의 목욕은 시신의 오염방지와 냄새를 없애기 위해 향탕을 사용하지만 향탕이 없을 경우 쑥물을 사용하기도 한다.

먼저 수시 때 묶였던 손발의 끈을 풀고 옷을 벗기고 준비된 향탕수로 머리를 감기고, 빗질하여 수건으로 말리고, 모아서 묶는다.

향탕수를 솜으로 찍어 얼굴과 위로부터 아래로 내려가며 몸을 씻긴 다음 수건으로 물기를 닦는다. 목욕이 끝나면 사용한 솜과 수건, 물 등은 미리 파놓은 구덩이에 넣고 흙으로 묻는다. 그리고 머리를 빗길 때 빠진 머리카락과 깎은 손톱과 발톱, 생시에 빠진 이빨은 미리 준비해 놓은 작은 주머니에 따로 따로 넣고, 겉에 표시를 하여 입관을 할 때 함께 넣는다. 이 주머니를 오낭五囊 또는 조발랑이라고 한다.

가례家禮에는 없으나 상례비요, 사상례에 나타나는 얼음을 시신 밑에 놓는 설빙設氷의 절차가 있기도 하였는데, 아마 더울 때 행해진 것으로 볼 수 있다.

3) 습襲

습은 시신에게 습의襲衣, 襚衣, 壽衣를 입히는 절차이다. 습의는 망자에게 입히는 깨끗한 옷이다. 겉옷 위에 속옷을 겹쳐 끼워서 준비하고 시신의 아래로부터 위로 입힌다.

습상襲牀을 설치하고 요와 베개를 펴놓고 그 위에 시신을 옮겨 머리를 베개로 받치고 시신의 머리는 남쪽을 향하게 한 후 아래에서부터 위로 입힌다.

이때 옷깃을 여미는 방향은 모두 오른쪽으로 여민다.[42] 이때 소렴과 대렴의 절차

---

41) 『의례(儀禮)』「기석례」에 '북쪽을 위로 하여 남쪽으로 파내려가되 넓이는 1자, 길이는 2자, 깊이는 3자가 되도록 하고 파낸 흙은 남쪽에 둔다'고 하였다.

42) 옷의 여밈에 있어서 『주자가례(朱子家禮)』에서는 옷은 왼쪽으로 여미는데, 이는 죽으면 살았을 때와 반대이기 때문이다. 『가례집람(家禮輯覽)』과 『사례편람(四禮便覽)』의 견해는 '옷을 입히되 모두 오른쪽으로 여며지도록 한다'고 하여 모두 우임(右衽)을 하였는데, 현재는 죽으면 살았을 때와 반대라는 개념으로 왼쪽으로 한다고 하는 것은 타당하지 않은 것 같다.

를 위해 매듭은 짓지 않았다.[43)]

머리에는 망건網巾 · 수관(首冠: 복건), 그 외 부속물로 충이 둘, 명목, 악수 둘, 습신(신 리履한 쌍이 있으며, 아직 복건과 심의를 입히지 않고, 신을 신기지 않았으므로 홑이불로 덮은 후 병악을 친다.

4) 습전襲奠

습의를 다 입히면 전奠을 차리는데 이를 습전襲奠이라고 한다.

예찬禮饌을 갖추어 장만하여 상에 진설하고 향로香爐, 향합香盒, 초(촛불 촉: 燭)를 그 앞에 설치하는 것이다.

습전을 차리면 상주 이하는 모두 방 밖으로 나가 위(位: 자리)를 정하고 북향하여 꿇어 앉아 곡哭을 한다. 이때 시신의 머리를 동쪽으로 한다.

남자 상주는 시신의 동쪽에서 북쪽을 향하고, 모든 남자들 중에 3년 복을 입을 자들은 그 뒤에 앉는다.

그 이하의 복을 입을 자들도 그 뒤에 앉는데, 모두 서향한다.

주부와 여러 여자 상주는 시신의 서쪽에 앉고 그리고 복의 차례대로 그 뒤에 동향하여 앉는다.

만일 부인상일 경우에는 동성同姓의 남자는 포장의 바깥 동쪽에 앉아 북향하되, 이성異姓의 남자들은 휘장 밖 서쪽에 앉아 북향한다. 전이 끝나면 반함飯含을 한다.

5) 반함飯含

습전이 끝나면 시신의 입에 쌀과 엽전 혹은 구슬을 물려 입안을 채우는 의식을 했는데 이를 반함飯含[44)]이라고 한다. 반함을 하는 이유는 망자가 저승으로 가면서 먹을 식량과 노잣돈을 드리는 의미가 담겼으나, 실제는 망자의 입이 비어있지 않도

43) 혹은 다시 깨어나면 스스로 풀 수 있도록 하기 위한 배려이다.

44) 『예기(禮記)』 「예운」 편에 '생쌀로 반함을 한다.'고 한 구절의 주(註)에 '생쌀로 반함을 하는 것은 상고시대에 불로 익히는 범이 없었을 때 생쌀로 반함을 하였다.'고 하였고, 「단궁(檀弓)」 편의 주(註)에는 '반(飯)은 입에 넣는다는 것이다. 쌀을 사용하였기 때문에 반함(飯含)이라 이른다.'고 하였다.

록 맛있고 깨끗한 물건으로 채우는 의례이다.

반함의 절차는 먼저 상주가 곡哭을 하면서 왼쪽 소매를 빼어左袒 앞에서부터 허리 오른쪽에 끼우고 세숫대야와 상자를 들고 들어간다.

다른 사람이 버드나무로 만든 수저와 쌀그릇을 들고 따라 들어가 시신의 서쪽에 놓는다.

멱건을 들고 가서 베개를 치우고 얼굴을 덮는다.

주인은 시신의 동쪽으로 나아가 발쪽으로 돌아 서쪽으로 가서 상위에 동향하여 앉는다.

멱건을 들고, 숟가락으로 쌀을 조금 떠서 시신의 입 오른쪽에 넣고 동전 한 닢을 넣는다.

왼쪽과 중앙에도 같은 방식으로 넣는다.

반함이 끝나면 주인은 벗었던 소매를 다시 꿰고 원래의 자리로 돌아온다. 복건을 씌우고, 충이充耳로 귀를 감싸며, 신발을 신기고, 우임右衽으로 심의를 입히고 대대大帶로 묶는다. 악수握手로 양손을 묶고, 시신에 홑이불을 덮어놓는다.

일반적으로는 쌀을 입에 넣으면서 "천석이요, 이천석이요, 삼천석이요"를 외친다고 하나 예서의 규정에는 보이지 않는다. 이 때 쌀 세 숟가락과 동전 세 닢을 넣는다고 한다.

『예기禮記』에 의하면 '대부大夫는 구슬을 사용하고, 서인庶人은 돈을 쓴다.'고 하였다. 쌀과 조개는 복과 생명력을 상징하고, 옥玉은 불변불멸不變不滅의 활력을 상징한다.

6) 설영좌설혼백設靈座設魂帛

영좌靈座는 망자의 혼魂이 머무를 자리를 뜻하는 것으로 육체를 대신하여 유의(遺衣: 살았을 때 입던 옷 또는 복을 한 옷을 쓰기도 한다)를 개켜서 함函에 담고, 시신의 남쪽 휘장 밖에 교의를 설치하고 흰색 명주 한 필匹로 만든 혼백魂帛을 그 위에 올려 교의위에 놓는다.

그 앞에 탁자를 놓고 향로, 향합, 술잔, 주전자, 술, 과일을 준비하여 탁자위에 진설한다.

시자는 평상시에 하던 것처럼 아침저녁으로 빗질하고, 세수하는 도구를 진설한다.

영좌靈座는 혼백魂帛을 안치安置하는 장소로서 그 앞에 전奠을 차리는 것은 혼백이 의지할 장소를 의미하기 때문이다.

혼백魂帛은 육체魄를 떠난 혼이 의지하고 비단이나 명주, 베를 묶어서 만든 것으로, 두꺼운 종이상자로 만든 혼백상자에 넣어 교위에 모시는 것으로 몸을 떠난 혼의 빙의처로 고인의 영혼靈魂이 깃든 곳이다.

혼백은 평소에는 혼백상자의 뚜껑을 덮어놓지만, 혼백을 뵈올 때만 열어놓는다.

신위神位를 만들지 않을 경우에는 삼년상三年喪을 마칠 때까지 혼백을 상청喪廳에 봉안奉安하는 것이다. 이렇게 신주神主나 혼백을 상청에 봉안해 놓고 산 사람을 대접하듯 아침저녁으로 술을 따라 올리고 빗과 세수하는 제구를 받들어 생전과 같이 효성을 다한다. 이렇기 때문에 상식上食이 있고 빈소殯所가 있는 것이다.

7) 입명정立銘旌

죽은 사람의 직위와 본관, 이름을 쓴 기旗를 명정이라 하며, 명정을 만들어 세우는 절차이다.

명정은 붉은색 비단에 은분이나 금분으로 글씨를 쓰는데 붉은색은 밝음을 뜻하는 것으로 양陽을 상징하고, 이름이라는 것은 양물陽物로 살아가면서 불리워지는 것이고, 소리는 음陰에 해당하는 것이 된다.

즉, 망자가 살아서 불렸던 이름은 이제 음陰의 세계로 떠나는 망자에게 살아서의 이름을 함께 묻어주는 것은 당연한 결과가 될 것이다.

명정은 관직이 없을 경우에는 남자는 학생學生이나 처사處士, 여자는 유인孺人이라는 호칭을 쓰는 경우가 많다.[45)]

學生 ○○ 金公之柩[46)] – 벼슬이 있는 경우 학생 대신 벼슬 기재

---

45) 『예기(禮記)』「잡기(雜記)」편 상에 '모든 부인은 그 남편의 작위를 따른다.'고 하였고, 주에 '부인의 상사를 치를 때는 모두 남편의 작위의 높고 낮음으로 높이고 낮추는 것이고 다른 예는 없다.'고 하였다.

孺人 ○○ 金氏之柩 – 벼슬있는 자의 아내이면 유인을 부인으로 기재

명정이 완성되면 대나무 장대에 매달아 영좌의 동쪽에 세우고, 상여가 나갈 때는 그 앞에 가며, 매장할 때는 관이나 시신 위에 덮는다.

저녁이 되면 마당에 화톳불을 피운다. 초상이 나면 마당 한가운데에 밤새도록 화톳불을 피워두었다가 새벽이 되면 끈다. 말 그대로 시신의 옆에서 밤샘을 하는 것이다.

아주 친한 근친은 영전에 들어가 곡해도 된다. 주인이 아직 성복成服을 하지 않았어도 와서 곡을 하는 자는 마땅히 심의를 입어야 한다. 시신에 다가가서 곡을 하여 슬픔을 다하고 나와서 영좌에 절한다. 향을 올리며 재배하고 주인에게 조문弔問하며 서로 향하여 곡으로 슬픔을 다한다. 주인은 곡으로 답하고 말하지 않는다.

아주 친한 사이가 아니면 천천히 성복을 기다려서 조문하더라도 늦지 않다.

3. 소렴(小殮, 2일째)

소렴小殮은 습襲의 절차를 마친 시신을 운명한 후 이틀째(궐명: 厥明, 운명한 다음 날)에 시신을 베로 싸서 묶어 관에 넣을 수 있도록 준비하는 절차이다.

소렴을 할 때는 습을 할 때 차려 놓았던 영좌의 음식을 바꾸어 다시 올리고 소렴전을 드린다.

1) 진소렴의금陳小殮衣衾

집사자執事者는 날이 밝으면 소렴할 때 필요한 옷과 이불을 준비하고 전을 차릴 준비를 해놓는다. 소렴에 필요한 것들은 망자가 평소 입던 옷과 효금絞衾이다. 옷이

46) 『예기(禮記)』「곡례」 편에 '시상(尸牀)에 있으면 시(尸)라하고, 관(棺)에 있으면 구(柩)라 한다.'고 하였다. 그 주(註)에 '구(柩)는 오랫동안(久)이라는 뜻이다. 죽은 사람에게 흙이 직접 피부에 닿지 않도록 하려는 것이기 때문에 관(棺)에 넣어서 오랫동안 보존하려는 것이다.'고 하였다.

많다고 하여 모두 사용할 필요는 없고 좋은 것만 골라서 사용한다. 이불은 겹이불을 쓴다.

효금絞衾47)은 일반적으로는 '염포殮布'라고 하는데, 시신을 싸서 묶는 속대束帶의 일종이다. 효금은 가로매가 셋이고 세로매가 하나인데, 모두 가는 베 혹은 비단 한 폭으로 양끝을 잘라서 묶기 좋은 길이로 한다.

『주자가례朱子家禮』의 주註에 '고씨가 말하기를 습의襲衣는 시신에 옷을 입히는 것이고, 염의殮衣는 시신을 싸는 것이다. 이것이 습襲과 염殮의 차이이다'고 하였다.

2) 소렴의 진행

먼저 소렴상小斂牀을 준비하고 자리와 요를 서쪽에 깔아 놓는다.

효금絞衾과 옷을 시신의 남쪽에 놓는다.

먼저 소렴상 위에 가로매 셋을 아래에 나란히 펴서 둔다. 그리고 그 위에 세로매를 가지런히 펼쳐 놓는다. 가로매는 펴서 몸을 둘러 묶을 준비를 하고, 세로매는 머리를 덮어 발에 닿을 수 있도록 준비한다.

아래옷은 입히기 좋게 뒤집거나 하지만 윗옷은 뒤집지 않는다.

시자侍者가 손을 씻고 시신屍身을 들어 소렴상 위에 놓는다.

먼저 베개를 치우고 비단 겹옷을 말아 머리를 괸다.

그리고 양끝을 올려 두 어깨의 빈 곳을 채운다.

다음에는 옷을 말아서 두 다리의 빈곳을 채우고 남은 옷으로 시신을 덮는다.

그리고 옷섶은 좌임(左衽, 왼쪽으로 여밈)으로 여미는데 고름은 매지 않는다.

이렇게 빈곳을 모두 채워 시신이 전체적으로 직사각형이 되게 하여 이불로 싸는데 아직은 효로 묶지 않는다.

그리고 나서 홑이불을 덮어놓는다.

여기까지 진행되면 상주들이 곡을 한다.

주인은 서향西向, 주부는 동향東向하여 시신에 기대에 가슴을 두드리며 곡을 한다.

47) 임민혁 역, 『주자가례(朱子家禮)』 예문서원, 2003, p.238.
『의례(儀禮)』「사상례(士喪禮)」.

시신에 기대에 곡을 할 때는 부모가 먼저 하고 처와 자식은 나중에 한다.

모든 자식은 부모에 기대어 곡하고, 부모가 자식에 대해서와 지아비가 처에 대해서는 붙잡는다. 며느리가 시부모에 대해서는 받들고, 시부모는 며느리를 어루만지며, 형제 사이는 붙잡는다.

3) 소렴변복小殮變服

곡이 끝나면 별실에서 소렴변복을 한다. 소렴변복이란 소렴 때에 맞추어 옷을 갈아입는다는 뜻이다.

참최복을 입을 남자는 윗옷의 소매를 빼어 한 쪽 어깨를 드러내고(袒: 어깨를 벗는 것), 초종에서 풀었던 머리를 삼끈으로 묶는다(括髮: 풀었던 머리를 삼으로 묶음).

재최복 이하와 5세를 같이 하는 사람(10촌)까지는 한쪽 어깨를 드러내지만袒 괄발이 아니라 문(마免:상중에 관을 벗고 베로 머리를 싸는 방법의 하나)을 한다.

여자 상주들은 북머리(북상투, 부인이 상중에 묶는 머리髽, 대나무비녀竹木簪)를 한다.

단袒의 경우는 요즘에도 충분히 할 수 있는 일이다. 그러나 머리를 풀거나 괄발하는 일은 요즘에는 불가능한 일이므로 생략해도 무방하다.

4) 설전設奠, 小殮奠

습전襲奠을 옮겨 영좌靈座의 서남쪽에 옮겨 놓았다가 새 전奠을 차리기를 기다렸다가 금방 치운다. 앞으로 전奠은 모두 이렇게 한다.

탁자를 동쪽 계단 아래에 마련하고 준비해 두었던 음식을 영좌靈座 앞에 차린다.[48] 손숫물 대야, 손숫물 수건을 찬 동쪽에 놓는다. 따로 탁자에 설거지 대야와 새 행주를 그 동쪽에 놓는다. 이러한 절차는 견전遣奠에 이르기까지 모두 같다.

소렴변복을 끝낸 상주들이 당으로 돌아와 집사자는 습상을 치우고 시신을 옮겨

---

48) 『주자가례(朱子家禮)』의 보주(補註)에 앞의 습전(襲奠)은 시신의 옆에 드리는 것이고, 여기 소렴의 전(奠)은 영좌(靈座)의 앞에 드리는 것이다.'고 하였다.

그 자리에 놓는다.

곡하는 사람은 자리로 돌아가며 항렬이 높거나 연장자는 앉고, 항렬이 낮거나 어린 사람은 선다.

이어서 전奠을 올린다. 동쪽 계단 아래에 준비해 두었던 음식을 영좌 앞에 차린다.

축이 분향하고 술을 올린다. 항렬이 낮거나 어린 사람은 모두 재배再拜한다.

이때 상주는 재배하지 않는다. 헌작재배獻爵再拜가 끝나면 곡을 하는데 슬픔을 다한다. 이에 대곡代哭이라도 해서 곡이 끊어지지 않게 한다.

4. 대렴(大斂, 3일째)

소렴에서 염포로 싸서 묶은 시신을 효絞와 금衾, 이불, 옷 등으로 염殮하고, 관棺에 넣는 절차로 일반적으로 입관入棺이라고 한다.

3일째에 대렴大斂을 하는 것은 혹시 살아나기를 기다리는 효성 때문이라고 한다.[49]

대렴을 하는 날 아침이 되면 대렴에 필요한 옷과 솜이 있는 이불을 준비하여 놓는다.

탁자를 당의 동쪽 벽 아래에 놓는다. 옷은 정해진 수가 없고, 이불은 솜이 있는 것을 쓴다.

대렴전大斂奠을 차릴 준비를 하는데 소렴전과 같이 한다.

먼저 소렴 때 차려 놓았던 소렴전과 영좌를 잠시 치운다.

그리고 관을 들여와 방 중앙의 조금 서쪽에 놓고 두 개의 받침목을 받쳐 놓는다.

관 안에 먼저 이불를 펴고 나머지 부분이 바깥쪽으로 드리우도록 하여 겹쳐지지 않게 한다.

『사례편람四禮便覽』에서는, 시자侍者는 자손과 부녀와 함께 손을 씻고, 이불을 걷고,

---

49) 『예기(禮記)』.

먼저 발을 싸고, 다음에 머리를 싸며, 왼쪽을 싸고, 다음에 오른쪽을 싼다. 먼저 효絞는 세로를 묶고 다음에 가로를 묶는다.

준비가 끝나면 함께 시신을 들어 관에 모시는데 반드시 조심해서 시신이 기우는 일이 없게 해야 한다.

그리고 생시에 빠진 머리카락과 이齒와 목욕할 때 깎은 손발톱을 넣은 조발랑을 관의 네 구석에 넣는다.

관의 빈곳이 있으면 옷을 말아서 모두 채우는데 이를 보공補空이라고 한다. 보공은 시신이 관 안에서 흔들리지 않게 하기 위함이다.

보공을 하면 이불을 덮는데, 먼저 발을 덮고 다음에 머리를, 그리고 왼쪽을 덮고, 오른쪽을 덮어 전체적으로 위쪽이 평평하고 가득차게 한다.[50)]

보공이 완료되면 주인과 주부가 들어와서 관에 의지하여 곡을 한다.

곧바로 천개(天蓋, 관뚜껑)를 덮고 은정(隱釘, 나무못)을 치고 결관結棺한다.

그리고 수보관의(繡黼棺衣, 柩衣, 관보)로 관을 덮고 병풍을 친다.

축관이 명정을 가져와 관의 동쪽에 세우고 영좌를 원래의 장소에 설치한다.

영좌를 설치하고 관의 동쪽에 영상靈牀을 설치하고 살아있을 때처럼 상, 휘장, 자리, 병풍, 베개, 옷, 이불 등을 차려 눈다.

소렴 후 단의袒衣했던 옷을 바로 입는다. 대렴 후 전奠을 올린다. 전의 순서는 분향焚香, 헌작獻爵, 재배再拜의 순서이다.

주인 이하는 모두 상차喪次[51)]로 돌아간다.

이때부터 바꾸어 곡하는 것을 그치게 한다.

---

50) 『주자가례(朱子家禮)』에서는 '시자(侍者)는 자손과 부녀와 모두 손을 씻고, 함께 시신을 들어 관에 넣는다'고 한 뒤에 이불을 거두어 발, 머리, 왼쪽, 오른쪽을 덮어 관의 가운데가 평평하고 가득하게 한다고 하였다. 이러한 예가 세속에 '관속에서 대렴을 한다.'는 것으로 전달되어진 듯하다.

51) 상차(喪次)는 참최복을 입는 여막(廬幕)과 자최복을 입는 악실(堊室)로 벽에 진흙만 바른 방을 이른다. 참최복을 입는 사람은 거적을 깔고 자고 흙덩이를 벤다. 수질(首絰)과 요대(腰帶)는 벗지 않으며 사람들과도 더불어 앉지 않는다.

'거적을 깔고 자고 흙덩이를 벤다'에 대하여 『주자가례(朱子家禮)』의 치장 조(治葬條)의 주(註)에 '공자가 말하기를 『가기(家記)』에 아직 장사지내지 않았으면 옷을 갈아입지 말며, 죽을 먹고, 움막에 살면서 짚자리에서 자고, 흙덩이를 벤다'고 하였다.'대개 어버이가 아직 돌아갈 곳이 없음을 민망하게 여기기 때문에 자고 먹는 것을 편하게 하지 않는 것이다.'고 하였다.

집안에 따라 외빈外殯을 하기도 한다. 외빈은 도빈塗殯, 내빈內殯, 토롱土壟, 사롱沙壟, 토감土坎 등 지역과 가문에 따라 다양한 이름이 있다.

장일葬日이 오래일 경우 집안에 영구靈柩를 오래 둘 수 없기 때문에 외빈을 한다. 위치는 사랑채 밖이나 곁채 밖, 혹은 헛간에 깊이 2자, 폭 3~4자, 길이 7~8자로 파고 바닥과 네 벽을 구운 벽돌로 깔고 쌓는다.

틈새를 석회石灰로 발라 흙이 들어오지 않게 한다. 그리고 자리와 굄목을 놓고 관을 안치한다.

이때 전奠을 올린다.

관 위에 홑이불柩衣을 덮고 기둥을 세워 움막의 지붕처럼 만들어 이엉을 덮은 다음 모래나 흙을 덮는다. 이곳을 빈소殯所라고도 한다.

아침, 저녁 조석곡朝夕哭은 이날부터 시작한다.[52)]

또한 『주자가례朱子家禮』의 주註에 '사마온공이 말하기를, 시신을 움직이고 관을 들 때는 곡을 하고 가슴을 두드리기를 수없이 하지만 염습殮襲하고 빈殯할 때는 마땅히 곡을 그치고 가서 지켜보기를 침착하고 안정되게 하도록 힘써야지 곡만 해서는 안된다.[53)]고 하였다.

그러나 이러한 절차는 현대사회에서는 부모가 돌아가셨을 때 특별 휴가로 지급되는 기간이 5일~7일로 되어 있기 때문에 전통적인 예법에 따라 절차를 진행할 수가 없다.

또한 '가정의례준칙' 등의 영향으로 요즘에는 대부분이 3일장을 하기 때문에 격식에 맞추어 장례를 치를 수가 없다.

그러므로 습과 소렴·대렴이 한꺼번에 치러지는 경우가 허다하다. 또한 죽은 당일 날 습과 소렴·대렴을 하는 경우도 많다. 사실 습과 소렴, 대렴의 절차는 과정

---

52) 『가례집람(家禮輯覽)』의 「기석례」 편 주(註)에 '형제들은 처음 죽었을 때 모두 와서 상(喪)에 임하여야 한다. 빈(殯)을 마치면 각각 집으로 돌아가고, 아침·저녁 곡(哭)할 때 빈소(殯所)에 오며, 장례일이 되어 개빈(開殯)을 하면 장례를 치르는 곳으로 오고, 반곡(反哭)을 하면 각각 집으로 돌아간다.'고 한다.

53) 유교학술원, 『국역 주자가례』, 2005, p.176.

의 진행상 같은 시기에 행하는 것이 진행상 편리하기 때문에 염습殮襲이라는 과정으로 통합되어 진행되었던 것으로 보인다.

5. 성복(成服, 4일째)

대렴한 다음날, 즉, 죽은 지 나흘째 되는 날에 오복제도五服制度에 맞추어 상복喪服을 입는 절차를 말한다.

성복成服할 준비가 되면 오복五服을 입을 사람들이 저마다 자기의 복服을 들고 영좌에 나아가 아침 곡朝哭을 한다.

남자는 영구靈柩의 동쪽에서 서향하고 여자는 서편에서 동향하여 마주보고 서서 상향곡相向哭을 하고 서로 조상弔喪한다. 그리고 조전朝奠을 올릴 때 겸하여 성복전成服奠을 올린다.

1) 오복제도五服制度

참최3년(斬衰, 아버지를 위한 옷), 재최3년(齋衰 , 자최, 어머니를 위한 옷), 대공大功 9월, 소공小功 5월, 시마緦麻 3월이 있다.

여기에 관계를 맺게 된 내용과 근거에 따라 각각 그 경중이 다른 4종류의 복服이 있는데, 정복正服, 가복加服, 의복義服, 강복降服이다.

또한 친등親等관계에 따라 3년, 1년, 9월, 5월, 3월의 상복기간이 정해져 있다.

뿐만 아니라 재최 중에서도 지팡이의 유무에 따라 장기杖朞, 부장기不杖朞로 구분된다.

2) 상복喪服의 구성

남자는 최의(衰衣, 상복저고리), 최상(衰裳, 상복치마)을 입고, 허리에는 요질(腰絰, 교대위에 두르는 것)과 효대(교대, 絞帶, 요질 아래에 묶는 것)를 맨다. 머리에는 효건孝巾을 쓰고, 그 위에 관冠을 쓰고, 그 위에 수질(首絰, 관 위에 덧쓰는 것)을 매고 쓴다. 그리고 최履라는 짚신을 신는다. 장기杖朞가 있는 사람은 장杖이라는 지팡이를 짚는다.

여자도 역시 대수장군大樹將軍이라 하여 치마저고리에 수질 · 요질 · 짚신 · 지팡이를 짚는다.

동자복은 어른과 같으나 관, 건, 수질이 없다.

관冠은 윗옷이나 치마보다 조금 가는 베를 사용한다. 관에는 효건(혹은 굴건)을 달고, 무武를 달며 그 위에 수질을 단다. 수질은 심이 있는 삼을 사용하는데 밑동이 왼쪽으로 가게 한다.

윗옷과 치마는 굵은 생포生布를 사용하는데, 옆과 아랫단을 꿰매지 않고 솔기는 바깥으로 가게 한다.

윗옷의 등에는 짐을 지고 있는 것처럼 슬픔을 지고 있다는 뜻에서 부판負版을 단다.

윗옷의 앞쪽에는 효자에게 애절한 뜻이 있다는 의미가 있는 최衰를 다는데, 일반적으로 눈물받이라고도 한다.

양어깨에는 벽령辟領이라는 어깨받이를 다는데 잘라낸 깃의 섶이란 뜻이다.

허리에 매는 띠帶로서 요질은 심이 없는 삼을 사용하고, 효질은 심이 있는 삼을 사용한다.

참최斬衰의 지팡이[54]는 저장苴杖이라는 검은색으로 대나무를 사용한다. 지팡이의 높이도 마음으로 결정되므로 가슴 높이로 해야 하며, 지창이의 밑동은 근본을 나타내는 것이다. 둥근 대나무를 쓰는 것은 아버지는 하늘과 같은 존재이기 때문에 둥근 형상을 나타내며, 마디는 슬픔의 애절함이 마디지어 있다는 의미이다.

재최齋衰의 지팡이는 삭장削杖이라는 오동나무를 사용한다. 이는 마음속의 비통함이 아버지와 같음을 나타낸다. 밖에 마디가 없는 것은 집안에 두 어른이 없고, 밖으로 하늘에 굴종하는 형상을 나타낸다. 아래를 깎아서 네모나게 한 것은 어머니를 땅으로 형상하였기 때문이다. 지팡이는 모두 뿌리 쪽이 아래로 가게 짚는다.

54) 지팡이를 쓰는 것은 병자를 부축하는 것이 지팡이로 상중의 상주가 상례를 치루는 것이 병자와 같이 깊은 슬픔을 얻었다는 의미이다.

3) 성복成服, 성복전成服奠, 상식上食

입관入棺이 끝나면 복인服人들은 각자 자기에게 해당되는 상복喪服으로 갈아입는다. 성복을 마치고 올리는 전을 성복전成服奠이라 하는데 이는 예禮가 아니고 성복하고 전을 올리는 것이 올바른 예의이다. 전奠이 끝나면 정식으로 조문弔問을 받는다. 이는 성복을 마치지 않으면 아직 상주喪主로서의 자격을 획득하지 못했기 때문이다.

성복을 마치면 매일 아침·저녁으로 전을 올리는데 이를 조석전朝夕奠[55]이라고 한다. 조석전은 아침과 저녁이 되면 영좌에 소채, 과일, 포 등을 차려 놓고 곡을 하는 의식이다. 아침에 올리는 전을 조전朝奠, 저녁에 올리는 전을 석전夕奠이라 한다.

조석전의 절차는 존장은 앉아서, 항렬이 낮은 사람은 서서 곡을 한다. 집사자가 채소와 과일, 포, 육장을 진설하면, 축관이 분향하고 술을 올린다. 주인이하가 재배再拜하고 곡으로 슬픔을 다한다.

그리고 식사 때가 되면 조석전처럼 음식을 올리는데 이를 상식上食이라 한다. 상식은 특별한 의식이 없이 식사 때가 되면 생시와 같이 밥상을 올린다는 의미이다.

성복 후부터는 매일 곡이 끊이지 않게 한다. 즉 상식上食이나 전奠을 올리는 시간에도 슬픈 마음이 있으면 곡을 하는 무시곡無時哭, 아침저녁 전을 올릴 때 하는 조석곡朝夕哭을 하여 곡哭이 끊이지 않게 한다.

그리고 초하루와 보름이 되면 삭망전朔望奠을 올린다. 음식은 고기, 생선, 국수, 떡, 국, 메를 각각 한 그릇씩 하여 조전朝奠때의 의식과 같이 한다.『주자가례朱子家禮』의 주註에 '고씨가 말하기를, 초하루, 보름, 사시四時 명절 때 성대한 음식(은전殷奠)을 차리는데 조전朝奠보다는 조금 많이 한다. 사士는 초하루 전奠만 올리고 대부大夫 이상이라야 보름날에도 전奠을 지낸다.'고 하였다.[56]

---

55) 아침에 올리는 전을 조전(朝奠), 저녁에 올리는 전을 석전(夕奠)이라고 한다.『의례(儀禮)』「기석례」편에 '조전은 해뜰 때 올리고, 석전은 해가 아직 지기 전에 올리는 것으로 부모님의 신령이 양(陽)을 따라서 오시기를 바라기 때문이다'고 하였다.

56) 생기지제(生忌之祭): '죽은 사람의 생일제사는 실로 예가 아닌 예이다.'라고 하여 선유(先儒)들이 이미 배척하였으나, 삼년 안에는 상생지의(象生之義), 죽은 사람 섬기기를 산사람을 섬기듯 하는 도리가 있으니, 아침 상식(上食) 뒤에 따로 몇 가지 음식을 차려 조석전과 같이 하는 것이 무방할 듯하다.

또한 집에 새로운 물건이 들어오면 이를 올리는데 천신薦新과 같이 한다고 한다. 『의례儀禮』 「사상례士喪禮」 편에 '천신薦新할 것이 있으면 삭전朔奠처럼 한다.'고 하였고, 주註에 '오곡을 천신薦新하는 것은 계절에 새로 나온 과일을 올리는 것처럼 한다.'고 하였다.

역복불식易服不食이라 하여 초종初終 이후부터 아무것도 먹지 않다가 성복成服을 마치면 비로소 죽을 먹을 수 있다. 그러나 실제로는 이처럼 금식禁食하는 경우는 드물기 때문에 해로운 음식, 술 등을 금하는 정도로 진행되고 있다.

성복成服을 함으로써 비로소 상주喪主로서의 지위를 가진다.

6. 조상弔喪

조상弔喪이란 상주喪主를 위로하고 고인故人의 명복을 비는 의례를 말한다. 따라서 영전靈前에 드리는 전奠과 부의賻儀, 그리고 문상問喪 방법에 대한 설명이 주를 이룬다.

상주가 아직 성복成服을 하지 않았을 때 문상하는 자가 오면 시신을 향向하여 배례拜禮없이 곡哭한 후에 상주에게 절을 하지 않고 상사喪事에 대한 인사人事말만 한다.

이때 상주는 성복전成服前이라 아무 말도 하지 않는다. 원래 성복전에는 상주가 일가친척외의 타인을 면대面對하지 않았으므로 인사말을 할 수가 없었다. 상주와 아주 친한 사람이 아니면 성복 후에 문상하는 것이 예의이다.

일가친척 간에는 외간상外艱喪(부친상)과 내간상內艱喪(모친상)의 구별이 없이 영좌靈座앞에 서서 곡哭하고 재배再拜한 후에 상주喪主와 마주하여 절하고 상사喪事에 대한 인사말을 한다.

영좌靈座에 조문弔問할 때 망인亡人이 수하手下일 때는 앉아서 곡哭만 하고 절을 하지 않는다. 다만 수하手下일지라도 나이가 많거나 비슷한 질행姪行(조카 행열)이면 서서 곡哭하고 재배再拜를 하는 것이 마땅할 것이다.

타인他人의 조문弔問은 수하手下를 막론하고 영좌靈座 앞에 서서 곡哭하고 재배再拜한 후에 상주喪主와 마주하여 절하고 조사弔辭(조문의 말씀)를 한다.

조상弔喪할 때는 모두 흰옷素服을 입고, 영전靈奠에는 향香 · 차茶 · 초燭 · 술酒 · 과일 등을 사용한다고 되어 있으나 우리나라에서는 차를 쓰지 않는다.

만약 서장書狀이나 음식이 들어오면 별도로 제문祭文을 쓰며 서장書狀은 친척이나 친구로서 교분交分이 두터운 사람만하며, 손님과 상주가 모두 관직官職에 있으면 문장(門狀: 명함)을 갖추어 통성명通姓名한다. 그렇지 않으면 명지(名紙: 관직이나 이름을 쓴 종이)로 대신한다.

부의賻儀[57]는 돈과 비단[58]으로 한다.

먼저 빈객賓客이 상가喪家에 도착하면 호상護喪이 조문객弔問客을 맞이하는데, 빈객은

"아무개가 돌아가셨다는 소식을 듣고 놀라움과 측은함을 이기지 못하였습니다. 감히 들어가 술을 올리고 아울러 위로하는 뜻을 펴기를 청합니다"라고 하면,

호상護喪이 빈객賓客을 인도하여 영좌 앞에 이르면 곡을 하면서 재배 분향하고 무릎을 꿇고 술이나 차를 올리고 부복하는데 제문祭文이 있으면 축관祝官이 제문祭文을 읽는다.

주인이 곡哭을 하며 서향하여 재배하면 빈객이 이에 동향하여 답배하는데,

"뜻하지 않는 흉변凶變으로 모친모관께서 갑자기 돌아가셨으니 엎드려 생각건대 슬픔과 사모함을 무엇으로 감당하겠습니까."

라고 한다. 상주가

"아무개의 죄가 너무 무거워 화가 모친某親에게 이어졌습니다. 엎드려 전뢰를 입고 아울러 오셔서 위로해 주시니 슬픔을 이기지 못하겠습니다."

라고 답하고 또 재배하면 빈객이 답배한다.

서로 곡을 하다가 빈객이 먼저 그치고

---

57) 『의례(儀禮)』「기석례」 편의 주(註)에 '부(賻)는 부태어 주고 도와주는 것이다.'고 하였다.

58) 『주자가례(朱子家禮)』『증보 사례편람(增補 四禮便覽)』에는 '부용전백(賻用錢帛)이라 하여 부의(賻儀)에는 돈과 비단을 사용한다고 하였다.

"명命의 길고 짧음이 있으니 애통해 하신들 어찌하겠습니까? 효성스런 생각을 억제하시고 엎드려 예의의 제도를 따르십시오."

라고 말하고는 읍揖하고 먼저 나간다.

호상이 전송하여 청사廳舍에 이르러 차茶와 탕을 대접하고 물러간다. 전물奠物이 있을 경우에는 따로 글과 함께 전한다. 요즘의 부의금賻儀金을 전하는 것과 같다.

『예기禮記』, 「곡례」 편에 '상주만 알면 조문하고 죽은 사람을 알면 곡哭한다.'고 하였다. 즉, 상주喪主와는 친하나 망인亡人과는 지면知面이 없을 경우 조문弔問만 하고, 망인亡人만 알고 상주喪主와는 지면知面이 없을 경우 곡哭하고 재배再拜한 후에 조문弔問은 하지 않는다. 그 주註에 '산 사람을 알지 못하는데 곡哭하면 그 곡은 거짓에 가깝다.' 고 하였다.

원래는 상주와 지면이 없으면 영좌에 들어가서 곡하고 재배한 후에 곧바로 외당外堂으로 나와 있으면 상주가 찾아가서 인사하는 것이 원칙이었으나, 외당으로 나가기 전에 상주와 인사하고 망인과의 관계를 상주에게 설명하여 주는 것이 오히려 옳을 것 같다.

이 절차는 문상問喪하는 방법을 기술한 것으로 절차로서는 의미가 없으나, 성복을 한 후에야 조문을 할 수 있기 때문에 성복 다음에 하나의 절차로 위치시킨 것으로 보인다.

7. 문상聞喪

상주喪主가 멀리서 부모상親喪의 소식을 들었을 때 하는 행위行爲와 해야 하는 일, 성복成服하는 일시 등에 관한 절차이다. 절차로서의 의미가 없고 단지 행해야 하는 일行動에 대한 설명이 주主를 이룬다.

먼저 부모가 돌아가셨다는 소식을 들으면 바로 곡哭을 하여 부고訃告를 전달한 이에게 답答하고, 까닭을 묻고, 또 곡하여 슬픔을 다한다. 그리고 나서 바로 옷을 갈아입는데 초종初終의 역복불식易服不食과 같다. 베布를 찢어 사각건四脚巾을 만들어 쓰고, 흰 베적삼白布衫을 입고, 새끼 띠(승대繩帶)를 두르고, 삼신(마구麻屨)를 신는다.

준비가 되면 집으로 출발하는데(수행遂行)

① 하루 100리 길[59]을 가되 밤길은 가지 않는다.

② 몸을 해치는 일은 피하고,

③ 시끄럽고 번잡한 장소는 피한다.

④ 길을 가는 도중에 슬프면 곡哭을 한다.

이렇게 집으로 달려가는 것을 분상奔喪이라고 한다. 그 주州의 경계와 현縣의 경계, 그 성城과 그 집家이 바라보이면 모두 곡哭한다. 집이 성에 있지 않으면 그 고을을 바라보게 되면 곡哭한다.

집에 도착하면 문 왼쪽으로 들어가서 서쪽계단으로 오른다.

영구靈柩 앞에서 재배再拜하고, 다시 옷을 갈아입은 후 자리에 나아가 곡을 한다. 만약 집에 갈 수 없을 경우에는 의(椅, 교의)를 놓아 시신屍身과 영구靈柩를 대신하고 곡哭하기를 의례儀禮대로하며 전奠은 진설陳設하지 않는다. 다만 시신 곁에 모시는 자손이 없을 경우는 별도의 전을 차려 진설한다.

만약 이미 장사葬事를 치룬 뒤에는 먼저 묘소墓所로 가서 묘墓가 보이면 곡哭을 하고, 묘소墓所에 도착하면 곡哭을 하고 절하는데 집에서 하는 의례儀禮와 같이 한다.

만약 분상奔喪을 한다면 반드시 집에 와서 성복成服을 한다. 그렇지 않은 경우에는 4일째에 성복成服한다.

8. 치장治葬

장사葬事지낼 시간時間과 장소를 정하는 절차이다. 이 역시 순차적 절차로서의 의미

59) 『예기(禮記)』 「분상(奔喪)」 편에 '예날에 길(吉)할 일에는 하루에 50리를 갔는데, 지금은 흉변(凶變)이 갑자기 생겼으므로 그 배(倍)를 가는 것이다.'고 하였다.

는 약하나 성복을 한 후 문상問喪을 받게 될 정도로 장사葬事할 준비를 마쳤으므로 본격적으로 장사葬事지낼 준비를 하기 때문에 여기에 위치시킨 것으로 보인다.

1) 묘墓터를 잡아 묘역墓域을 만든다.

상기喪期는 천자天子는 7월, 제후諸侯는 5월, 대부大夫는 3월, 선비士는 1월을 넘겨 장사葬事지냈다.60) 그러나 대부분이 3개월 만에 장사를 지내기 때문에 이 기간 내에 장사 지낼 땅을 잡아야 한다. 터가 정해지면 조전朝奠이나 석전夕奠을 올릴 때 고유告由를 한다.

"이제 모某 장소에 땅을 얻어 장차 몇일 날 모시겠기에 고告합니다"
라는 고사告祀를 한다.

묘터와 장사일이 정해지면擇日 그 터에 가서 땅을 파고(개영역開塋域)표시를 해 둔다. 먼 친척이나 손님 중의 한 사람이 ① 토지신(后土氏, 산신)에게 아뢰는 제사祭辭를 올린다. 내용은

"모년某年 아무 해年 아무 달月 초하루에 아들 모관某官 아무개가 감히 후토신后土神에게 고告합니다.
지금 모관某官 아무개의 무덤을 영건營建 하오니
토지신께서 후한後漢이 없도록 지켜주소서.
삼가 맑은 술과 포脯·해醢를 올리오니 흠향歆饗하소서"
라는 내용이다.

상주喪主는 돌아가서 영좌靈座 앞에서 곡哭을 하고 재배再拜한다.

묘터가 확정되면 묘터에서 ② 널棺을 묻을 광중(壙中, 구덩이)을 판다. 광중壙中을 팔 때는 금정기金井機를 사용하여 바르게 판다. 금정기는 긴 나무 네 개를 정井자

---

60) 선비가 달을 넘겨 장사하는 것을 踰月葬이라 한다.

모양으로 만들고 테두리 안에 관棺의 크기를 짐작하여 반듯하게 놓고서 그 모양대로 땅을 파는 일을 말한다. 그 흙을 남쪽에 쌓는다고 하였는데, 『의례儀禮』, 「사상례士喪禮」 편에 '장례할 때 머리를 북쪽으로 하기 때문에 흙을 발이 있는 곳에 두는 것이다.'고 하였다.

광중壙中을 다 파고 나면 석회石灰에 가는 모래를 골고루 섞어 펴서 다지고 채워서 회격灰隔을 만드는데, 관棺이 들어갈 만큼 발라서 곽槨과 같이 만든다.

지석(국보 163호, 국립공주박물관)

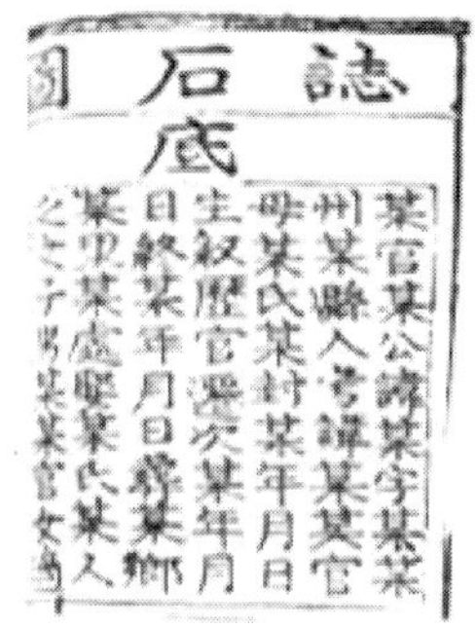

誌石底圖

某官某公諱某字某某
州某縣人考諱某某官
母某氏某封某年月日
生叙歷官遷次某年月
日終某年月日葬某鄉
某里某處娶某氏某人
之女子男某某官女適

지석도(상례비요)

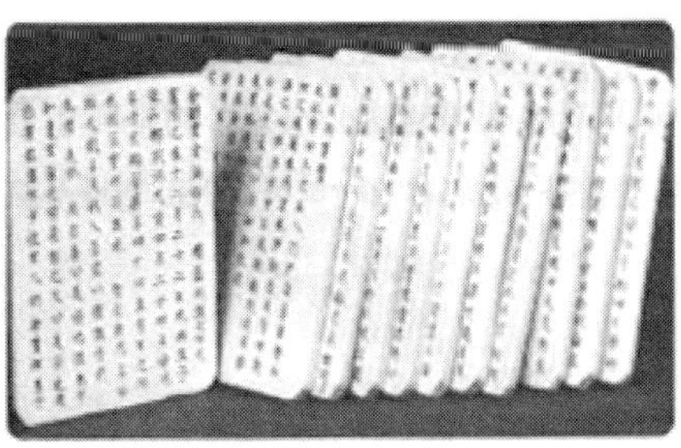

지석과 지석그릇(온양민속박물관)

명기(온양민속박물관)

백제고분출토 명기

[그림 1] 지석, 명기

회격灰隔을 하게 되면 관棺에 물이 들어가지 않고, 나무뿌리나 곤충, 도굴의 위험을 방지할 수 있다.

2) 각지석刻誌石과 명기明器

지석誌石은 망자亡者의 공덕功德을 기록한 표지물로서 돌石이나 도자기(燔瓷, 구운 자기) 또는 편회(片灰, 석회조각) 등으로 굽기도 한다.

묘墓를 분실하였을 때 지석誌石이 묘墓의 주인을 찾아내는 결정적 역할을 하기 때문에 지석誌石이 중요시되었다.

지석誌石을 묻는 위치는 광중壙中 앞 가까운 곳에 묻는다. 따라서 광중壙中과는 별도로 있기 때문에 묘墓가 도굴盜掘될 때 지석誌石이 함께 도굴盜掘되지는 않는다.

지석誌石은 돌조각 두 개를 사용하는데, 하나는 큰 글자를 써서 덮개 역할을 하고 하나는 작은 글자를 새겨 바닥으로 한다.

지석의 윗돌上蓋에는 묘지墓地의 주인을 밝히는 '某官某公之墓'라 쓰고, 아래 돌에는 망자亡者의 성명과 자字, 출생일과 사망일, 관직, 약력 등을 모두 기록한다.

명기明器는 나무를 깎아 거마(車馬, 수레와 말), 복종(僕從, 노비), 시녀侍女 등의 모습을 만든다.

복완服玩은 의복衣服과 생활기물을 작게 만든 것으로 역시 평생平生을 상징하게 하는 물건이다. 이들은 장사葬事지낼 때 무덤 속에 시신과 함께 묻는 부장품副葬品이다.

3) 상여喪輿와 만장輓章, 삽翣을 만든다.

상여喪輿는 관棺을 운반하는 가마의 일종으로 유거(柳車, 장례식에 사용하는 수레)라고도 하며, 장식이 많은 대여大輿와 간단한 형태의 소여小輿, 좁은 길을 가거나 산길을 오를 때 사용하는 보조 상여인 견여肩輿가 있다.

대여大輿는 큰 상여로서 두 개의 긴 장대로 만들며, 작은 방상(方牀, 네모난 상으로 영구를 올려놓는 곳)이 있으나 마련하는데 비용이 들 경우 방상을 쓰지 않고 말목(橛木, 궤어 놓을 수 있도록 하는 받침나무)이 달린 소여小輿를 쓰기도 한다.

주로 마을 공동의 상여喪輿를 소유하고 있어 이를 사용하는데, 간혹 부자 집에서

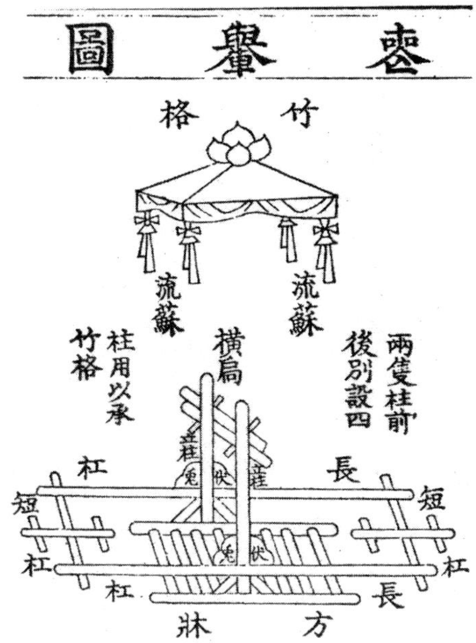

상여도(사례편람)

영차도(사례편람)

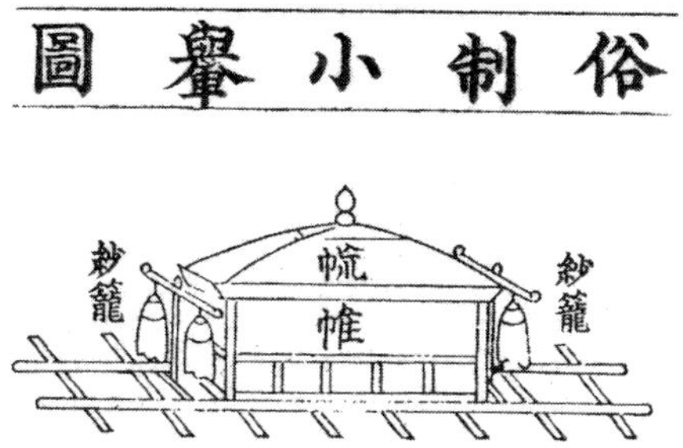

소여도(사례편람)

[그림 2] 상여도

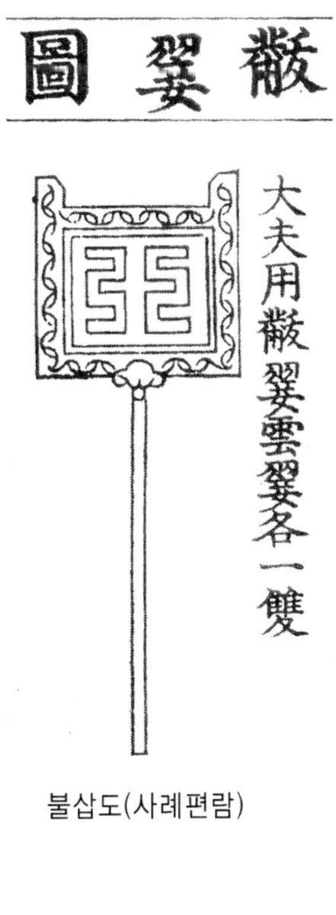

불삽도(사례편람)

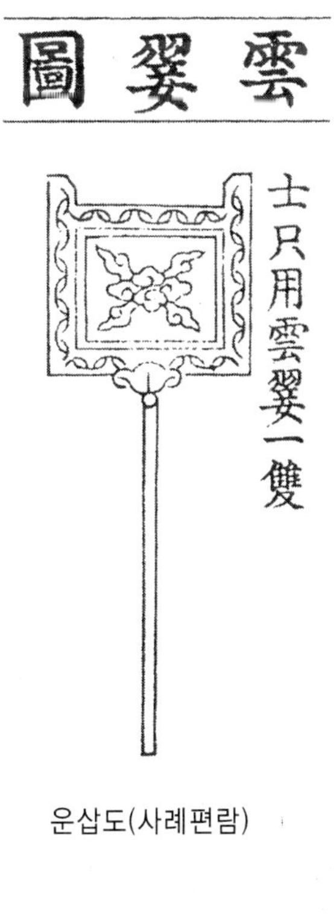

운삽도(사례편람)

[그림 3] 운아삽

는 그 집안에서만 사용하는 상여喪輿를 별도로 만들기도 한다.

만장輓章이란 고인의 공덕을 애도하여 지은 글을 비단이나 종이에 적은 글로 만사輓詞, 만가輓歌라고도 한다.

영구를 앞에서 끌고 인도한다고 하여 만장輓章이라고 하였다. 우리 선조는 초상이 나면 이러한 만장輓章을 써서 보내는 것을 가장 큰 부의賻儀로 여겼고, 상주 쪽에서도 고인의 학식學識과 인덕仁德을 적은 만사輓詞를 받는 것을 가장 큰 영광으로 여겨 장사葬事때 만장輓章의 수효로 망인의 덕망과 학식을 논하기도 하였다.

삽翣은 발인發靷할 때 상여喪輿의 앞뒤에서 들고 가는 치장제구治裝祭具의 하나로서 하관下官할 때 명정銘旌과 함께 관棺의 좌우左雲 右亞에 묻는다.

삽翣은 망자亡者의 영혼靈魂을 좋은 곳으로 인도해 달라는 기원을 담고 있다. 삽翣의 종류는 세 가지가 있다.

보삽黼翣은 반흑반백半黑半白의 색깔로 자루 없는 도끼 모양의 무늬를 수놓은 것이다.

불삽黻翣은 반흑반청半黑半靑의 색깔로 '기己'자 두 개를 서로 대칭이 되게 붙여 '아亞'자 모양을 하고 있어 아삽亞翣이라고도 하고 가장자리에는 구름무늬를 그린다. 이는 죽은 사람의 넋이 귀인貴人의 보호 아래 무사하게 명부冥府에 인도되기를 염원念願한다는 의미를 담고 있다. 행상때 상여喪輿 좌우에 들고 가는 상여 장식의 하나로 하관下棺할 때 관의 좌우에 묻는다.

화삽畵翣은 구름기운을 그려 운삽雲翣이라고도 하는데 구름은 하늘을 뜻하며, 사람이 죽으면 혼魂은 하늘로 올라가고 넋은 땅속으로 들어간다는 믿음에서 유래한 것으로 죽은 사람의 혼魂을 하늘로 잘 인도해 달라는 염원이 담겨 있으며 상여 앞에서 인도한다. 신주를 만든다.

삽翣은 신분에 따라 종류와 사용하는 수를 제한하고 있다. 대부大夫는 불삽黻翣 2개와 운삽雲翣 2개를 사용할 수 있고, 선비士는 운삽雲翣 2개만을 사용할 수 있다. 삽翣은 흰 베나 혹은 두꺼운 종이를 입히고 대나무 장대를 만들어 삽을 받친다.

요즘은 장의용품회사에서 판매하고 있는 삽翣을 사용하는데, 불삽과 운삽을 일반적으로 사용한다. 그리고 상여를 사용하기보다는 장의차를 사용하기 때문에 삽翣을 사용하지 않는 경우가 많다.

4) 신주神主를 만든다(作主, 神主木)[61]

신주神主를 만드는 나무는 대개 밤나무를 쓰는데, 이는 목질木質이 단단하고 잘

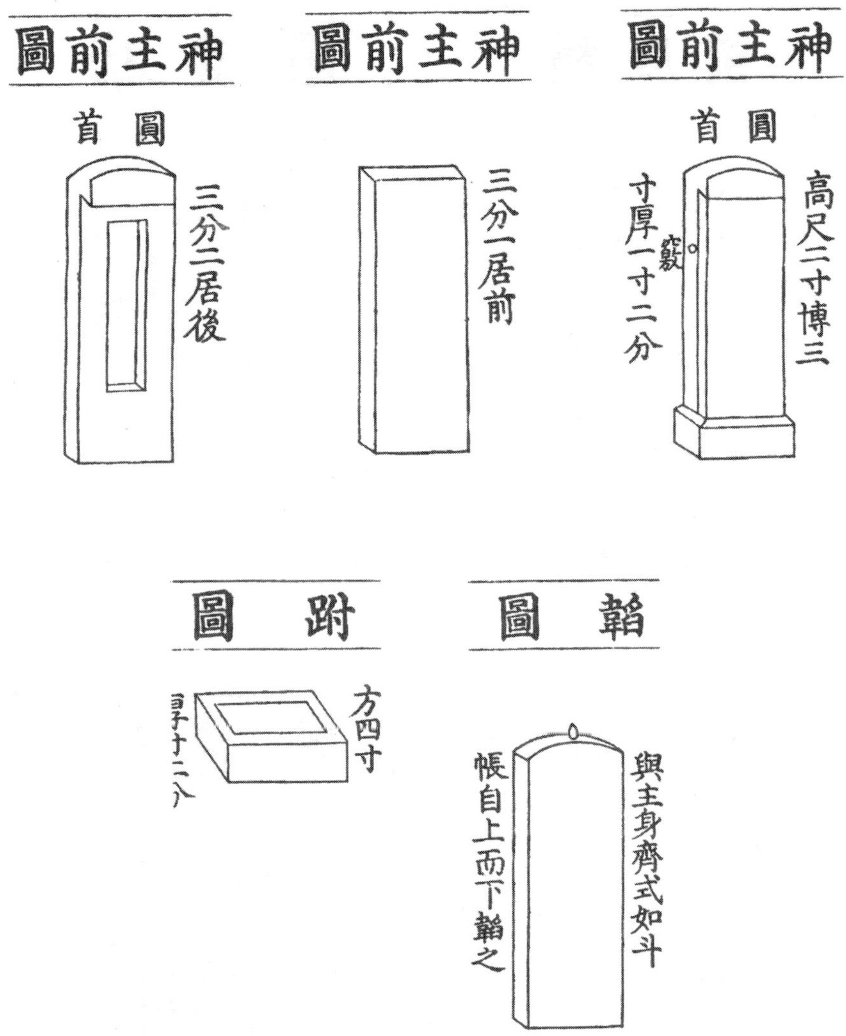

신주도(사례편람)

[그림 4] 神主

---

61) 神主는 조상의 혼이 깃들어 있는 신체로 여기어 사당이나 벽감에 모시고 살아계실 때와 같이 아침, 저녁으로 인사를 드리고, 집안에 중요한 일이 있을 때마다 아뢰기도 하였다. 이는 곧 조상으로 인식하여 살아 있는 사람과 함께 집안에서 같이 생활하는 것으로 여기었다. 신주는 제주 후에 비로소 죽은 자를 대신하는 신체가 되고, 3년상이 지난 후에 사당이나 벽감 등에서 보통 4대, 약 120년 동안 모셔진다. 그래서 신주는 사람과 같이 평생을 같이 하는 것으로 여기었다.

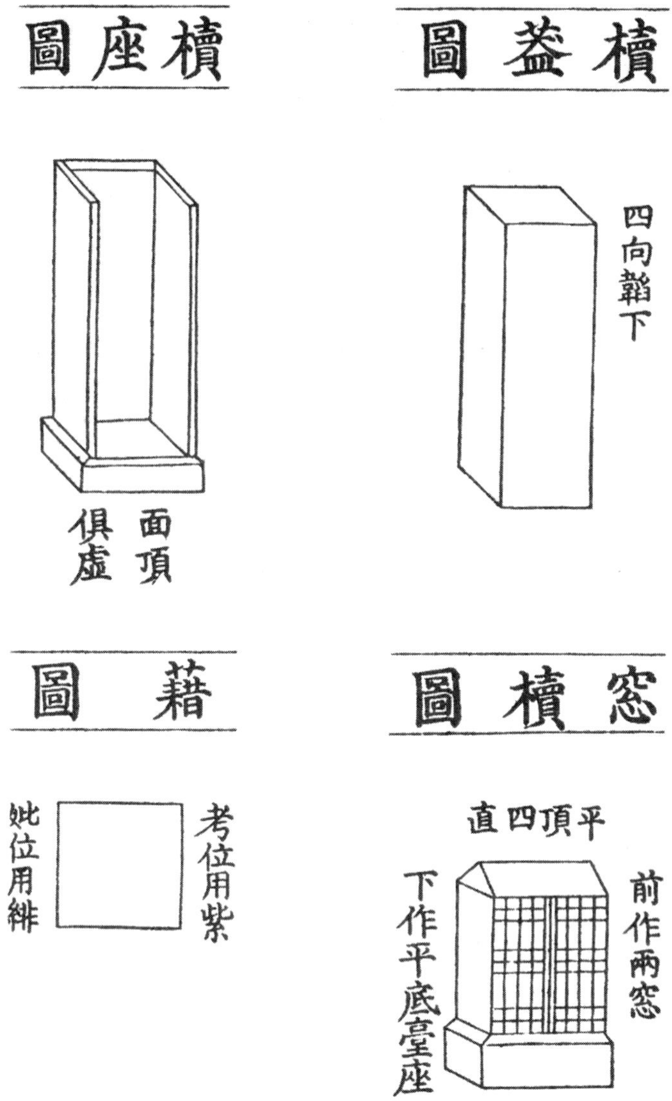

함의 구조(사례편람)

[그림 5] 함의 구조

썩지 않으며 벌레가 먹지 않기 때문이라고 한다.

신주神主를 넣어 두는 상자인 독櫝[62]은 검은 옻칠을 한다.

---

62) 櫝은 사당 안에 신주를 모셔두는 곳으로 主櫝이다. 독좌와 독개로 구성되는데, 독좌는 사각의 다리 모양을 한 받침대 위에 앞면이 없는 3면으로 둘러쌓인 것으로, 그 안에 신주를 놓는다. 독개는 위를 막고 아래가 없는 상자로 독좌를 덮는다.

신주神主를 만드는 법은 시일월진時日月辰을 본떠서 만든 것으로서, 받침대는 사방 4치로 하는데 1년 사계절四季節을 형상화한 것이며, 바닥에 구멍을 뚫어서 신주神主의 몸을 끼운다.

몸은 높이가 1자2치(12치)로 1년 12개월을 의미하고, 너비가 3치(30푼)는 한 달月의 날日수를 형상하며, 두께가 1치2푼(12푼)인 것은 하루의 시간時間을 형상화한 것이며, 위 5푼을 깎아내 머리를 둥글게 한다. 신주의 형태도 천원지방에 따라 상원하방의 형태로 하였는데, 위가 둥근 것은 하늘을 상징하고, 아래가 모진 것은 땅을 상징한다.

9. 천구遷柩

1) 영구靈柩를 모시고 사당祠堂에 가서 조상祖上에게 하직인사를 한다. (봉구조우조奉柩朝于朝 조조朝祖 지사당전至祠堂前 천우조遷于祖)

발인發靷 하루 전날前日 아침 조전朝奠을 지내면서 영구靈柩를 옮길 것을 영좌에 고한다. 음식은 조전과 같이 차린다. 축관祝官이 술을 올리고 북향北向하여 무릎을 꿇고

"좋은 날에 관棺을 옮깁니다"(금이길신今以吉辰 천구감고遷柩敢告)

라고 고告한다. 축관이 일어나면 주인 이하는 모두 곡哭으로 슬픔을 다하고 재배再拜한다.

축관祝官이 상자에 혼백魂帛을 모시고 사당祠堂 앞에 나아간다.

집사는 전奠과 교의交椅, 탁자를 들고 따른다.

일꾼(역자役者)이 명정銘旌과 영구靈柩를 들고 뒤따른다.

상주喪主 이하는 곡哭을 하며 따라가되, 남자는 오른쪽으로 가고 부인은 왼쪽으로 가고, 주인과 주부의 뒤에 중복重服을 입은 사람은 앞에 있고 복이 가벼운 사람은 뒤에 있으니 복으로 각각 차례를 삼는다.

사당祠堂 앞에 이르면 집사가 먼저 자리를 깔고, 그 위에 영구靈柩를 놓는데, 머리

를 북쪽으로 향한다.

영구靈柩의 서쪽에 영좌靈座와 전奠을 놓는다.63)

주인 이하는 자리에 나가 곡哭을 한다.

이 절차는 평소에 외출할 때 사당祠堂에 고告하는 예禮를 따른 것이다.

2) 영구靈柩를 청사廳舍로 옮긴다.(수천우청사遂遷于廳事)

조상祖上에게 하직인사를 한 후 영구靈柩를 다시 청사廳舍로 옮기는 절차이다.

집사가 청사에 휘장을 친다.

축관祝官이 혼백魂帛을 모시고 영구靈柩를 인도하여 오른쪽으로 돌아간다. 주인 이하는 곡哭을 하면서 따라간다.

청사에 이르면 집사가 자리를 깔고 영구靈柩의 머리를 남쪽으로 가게 놓는다.

축관祝官은 영좌靈座와 전奠을 영구靈柩앞에 남향南向으로 진설하고, 주인이하는 자리에 나아가 곡哭을 하고 거적자리를 깐다.

발인發靷할 때까지 바꾸어 대곡(代哭, 대신 곡하게 함)하여 끊이지 않게 한다.

친척과 손님親賓이 술을 올리고 부의賻儀하는데, 초상初喪의 의례와 같이한다. 부의賻儀하는 물품은 차, 초, 술, 과일 등이다.64)

3) 발인發靷에 필요한 기물器物을 준비한다.(진기陳器)

발인에 쓰이는 방상씨方相氏, 명정銘旌, 영거(靈車, 혼백 모신 수레), 대여(大輿, 큰 상여), 삽선翣扇 등을 순서에 따라 진열해 둔다. 이를 진기陳器라 한다.

---

63) 『가례집람(家禮輯覽)』에 '영구의 동쪽에 차리지 않는 것은 동쪽은 신위(神位)가 아니기 때문이다. 한 것은 신위가 오(奧)에 있고 동쪽에 있는 것을 근거로 하여 말한 것이다. 소렴에 시신의 동쪽에 전을 진설하는 것은 처음 죽었을 때 차마 아직 살아있을 때와 다르게 할 수 없기 때문이고, 대렴이후의 전은 모두 실중(室中)에 진설하고 영구 가까이에 차리지 않는다. 여기서 전을 실(室)에 진설하지 않는 것은 실중(室中)에 신이 있는 곳이고, 죽은 사람에게 전을 올리는 곳이 아니기 때문이다.' 고 하였다.

64) 『구씨의절』에 '초상전(初喪奠)'에는 향이나 차, 술, 과일 등을 쓰는데, 이때가 되면 친분이 두터운 사람이라면 희생(犧牲, 통째로 제사에 쓰이는 소, 기를 때는 畜이고 제사 때는 牲이다)을 써도 된다. 제문(祭文)을 지을 수 없으면 문사(文士)에게 청하여 대신 짓도록 하여도 된다.'고 하였다

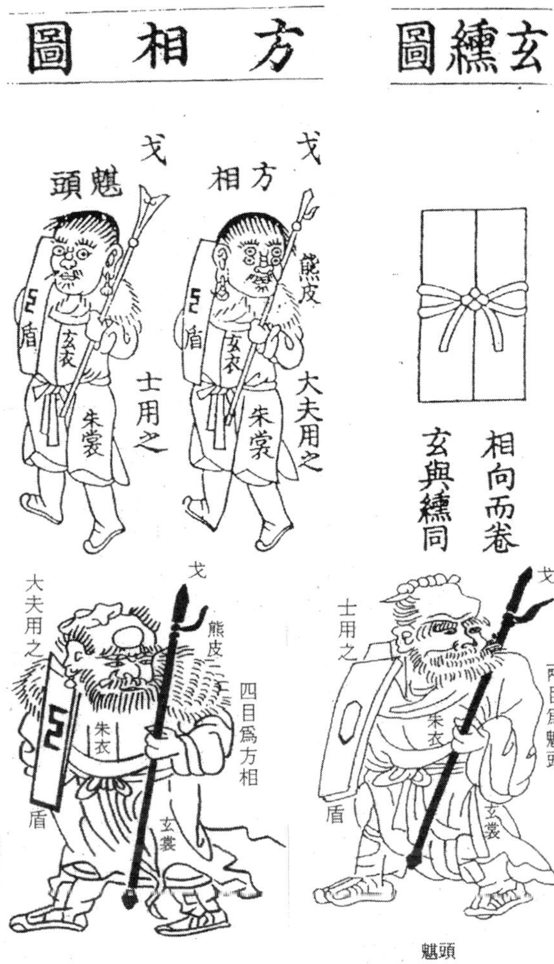

[그림 6] 방상씨, 현훈도

방상씨는 장례행렬의 맨 앞에서 춤을 추며 상여喪輿가 가는 길의 악귀惡鬼를 쫓고, 광중壙中의 악귀惡鬼를 쫓기 위한 것으로 무서운 얼굴을 본떠서 만든다. 왼손에 창을 잡고 오른손에 방패를 든 모습으로, 신분에 따라 4품 이상이면 눈이 4개, 5품 이하는 눈이 2개 있는 방상을 사용한다. 한 번 쓴 방상은 무덤 근처에 묻거나 태워 없애버리므로 장례 때마다 새로 만들어 썼다. 나무로 된 방상은 조정朝政이나 규모 있는 사대부가에서 썼고, 종이로 된 방상은 일반 양반계층에서 썼으며, 짚으로 엮어서 만든 것은 일반 서민들이 썼다는 이야기도 전한다.

영여靈與에는 혼백魂帛을 모시고 향香을 준비해 둔다.

4) 조전祖奠65)을 차린다.

일포시(日晡時, 申時, 오후 3~5시) 사이에 조전祖奠을 올리는 절차이다. 음식은 조석전朝夕奠과 같이 차리는데, 관행에서는 이를 일포제日晡祭라고도 한다.

절차는 축관祝官이 술을 올리고 나서 북향北向하여 무릎을 꿇고 장사葬事를 지낼 것을 고하고 엎드렸다가 일어난다.

고사告祀가 끝나면 부복俯伏하고 일어나며 이후의 절차는 조석전朝夕奠과 같다.

10. 발인發靷66)

1) 영구靈柩를 상여喪輿에 싣는다.

발인發靷할 날이 밝으면 영구靈柩를 상여喪輿에 싣고 행상行喪할 준비를 한다.

대여大輿를 마당에 준비하고 어제 일포시日晡時에 차렸던 조전祖奠을 치우고 영구靈柩를 상여喪輿에 옮길 것을 고한다.

영좌靈座를 옮겨 옆에 놓고 영구靈柩를 상여喪輿로 옮겨 싣는다.

영구를 상여에 고정하는 등 일이 끝나면 축관祝官이 영좌를 영구 앞으로 옮겨 남향南向이 되게 하며, 혼백魂帛상자를 영좌靈座 앞에 안치安置한다.

2) 견전(遣奠, 發靷祭)

상여에 영구를 싣고 나서 차리는 전奠이다.

견전遣奠은 관행에서 발인제發靷祭라고 하는데, 발인을 하기 전에 집을 향해 세 번 절하고 영구靈柩를 장지葬地로 떠나보내는 작별의식이다.

---

65) 『의례(儀禮)』 「기석례」 편에 '길을 떠나려 할 대 제사(祭祀)지내고 술을 마시는 것을 조(祖)라 하니, 조(祖)는 시작하는 것이다.'고 하였고, '모두 길을 떠나려 할 때 제사(祭祀)지내고 술을 마시는 것을 조(祖)라 하는 것은 길 떠나기를 사작하는 것이기 때문에 조(祖)라 말하는 것이다.'고 하였다.

66) 『朱子家禮』는 견전(遣奠)과 발인(發靷)을 구분하였고, 『喪禮備要』와 『四禮便覽』은 遣奠과 發靷을 합하여 발인조(發靷條)에 기록하였다.

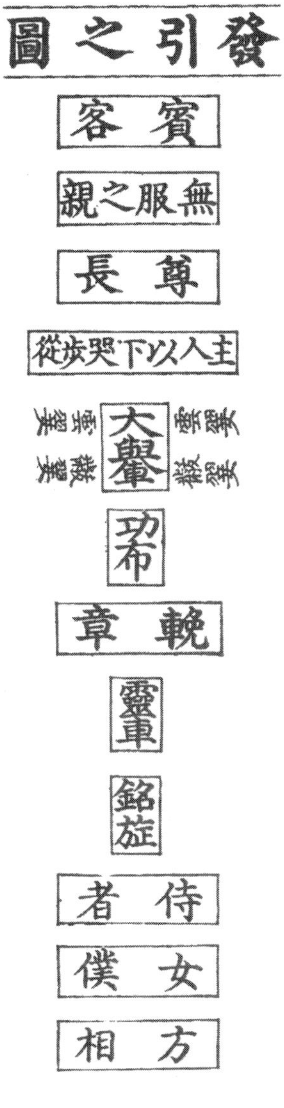

발인도(사례편람)

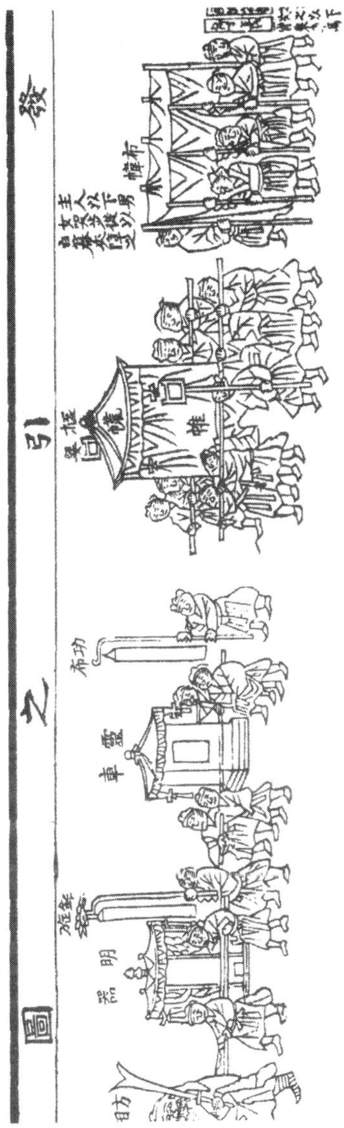

발인도(상례비요)

[그림 7] 발인도

제수祭需는 조전과 같이 하되 포脯를 추가한다.

이때 부녀자들은 참석하지 않는다.

축관祝官이 술을 올리고 떠나는 것을 고하면 주인이하는 곡哭을 하고 재배再拜한다.

축관이 혼백魂帛을 모시고 상여喪輿에 올라가서 분향焚香한다.

별도의 상자에 신주神主를 담아 혼백魂帛 뒤에 둔다.

부인은 머리가리개(터드레)를 하고 나와서 곡哭한다.

집에 있어야 할 사람들은 슬픔을 다하여 곡哭을 하고 재배再拜하여 하직인사를 한다. 이때 존장尊長은 절을 하지 않는다. 끝나면 바로 전奠을 치운다.

3) 구행柩行

영구靈柩가 떠난다. 상여가 장지로 떠나는 것을 출상出喪이라고도 한다.[67]

순서는 방상씨가 가장 앞에서 인도하고, 위의 기물을 준비했던 순서대로 간다. 방상씨 - (명기) - 명정 - 영여 - (만장) - 공포 - 운아삽 - 상여 - 상주 - 복인 - 존장 - 무복친 - 빈객의 순서이다.

주인이하 남녀는 곡哭을 하며 걸어서 따라간다.

친척과 빈객이 길가에 장막을 치고 영구靈柩를 멈추고 전奠을 올린다. 방법은 집에서 행하는 의례와 같다. 친척이나 친구 집 앞에서 지내는 노제路祭는 원래 친전親奠이라 하며 이승에서 자신과 인연을 쌓았던 것들과의 영원한 작별을 고한다.

무덤墓이 멀 경우 사(舍, 머무는 곳)[68]를 마련하고 영좌靈座를 영구靈柩 앞에 설치하고, 무덤에서 삼백보 떨어진 곳에 이르러 모두 내린다.

조석朝夕으로 곡哭하고 전奠과 상식上食을 올리며, 도중에 슬픔이 복받치면 곡哭을

---

67) 출관(出棺)이라고 하며 예서(禮書)에는 없으나 관행으로 실시되는 것이다.

상주들은 관을 들고 방의 네 구석을 향해 "重喪이요"하고 관을 세 번씩 들었다 내리는 것으로 인사를 하고, 방 문지방에 닿지 않도록 넘으며 엎어놓은 바가지를 관 앞으로 눌러서 깨뜨린다. 이것은 죽은 자의 밥그릇을 깬다는 의미로 죽은 자가 다시는 문지방을 넘어 집안으로 되돌아오지 않게 하며, 상례(喪禮)기간 동안 있을지도 모를 재액(災厄)을 없애기 위한 것이다.

重喪의 사전적인 정의는 "탈상하기 전에 부모상을 거듭 당하는 것"을 의미하기도 하고, 무거운 상을 의미하기도 하여(『四禮便覽』「喪禮」, 「成服」조.)위의 행위와는 전혀 다르다. 그러나 관습적인 행위로서 중상은 정상적인 시신의 상태가 아니라 중상이라는 비정상적인 상태를 회복하기 위한 행위로서 일종의 '중상을 해소하기 위한 양밥'이라고 할 수 있다. 이러한 비정상적인 상태를 회복하기 위한 행위가 전통을 이어가면서 지역에 따라서는 당연히 행하는 절차의 하나로 정착되어 유교식 상례의 절차에 삽입된 것으로 보인다. (김시덕, 「한국 유교식 상례의 연구」 고려대학교 대학원 석사학위논문, 2007, p.84)

68) 사(舍)는 군대가 하루에 걷는 거리의 단위로 리(里)이며, 30舍는 50~60里에 해당한다. 『국역 주자가례』, 유교학술원, 2005, p.242.

한다.

밤이 되면 상주와 형제는 영구靈柩 옆에서 자고 친척이 함께 지킨다.

11. 급묘及墓

영구靈柩가 묘소墓所에 도착하여 장사葬事를 지내기 위한 일이다.

1) 영악靈幄설치

영구靈柩가 묘소墓所에 도착하기 전에 집사가 영구를 임시로 안치할 영악靈幄을 설치한다. 그리고 묘소墓所가 가는 길 서쪽에 남향으로 교의와 탁자를 놓는다.

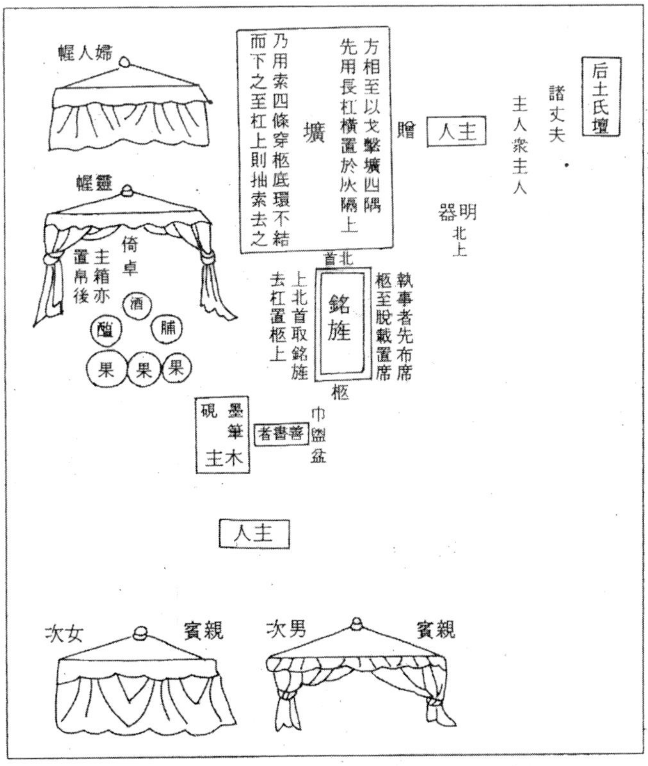

及墓下棺祠后土題木主之圖

[그림 8] 영악靈幄

2) 친빈차親賓次

영악 앞 10걸음 앞에 남향으로 친척과 빈객의 상차를 설치하는데, 남자는 동쪽, 여자는 서쪽에 북쪽으로 영악과 서로 똑바르게 설치한다.

3) 부인악婦人幄

영악靈幄 뒤 광중의 서쪽에 부인의 장막을 설치한다.

악幄과 상차喪次는 차일을 이용하기도 한다.

4) 방상方相, 영여靈輿, 영구靈柩가 도착하면 하는 일

방상方相이 장지에 도착하면 창槍으로 광중壙中의 네 모서리를 찔러 악귀惡鬼를 물리친다.

영여靈輿가 도착하면 축관祝官이 혼백魂帛을 받들어 악좌幄座에 모시고 신주神主상자를 혼백魂帛 뒤에 안치安置한다.

그리고 전奠을 차려 놓고 물러난다. 전상奠床에는 술과 과일, 포脯와 해醢를 차린다.

영구靈柩가 도착하면 집사는 먼저 광중壙中의 남쪽에 자리布席를 깐다.

상여喪輿에서 영구靈柩를 내려 자리 위에 놓는데 머리를 북쪽으로 가게 안치한다.

집사가 공포公布로 영구의 먼지를 닦고 축관이 명정銘旌을 가져다 장대를 제거하고 영구靈柩 위에 덮는다.

상주喪主와 모든 남자들은 광중壙中의 동쪽에 서서 서향西向하고, 주부主婦와 모든 부녀자들은 광중壙中의 서쪽 장막帳幕안에서 동향東向하여 곡哭한다.

모두 북쪽이 상위이다.

빈객賓客은 영구靈柩 앞에 나아가 절하고 돌아간다.[69]

---

69) 『구씨의절』에 '빈객(賓客)이 영구(靈柩) 앞으로 나아가 애통함을 드러내며 再拜하면 주인은 에게 사례하며 답배(答拜)한다.'고 하였다.

5) 하관下棺, 乃窆

영구靈柩를 광중壙中에 내리는 절차로 하관下棺, 乃窆이라고 한다. 머리를 북쪽에 둔다.

상주喪主와 형제들이 잠시 곡哭을 그치고 관棺을 내리는 것을 보아야 하며 관棺을 내릴 때 조금의 요동도 있어서는 안된다. 잘못하여 기울이거나 떨어뜨리거나 흔들리게 해서는 안되므로 곡哭을 그치고 자세히 살펴보아야 한다.

관棺을 내렸으면 구의柩衣와 명정銘旌을 잘 펴서 바르게 덮는다.

① 현훈玄纁을 드린다(主人贈, 贈玄纁)

하관을 한 후 내광內壙의 사이에 빈틈이 없도록 흙으로 채우고 상주가 현훈을 드린다.

현훈玄纁은 검은색과 붉은색의 비단으로 폐백幣帛이다.

주인이 현훈(검은 비단 6장과 붉은색 4장, 각장 8자)을 받들어 관棺 동쪽에 넣는다. 혹은 상현하훈上玄下纁, 좌현우훈左玄右纁의 순서로 넣는다.

축관祝官이 넣기를 마치면 상주喪主는 재배再拜하고 머리를 조아리면 자리에 있는 사람들은 모두 곡哭을 하고 슬픔을 다한다.

② 회격灰隔과 실두實土를 한다.

상주喪主가 취토取土를 세 번 외친 후 흙을 상복자락에 받아 관棺의 상중하上中下에 각각 한 번씩 차례로 놓는 것으로 취토의 의례儀禮는 예서禮書에 보이지 않는다.

회격灰隔은 관棺과 외곽外槨 사이를 석회石灰로 다지는 일이다.

석회石灰를 처음 넣을 때는 관棺 위에 횡판橫板을 놓아 회灰가 직접 관에 닿지 않도록 한다.

흙을 채울 때는 한 자 정도 채우고서 손으로 다지기를 반복한다.

③ 후토신后土神에 제사한다.

성분成墳이 되면 묘소墓所의 왼쪽에서 후토신(산신)에게 제사祭祀를 지낸다. 이 때

"어떤 해 어떤 날 어떤 벼슬을 한 누구가 감히 밝게 고합니다.

토지신이여, 이제 어떤 벼슬을 한 누구의 무덤을 세웁니다.

토지신께서 보호하여 후한이 없도록 지켜주십시오.

삼가 맑은 술과 포 · 해脯醢를 올리니 흠향하소서"

라는 축문祝文을 올려 묘墓의 안전을 기원한다.[70]

④ 지석誌石과 명기明器[71]를 묻는다.

명기明器를 묻고, 지석誌石을 묻은 다음 다시 흙으로 견고하게 다지는 것이다.

묘지墓地가 평지와 같이 되었으면 광중壙中의 남쪽 가까운 곳에 오지그릇 하나를 묻고 지석誌石을 묻는다. 그러나 묘지가 산기슭에 있으면 광중壙中의 남쪽으로 조금 떨어진 곳(두어 자)에 구덩이를 깊이(4자) 파고 다시 흙을 채워서 단단히 다진다(공이질).

명기明器는 무덤 속에 시신과 함께 묻는 그릇, 악기, 목인, 석인 등의 기물을 말한다. 제기가 사람의 그릇이라면 명기는 귀신의 그릇으로 사자의 영생을 위해 묻는 것이다.

⑤ 신주神主에 글씨를 쓴다(題主)

성분이 되어가는 동안 악좌에서는 신주에 사자死者의 이름을 쓰는 제주題主[72]를 한다. 즉 신주에 혼령을 불어 넣는 것이다.

고인의 성명과 관직, 그리고 봉사자奉祀者[73]를 기록하는 일로서 부처의 점안식과 같은 의미로 볼 수 있다.

집사가 영좌의 동남쪽에 서향하여 탁자를 마련하고 벼루와 붓, 먹을 놓는다.

---

70) 『주자가례((朱子)家禮)』에 '유씨가 말하기를, 부모의 형체가 이곳에 있기 때문에 그 신(神)에게 예(禮)를 드려 편안하게 하는 것이다.'고 하였다.

71) 『가례집람(家禮輯覽)』에 '명기(明器)를 옆에 넣어 두고 장식을 더한다.'고 하였고, 그 주에 '기(器)는 용기(用器) · 역기(役器, 갑옷등의 물건을 이름)이고, 현(見)은 관의 장식이다. 見이라고 한 것은 이 장식이 더하면 관구(棺柩)가 보이지 않기 때문이다. 먼저 기물을 넣는다고 하고 장식을 더한다고 한 것은 기물이 장식 안에 있기 때문이다.'고 하였다.

72) 『증보 사례편람(增補 四禮便覽)』의 註에 '神主 쓰기를 흙을 채운 뒤에 하는 것은 글의 흐름이 그러할 뿐이지, 반드시 흙 채우기를 기다린 뒤에 쓰는 것만을 말한 것은 아니다. 몸이 壙中으로 돌아가면 정신은 갑자기 떠돌아 의지할 곳이 없으니, 진실로 속히 神主를 써서 의지할 곳이 있게 해야 한다.'고 하였다.

73) 분칠이 되어 있는 앞면으로 顯考와 奉仕者의 이름을 대(代)가 바뀔 때마다 고쳐 쓴다.(粉面) 앞면에 神位와 奉仕가 누구인지 쓰는 것은 누구의 아버지인지 알 수 없기 때문에 반드시 奉仕者를 쓰는 것이다.

탁자의 건너편에는 세숫대야와 수건을 놓는다. 주인이 그 앞에 서서 북향한다. 축관이 손을 씻고 신주를 꺼내어 탁자 위에 놓고, 글씨를 잘 쓰는 사람을 시켜 손을 씻고 서향西向하여 서서 먼저 함중陷中을 쓰고, 분면粉面에 글씨를 쓰게 한다.

글씨를 다 쓰면 제주전題主奠을 올린다.

축관이 신주神主를 받들어 영좌靈座에 모시고 혼백魂帛을 상자 안에 넣어 신주 뒤에 놓는다.

축관이 분향하고 술을 따른 다음에 축판을 들고 주인의 오른 쪽에 나와서 무릎을 꿇고 읽는다.

> "어떤 날 아들 누구는 감히 고합니다.
> 아버님께서는 형체形體는 이미 광중壙中으로 돌아가셨으나 혼신魂信은 집으로 돌아오시는데,
> 신주神主가 완성되어 모시겠으니
> 신께서는 옛것을 버리시고 새로운 것에 기대고 의지하소서."

라는 내용의 축문 읽기를 마치면 축문을 태우지 않고 품 안에 넣고 일어나 제자리로 돌아간다.

주인이 재배再拜하고 곡哭으로 슬픔을 다하고서 그친다.

제주전題主奠을 마치면 축관祝官이 신주神主를 영여靈輿에 싣고, 그 뒤에 혼백魂帛상자를 놓는다.

집사가 영좌靈座를 거두고 집으로 출발한다. 상주喪主는 곡哭을 하면서 따른다.

자식 중에 한 사람이 남아 봉분封墳을 완성할 때까지 지켜보게 한다.

묘墓의 봉분封墳은 높이가 네 자이고, 그 앞에 작은 비석碑石을 세우는데, 높이는 역시 네 자이며 받침대는 한 자 정도로 한다.

천구遷柩에서부터 제주전題主奠까지를 저승에의 통합과정統合過程이라고 할 수 있다. 일반적으로 천구遷柩를 하고 발인發靷을 하여 매장埋葬하는 전체 절차를 '장사葬事지낸다'

고 하는데, 이것이 이승의 삶에서 저승의 삶으로 전이轉移되어 완전히 통합됨을 의미한다. 즉 주검 그 자체를 위한 의례儀禮는 매장埋葬으로써 마무리된다고 할 수 있다. 매장을 마치면 고인은 이승의 영역이 아닌 지하, 즉 저승의 영역으로 통합되어 이승과는 분리된다.[74)]

6) 평토제平土祭

봉분封墳이 완성되어 묘墓앞에 제물을 진설하여 지내는 제祭로 일반적으로 성분제成墳祭, 제주제題主祭라고도 한다. 그러나 예서禮書에는 보이지 않는 절차로 '자식 중에 한 사람이 남아 봉분封墳을 완성할 때까지 지켜보게 한다'고 하였으니 봉분이 완성되어 지내는 성분成墳이라는 의미의 성분제成墳祭도 맞지 않는다.[75)]

12. 반곡反哭

반곡反哭[76)]이란 상주喪主 이하 복인이 영위靈位를 영거(靈車: 영여靈轝, 요여腰轝)에 모시고 장지에서 집에 이를 때까지 천천히 걸으며 곡哭하는 절차이다.

집에 이르러 대문이 보이면 더욱 슬프게 곡哭을 한다. 집에 도착하기 전에 집사執事가 먼저 집에 들어가서 영좌靈座를 만들어 놓으며, 집에 도착해서는 축관祝官이 신주神主를 받들고 들어가 영좌靈座에 모신다.

상주喪主 이하 복인服人은 서쪽 계단으로 올라가 청사廳舍에서 곡哭한다.

상주 이하는 문에 이르러 곡을 하고 들어간다.

부인은 먼저 들어가 당堂에서 곡을 한다.

---

74) 김시덕, 전게논문, p.173.

75) 이철영, 『상장례의 정석』, 효사랑, 2008, p.118.

76) 朱子는 反哭의 일에 대해 이르기를 '神主를 모시고 돌아오는 것은 喪禮가운데 가장 큰 것이기 때문에 삼우(三虞) 아래는 모름지기 집에 이르러 곧 행해야 하는데, 나라의 풍속에 여묘(廬墓)를 하면서 결국 神主를 모시고 돌아오지 않고 廬墓에 나아가 祭祀를 행하며 삼년을 마친다. 이는 단지 편의만을 알고 그 예경(禮經)의 취지를 크게 잃는 것을 알지 못하는 것이다.'고 하였다.

드디어 영좌靈座앞에 나아가 곡哭을 한다.

이때 조상弔喪온 사람이 있으면 조문弔問[77]을 받는다.

일 년과 구월 복服을 입는 사람은 술과 고기를 먹을 수 있으나 잔치를 즐기지는 못한다.

소공小功이하와 대공大功으로서 떨어져 사는 사람은 돌아가도 된다.

산소에 움막을 짓고 상주喪主가 삼년상 기간 동안 여묘(廬墓, 임시거처)살이를 할 경우에는 반곡反哭의 절차를 하지 않는다. 이는 산소에서 여막廬幕을 짓고 상주喪主가 기거起居하기 때문이다.

신주神主를 맞이하는데 새로운 조상신祖上神을 맞이하는 것으로 인식한다. 이 때 혼백魂帛상자는 신주神主의 뒤에 둔다. 이처럼 혼백魂帛과 신주神主를 함께 모시는 과정은 미시적으로 보았을 때 혼백魂帛에 의지해 있던 혼魂이 신주神主로 '옮아감'을 의미하고 있다.[78]

실제로 '혼백魂帛을 앞쪽에 두고 그 뒤쪽에 혼백魂帛과 맞붙여서 신주神主를 모시는 행위'는 이러한 전이轉移의 과정을 의미함과 동시에 접촉주술적接觸呪術的 효과를 돕기 위한 것이다.

상청喪廳은 상주가 상복을 입는 기간 동안 영좌靈座를 모시는 장소이며, 혼백魂帛과 관련된 것을 모시는 장소이다.

13. 우제虞祭

매장埋葬을 하고 반곡反哭을 하게 되면 혼백魂帛과 신주神主의 두 가지 형태로 존재하던 혼魂이, 초우初虞, 재우再虞, 삼우제三虞祭를 지내는 3~4일 정도의 시간이 지난 다음 신주神主로 전이轉移되는 과정이다.

---

77) 『중용(中庸)』의 註에 '처음 죽은 것을 일러 사(死)라 하고, 이미 장사(葬事)를 지냈으면 돌아와도 없다는 뜻에서 망(亡)이라 한다.'고 하였다.

78) 김시덕, 전게논문, p.177.

우제虞祭는 혼魂과 신주神主를 편안하게 한다는 의미로 부모의 장사葬事를 지내고 영혼靈魂을 맞이하여 편안하게 위안慰安하기 위해 지내는 제사祭祀로 세 번 지낸다.79)

우虞란 '위안하다'는 의미로 사자死者의 신령을 평안하게 하는 동시에 생자의 마음을 위로해 주는 안위의 제사祭祀이다.

초우제初虞祭는 반혼제返魂祭라고도 하며, 오례五禮에서는 흉제凶祭에 속한다.

반드시 장사葬事 당일 날 지내야 하기 때문에 길이 멀 경우 반혼反魂 도중에서 지내기도 한다. 이것은 혼魂과 시신屍身을 빠른 시간 내에 분리分離하고, 또 혼魂이 빨리 신주神主로 전이轉移되도록 하기 위함이다.

상주喪主 이하 모두가 목욕재계沐浴齋戒한다.

초우제를 지낼 기물器物과 제수祭需를 준비한다.

우제虞祭를 지내기 전까지 영좌靈座앞에서 행해졌던 전奠에서는 상주喪主 대신 축관祝官이 주인主人으로서의 역할을 하였고, 절차 역시 간단하게 진행되었다.

반면 우제虞祭부터는 맏상주가 주인主人이 되어 사시제四時祭의 제사祭祀 절차와 같으나 삼우三虞때까지는 축관祝官이 초헌자初獻者의 오른편에서 서향西向하여 독축讀祝하고 졸곡卒哭때부터 모든 제사祭祀는 왼편에서 동향東向하여 독축讀祝한다.

초헌初獻은 상주喪主가 하고 아헌亞獻은 주부主婦가 하며 종헌終獻은 사위나 외손外孫, 친정동기 또는 근친近親이 한다.

초우初虞부터 철시복반撤匙覆飯 직후에 고이성告李成을 한다. 고이성告李成은 신령神靈께 올리는 양례襄禮가 끝났음을 고告하는 절차로 축관祝官이 상주喪主 옆에 나아가 서서 읍揖을 하며 [이성李成]하고 고告하면 모두가 곡哭하고 재배再拜한다.

우제虞祭의 진설陳設 방법은 살아있는 사람의 식사법처럼 동쪽을 상위上位로 진설하는데, 이는 우제虞祭에서 혼백魂帛을 함께 모시고 있고, 또 조상신祖上神에 대한 의례儀禮로 전환하는 과정이기 때문이다. 따라서 우제虞祭는 조상신祖上神을 위한 의례절차儀禮節次를 수행하기 위한 시작으로서의 의례儀禮, 의례儀禮의 대상代償, 의례儀禮의 주인主人,

---

79) 『朱子家禮』에 '정씨가 말하기를 뼈와 살은 흙으로 돌아갔으나 혼령(魂靈)의 기운은 가지 못하는 곳이 없으니 효자(孝子)는 그 방황하는 것을 편안하게 하기 위해 세 번을 지낸다고 한다.'고 하였다.

의례儀禮의 주체主體가 모두 바뀜을 의미한다.

상을 차리는 법은 다음과 같다.

영좌靈座 앞의 탁자위에 영전에 가까운 곳에 첫째 줄에 시저匙箸를 상의 북쪽 첫째 줄에 놓는다.

술잔은 시저匙箸, 수저의 서쪽에 놓는다.

초접醋楪80)은 수저의 동쪽 두 번째 줄에 놓는다.

나물은 세 번째 줄에 놓고, 과일은 네 번째 줄에 놓는다.

병에 술을 채우고, 향안香案을 당堂의 가운데 놓고 그 위에 향로香爐를 놓고 향을 피운다. 모사(茅沙, 띠풀 묶음)는 향안香案 앞에 놓는다.

음식을 준비하는데 조전朝奠과 같이 하여 당문 밖의 동쪽에 진설한다.

절차를 보면 먼저 축관祝官이 신주神主를 영좌靈座에 모신다.

우제虞祭 때부터는 상장喪杖을 밖에 기대어 놓고 제사에 참가한다.

상주喪主이하는 모두 들어가 영좌靈座앞에서 곡哭을 한다.

복服의 경중輕重에 따라 서열을 낮추어 북향北向하여 선다.

1) 강신降神

축관祝官이 상주喪主들의 곡哭을 그치게 하면 주인主人이 영좌靈座 앞에 나아가 분향재배焚香再拜한다.

집사執事는 술병을 열어 주전자에 술을 채우고, 무릎을 꿇고 주인의 왼쪽에 자리한다.

주인은 무릎을 꿇고 받아 술을 잔에 따르고 주전자를 집사자에게 준다,

왼손으로 잔받침을 들고, 오른손으로 잔을 들어 모사茅沙에 붓고 나서 술잔을 집사執事에게 준다.

복흥(伏興, 엎드렸다가 일어남)하고 조금 물러나 재배再拜하고 제자리로 돌아온다.

---

80) 초접(醋楪)은 식초에 간장을 섞은 것을 담는 그릇이다.

축관祝官이 나머지 제물을 차린다(進饌), 진찬. 집사執事가 도와주며 진설陳設하는 순서는 조전祖奠과 같다.

2) 초헌初獻

주인主人이 주전자가 놓인 탁자 앞으로 나아가 주전자를 들고 북향北向하여 선다.

집사執事가 영좌靈座 앞의 잔과 잔 받침을 들고 주인主人의 왼쪽에 선다.

주인主人이 무릎을 꿇으면 집사자도 무릎을 꿇고 잔과 잔받침을 드린다.

주인主人은 술을 따르고 주전자를 탁자 위에 올려놓고, 집사자와 함께 영좌 앞으로 나아가 북향하여 선다.

주인은 잔을 받아 모사茅沙에 세 번에 나누어 따르고 엎드렸다가 일어난다.

집사가 잔을 받아 받들고 영좌靈座 앞으로 가서 먼저 자리에 놓는다.

집사가 메의 뚜껑을 열어 남쪽에 놓는다.

주인이 조금 물러나서 꿇어앉고, 이하 모두 꿇어앉는다.

축관祝官이 축판祝板을 들고 주인의 오른쪽(원래는 왼쪽(서쪽)이나 흉제이기 때문에 음인 동쪽으로 간다)에 서향西向하여 무릎 꿇어 앉아

"어떤 날 고자孤子 누구는 돌아가신 아버님께 감히 고합니다.
세월이 흘러 어언 초우(재우, 삼우)가 되었습니다.
밤낮으로 슬피 사모하여 편치 못하여 삼가 맑은 술과 음식을 올리니
흠향하소서"

라는 내용의 축문祝文을 읽는다.

축관이 축을 다 읽고 일어나면, 주인은 곡하며 재배한 뒤 본래의 자리로 돌아가서 곡을 그친다.

다른 사람도 상주를 따라 곡하다가 그친다.

집사는 철주撤酒[81]하고, 빈 잔을 본래의 자리에 올려놓는다.

3) 아헌(亞獻, 두 번째 잔을 올린다)

아헌亞獻은 주부主婦가 하며 의례儀禮는 초헌初獻과 같이 하지만 축문祝文은 읽지 않고 절을 네 번 한다.

4) 종헌(終獻, 세 번째 잔을 올린다)

주로 친척이나 빈객賓客 중에서 하며 여자도 가능하다. 혹은 아들, 딸이 하기도 한다.

의례儀禮는 아헌亞獻과 같다.

초헌初獻이나 아헌亞獻에서처럼 술잔을 비우지는 않고 8부로 둔다.

5) 유식侑食

집사執事가 주전자를 들고 나가서 종헌終獻에서 다 채우지 않은 잔에 술을 더 따른다.

일반적으로 첨작添酌과 삽시정저揷匙正箸의 절차를 묶은 것이다.

숟가락을 밥그릇에 꽂고, 젓자락을 자루가 서쪽으로 가게 떡이나 적위에 올려놓는다.

6) 합문闔門

신이 제사음식을 흠향歆饗하는 시간이다. 상주喪主 이하 모두 문밖으로 나가고 축관祝官이 문門을 닫는다. 밖에서 한식경 정도를 기다린다.

7) 계문 · 사신啓門 · 辭神

음식을 모두 흠향歆饗하였으므로 다시 제청으로 들어가는 절차이다.

축관祝官이 문으로 가서 북향하고 서서 '어흠'하고 기침을 세 번 하고噫歆三 문을 연다.

문이 열리면 상주喪主 이하 들어가 각자 자리로 간다.

집사執事는 국(갱羹)을 내리고 숭늉을 올린다.

축관祝官이 상주의 오른쪽에 서서 '이성利成'이라고 고한다. 제사祭祀를 마쳤다는

---

81) 철주(撤酒)는 술을 물리다는 의미이며, 퇴주잔에 술을 따른다는 뜻이다.

것을 알리는 의미로 사신의 절차이다.

집사가 신주神主를 거두어 갑匣에 넣고 있던 자리에 옮겨 모신다.

상주喪主 이하는 곡哭을 하며 재배再拜하여 슬픔을 다하고 그친다.

상주喪主가 모두 나가면 집사執事가 철상撤床한다.

8) 혼백魂帛을 묻는다.

축관祝官이 혼백魂帛을 들고 집사執事를 데리고 가서 깨끗한 곳을 가려 혼백魂帛을 묻는다. 이미 혼백魂帛의 혼령魂靈이 신주神主로 전이되었음을 나타낸다.

관행에서는 삼우제三虞祭를 지내고 산소에 성묘省墓를 하는데 이 때 행하기도 한다.

이때부터 아침저녁으로 올리는 조석전朝夕奠은 올리지 않는다. 그러나 조석곡朝夕哭과 조석상식朝夕上食, 삭망朔望을 지낸다. 묵는 곳에서 우제를 지낼 경우 혼백魂帛은 집으로 돌아와서 묻는다.

9) 재우제再虞祭와 삼우제三虞祭를 지낸다.

재우제再虞祭는 유일柔日에 지내는데, 날짜의 천간天干이 을乙, 정丁, 기己, 신辛, 계癸에 해당하는 날을 말한다. 유일柔日은 서수의 날로서 음陰을 의미한다. 그래서 재우再虞는 음수陰數이기 때문에 유일柔日에 지내는 것이다.

그 예는 초우初虞와 같다.

묘지墓地에서 집으로 오는 도중에 재우再虞를 만나게 되면 묵는 곳에서 지내게 된다.

삼우제三虞祭는 강일剛日에 지내는데, 날짜의 천간天干이 갑甲, 병丙, 무戊, 경庚, 임壬에 해당하는 날을 말한다.

강일剛日이란 기수의 날로서 양陽을 의미한다. 그래서 삼우三虞는 양수陽數이므로 강일剛日에 지내는 것이다.

삼우三虞는 묘지墓地가 멀어 집으로 오는 도중에 삼우三虞를 만나더라도 머무는 곳에서 지내지 않고 집으로 돌아와서 강일剛日에 지내게 된다.

유일柔日	을乙, 정丁, 기己, 신辛, 계癸	음수陰數
강일剛日	갑甲, 병丙, 무戊, 경庚, 임壬	양수陽數

14. 졸곡卒哭

졸곡卒哭은 그동안 무시無時로 행하던 곡無時哭82)을 그친다는 의례로, 삼우제三虞祭를 지낸 후 석 달 만에 강일剛日을 택하여 지내는 제사이다.

하루 전날 기물器物을 진설陳設하고 음식을 준비한다.

다음 날 새벽에 일어나 나물과 과일, 술과 반찬을 진설陳設한다.

날이 밝으면(질명質明) 축관祝官이 신주神主를 모신다.

상주喪主 이하는 모두 들어가 곡哭하고 강신降神한다.

우제虞祭의 진설陳設과 같이 주인主人과 주부主婦가 음식을 드린다.

졸곡卒哭부터는 우설右設이 아니라 좌설左設로 진설陳設하고, 흉제凶祭를 길제吉祭로 바꾸어 가는 것이기 때문에 우제虞祭까지 사용하지 않았던 정화수井華水 현주(玄酒, 깨끗한 물)를 준비한다. 이는 전奠의 형식을 벗어나 제사祭祀를 지낸다는 것을 의미한다.

이때부터 아침저녁의 조석곡朝夕哭만 하고 무시곡無時哭은 하지 않는다.

상주와 형제는 거친밥과 간이 있는 음식을 먹고 물을 마실 수 있으나 채소와 과일은 먹지 않고 거적자리를 깔고 나무(목침)를 베고 잔다.

이즈음에서 문상 온 사람들에게 편지로 보답하는데答弔章, 형편에 맞는 서식으로 하면 된다.

졸곡에서부터 사자死者의 이름을 함부로 말하지 않는다. 이때부터 생자生子를 섬기는 예禮가 아니라 귀신鬼神을 섬기는 예禮로써 대하기 때문이다. 졸곡 전의 제사 축문

---

82) 이것은 부모를 잃은 슬픔을 어느 정도 가라앉힐 수 있다는 말이 된다. 즉 매장을 하고, 우제를 지내고, 또 졸곡제까지 지냈으니 이제는 死者나 靈魂의 상태에 있는 것이 아니라 조상신으로 승화되어 가는 과정에 있기 때문에 수시로 곡을 하지 않아도 된다는 것을 의미한다.

에는 상주가 자신을 애자哀子, 고자孤子, 애손哀孫, 고손孤孫이라고 하지만, 졸곡 후에는 효자孝子, 효손孝孫이라고 한다.

答弔章(장례 후 인사장 발부)

장례를 치루는 동안 애써주신 친척 친지들에게 감사의 인사를 드려야 하며 문상을 다녀간 조객들에게는 정중한 조위와 부의에 감사의 뜻을 담은 인사장을 만들어 보낸다.

서식 예

今般 저희 어머님 故 OOO 喪事時에 公私多忙 하신 중에도 遠近을 不問하시고 鄭重하신 弔慰와 厚意를 베풀어 주신 德澤으로 葬禮를 無事히 마쳤음을 眞心으로 感謝드립니다.

일일이 찾아뵙고 人事드림이 道理인줄 아오나 慌忙中이오라 于先 紙面으로 人事드림을 寬容하여 주시기를 바라오며, 家庭에 健康과 幸運이 깃드시기를 祈願합니다.

2011年　月　日

喪主: 子

子

拜上

감사의 말씀

저희 어머님께서는 하나님의 恩惠와 사랑 가운데 하늘나라로 떠나셨습니다. 어머님을 여읜 슬픔으로 荒忙한 마음이 앞섰는데 바쁘신 중에도 저희를 위로해 주시고 어머님의 冥福을 빌어주셔서 큰 힘이 되었습니다.

교회의 많은 집사님들이 기도해 주신 덕분으로 소천하시기 5일전에 하나님을 영접하시고 축복가운데 저희 ○○교회 교회장으로 장례를 치루면서 지금의 이별은 천국에서 새로운 관계를 지속하기 위한 아픔임을 깨닫고 곧바로 소망가운데 어머님을 편안한 마음으로 보내드릴 수 있었습니다.

떠나시기 전 疾病의 苦痛속에서도 마지막 순간까지 어머님의 끝없는 자식 사랑과 따뜻한 향기도 느낄 수 있었고 너무도 선한 모습으로 임종을 맞이하시면서 주님의 품안으로 떠나심을 확신하였습니다.

마땅히 직접 찾아뵙고 인사를 올리는 것이 도리인줄 생각되오나, 이렇게 글로써 인사를 드리게 됨을 海諒하여 주시기 바랍니다.

다시 한 번 고개 숙여 감사드리오며 驚惶중에 정중한 禮를 갖추지 못했음을 용서해 주시고 늘 하나님과 함께 하시길 祈願합니다.

2011년 월 일

哀子 ○ ○ ○ 拜上

학교법인 ○○ 학원장 인사말씀

이번에 저희 아버님 (○○○) 상사시에
바쁘신 중에도 정중한 조의를 베풀어 주신데
대하여 깊은 감사를 드립니다. 황망중이오라
일일이 찾아뵙지 못함을 죄송스럽게 생각하오며
우선 지면을 빌어서나마 머리 숙여
인사를 드립니다.

2011년 ○월 ○일

미망인 ○○○
아들·딸 ○○○
며느리·사위 ○○○

15. 부제祔祭, 合祀, 合葬

부祔란 합사한다는 뜻으로 망자亡者의 신주神主를 새로운 조상祖上의 곁에 모실 때 지내는 제사祭祀로서 조상祖上의 거주居住 영역인 사당祠堂에 영입迎入됨을 알리고 허락을 받는 절차이다.

즉, 새 신주神主를 조상祖上의 곁에 함께 모시도록 하는 절차로 시기는 졸곡卒哭 다음날 지낸다.

졸곡卒哭의 제사祭祀를 물린 뒤에 곧바로 기물器物을 진설陳設하고 음식을 준비한다.

기물器物과 음식은 모두 졸곡卒哭처럼 하는데 3위분을 준비한다.

사당祠堂에 진설陳設하는데 사당祠堂이 좁으면 청사廳舍에서 해도 되며 신주神主가 없으면 지방紙榜으로 신주神主를 대신하기도 한다.

부제祔祭를 사당에서 지내는 것은 종자宗子에 한하며 지자支子는 자가自家에서 지낸다.

다음날 새벽에 일어나서 나물과 과일 술과 음식을 진설한다.

날이 밝으면 상주喪主이하는 영좌靈座 앞에서 곡哭을 한다.

주인 등이 사당祠堂에 가서 부제祔祭할 조고비의 신주神主를 받들고 나와 영좌靈座에 안치시킨다. 이때 서쪽을 상위로 안치한다.

다시 돌아와서 새 신주를 모시고 사당에 들어가 영좌에 모신다.

주인 이하는 영좌에 나아가 서립序立하여 곡을 한다.

축관祝官이 신주神主를 받들고 사당의 서쪽으로 나아가고, 주인 이하가 곡을 하면서 따라가는데 관棺을 따라가던 순서대로 하고 문門에 이르러 곡哭을 그친다.

축관祝官이 신주독을 열고 새 신주神主를 받들어 사당祠堂에 들어가 자리에 놓는다.

『예기禮記』, 「단궁檀弓」 편에 '부祔라는 말은 붙인다는 것이다. 부제祔祭는 할아버지에게 다른 사당祠堂으로 옮겨가야 한다는 것을 고하고, 망자亡者의 새 신주神主가 사당祠堂에 들어가게 되었다는 것을 아뢰는 절차이다.

부제祔祭하는 것은 함께 모신다는 뜻合祀으로 사당祠堂에 함께 모시는 것을 의미한다. 사당祠堂은 4대의 신주神主를 모시게 되어 있다.

아버지는 할아버지에게, 어머니는 할머니에게 합사合祀한다.

아버지를 합사合祀할 경우에는 조고祖考와 조비祖妣를 모두 모시고, 어머니를 합사合祀할 경우에는 조비祖妣만 모신다.

제사祭祀의 의례儀禮는 졸곡卒哭과 같으나 곡은 하지 않는다.

제사가 끝나면 신주를 원래의 자리에 모신다.

축관이 먼저 고조비위의 신주를 감실龕室에 넣고 그 다음에 새 신주는 빈소의 영좌에 모신다.

만약 청사에서 부제를 지냈으면 조고비위의 신주는 새 신주를 모시듯 하면 된다.

신주를 모시지 않는 집안에서는 부제의 절차는 의미가 없으며 따라서 신주가 없는 집안에서는 부제, 담제, 길제의 절차는 생략되는 것이 보통이다.

부제祔祭를 지내고 나면 조석전朝夕奠을 폐하고 삭망전朔望奠을 올리며, 조석상식朝夕上食만 올린다. 망자에 대한 의례라기보다는 조상신에 대한 의례로 진척되어 감을 의미한다.

16. 소상小祥 - 1주기

소상小祥은 기년忌年을 맞아 망자亡者를 추모追慕하는 제사祭祀로 윤달을 계산하지 않고 죽은 날부터 만 13개월이 되는 날이다.

하루 전날 상주喪主 이하 모두 목욕재계하고 기물器物을 진설陳設하고 음식을 준비하며, 차(次, 대기소)를 설치하고 연복練服을 준비한다.

소상小祥에서 행하는 변복變服)은 연복練服이라 하는데, 연練이란 오랫동안 물에 익힌 실을 잿물에 삶아 익힌 베로 만든 의복으로 상복喪服을 세탁해서 입는다는 것을 의미하며 소상小祥에서부터 담제禫祭까지 입는 상복喪服의 명칭이기도 하다.

변복變服의 형태는 남자의 경우 두루마기中衣와 두건을 빨래해서 다듬어 다시 입고, 요질腰絰의 칡은 심을 제거하고 껍질을 벗겨서 만들며, 수질首絰은 떼어내고, 여자의 경우 요질腰絰을 떼어내고 긴치마를 땅에 끌리지 않게 잘라 입는 것으로 되어 있다.

그리고 상복의 부판, 적(벽령), 최(눈물받이)를 제거하고 지팡이는 그대로 사용한다.

기년복을 입는 사람은 길복으로 바꿔 입으나 울긋불긋한 옷은 입을 수 없다.

주인主人은 남자들을 데리고 청소한다.

주부는 음식 기물을 닦고 음식을 준비한다.

다른 것은 졸곡卒哭 때와 같다.

예禮를 행하는 장소는 모두 영좌靈座 앞이다.

다음날 새벽에 일어나 채소와 과일, 술, 음식을 차린다.

날이 밝으면 축관祝官이 신주神主를 청사로 내모시고出主 주인 이하는 들어가 곡哭한다.

주인은 문 밖에 지팡이를 놓고 기년복을 입은 복인과 함께 각각 그 복服을 입고 들어간다.

모두 곡으로 슬픔을 다하고 그친다.

막차로 가서 연복練服으로 갈아입고 다시 들어가 곡哭을 한다. 이를 변복變服이라 한다.

축이 곡哭을 그치게 한다.

강신降神, 삼헌三獻 · 유식侑食, 합문闔門, 계문啓門, 사신辭神축문祝文은 우제虞祭와 같으나

'엄급삼우奄及三虞'를 '엄급소상奄及小祥'으로 바꾸고,

'애천협사哀薦祫事'를 '애천상사哀薦常事'로 고쳐 쓴다.

이때부터 조석곡朝夕哭을 그친다.

그러나 아직 복服을 벗지 않은 사람이 있으므로 초하루와 보름에 모여 삭망곡朔望哭을 한다.

첫 기일忌日에 지내는 소상은 조상신으로서 사자死者에 대한 첫 번째 제사祭祀임과 동시에 상주의 상중喪中 기간에서 일상의 시간으로 돌아오는 의례가 시작되는 시기이다. 즉, 사자에 대해서는 첫 번째로 맞이하는 기일이 되지만 상주에게는 첫 번째

로 맞이하는 일상으로의 복귀의례가 된다.83)

비로소 과일과 채소 등을 먹을 수 있다.

17. 대상大祥 - 2주기

대상大祥은 돌아가신 지 2년 만에 죽은 사람을 추모하여 지내는 제사祭祀이다. 초상初喪으로부터 대상大祥까지 윤달을 계산하지 않으면 25개월이 된다.

하루 전에 목욕재계하고 기물을 진설하고 음식을 마련한다.

막차를 설치하고 흰색으로 된 대상복祥服을 준비한다. 변복變服은 남자는 백립白笠, 망건網巾, 직령直領, 세포대細布帶를 착용하고, 주부主婦는 상복喪服을 벗고 소복(素服, 흰 옷)으로 갈아입는다.84)

모든 절차는 소상小祥과 같다. 그러나 축祝에서
'엄급소상奄及小祥'을 '엄급대상奄及大祥'으로 고치고,
'애천상사哀薦常事'를 '애천상사哀薦祥事'로 고쳐 쓴다.

제사祭祀를 마치면 축관祝官이 신주神主를 받들어 사당祠堂으로 모시며, 이 때 사당祠堂에 모실 것을 신위神位에 고告한다.

여막廬幕과 영좌靈座를 철거撤去하고, 지팡이는 부러뜨려 구석진 곳에 버리는데 이는 더렵혀지는 것을 막기 위함이다.85)

- 이굴理窟: 상복喪服은 반드시 상喪을 벗는 날 뜯어서 가난한 사람이나 혹은 묘지기

83) 이철영, 『상장례의 정석』, 효사랑, 2008, p.265.

84) 『국조오례의(國朝五禮儀)』에 '흰 옷과 흰 갓과 흰 신발을 진설한다.'고 하였다.

85) 『예기(禮記)』 「喪大記」 편에 '상복에 지팡이는 중요한 것이다. 대상을 지니고 나서 그것을 버릴 적에 반드시 부러뜨려 다른 것에 사용하지 못하도록 하고, 잘 보이지 않는 곳에 버려 사람들로 하여금 함부로 대하지 못하도록 해야 한다.'고 하였다.

에게 나누어 주는 것이 옳다.

대상大祥을 지내면 젓갈이나 간장, 포를 먹어도 된다.

비로소 술을 마시고 고기를 먹으며 침실로 돌아간다. 이를 탈상脫喪이라고 한다.

18. 담제禫祭

담禫은 담담하여 평안하다는 뜻으로 평상平常의 상태로 돌아가기를 기원祈願하는 제사祭祀이다. 대상 후 두 달이 되는 27개월째에 해당한다. 담제禫祭 한 달 전 하순에 날을 점친다卜日. 택일擇日은 다음 달 초순의 정일丁日 혹은 해일亥日로 한다.

하루 전에 목욕재계하고 기물器物을 진설陳設하고 음식을 준비한다. 신위神位를 대상 전의 영좌靈座에 먼저 모시고 그 밖의 것은 대상大祥의 의례儀禮와 같다.

담제禫祭에서 입는 옷은 참포립黲布笠, 망건網巾, 참포삼黲布杉, 백포대白布帶, 조화早靴, 담황피淡黃帔, 백대의白大衣, 그리고 신발을 준비한다.

날이 밝으면 담제禫祭를 지내는데 방법은 대상大祥과 같다.

다만 축祝의 내용을

'엄급대상奄及大祥'을 '엄급담상奄及禫祥'로 고치고,

'애천상사哀薦祥事'를 '애천담사哀薦禫祀'로 바꾼다.

이때부터 음주를 하고 고기를 먹을 수 있다.

19. 길제吉祭

망자亡者의 혼령魂靈이 비로소 제사에 참여하는 제사, 신주神主의 대代를 바꾸고 집의 계승繼承할 종손宗孫이 바뀌었음을 공포하는 절차이다.

길제吉祭를 지내는 시기는 담제禫祭를 지낸 다음 날 날을 잡는데, 다음 달 삼순三旬의 정일丁日 혹은 해일亥日로 잡는다.

길제는 이틀에 걸쳐 지내는데, 길제일 하루 전에 사당에 모신 신주를 청사로 모셔내어 신주의 분면을 고쳐 쓰는 '개제고사改題告祀'를 지내고 다음 날 길제를 지낸다. 개제고사改題告祀는 신주의 분면에 쓰여 있는 봉사자의 이름을 바꾸고 새 종손이 지내는 제사로서 상주喪主가 그 집안의 주인이 되었음을 상징한다.

다음날이 되면 전날 개제改題한 신주를 청사(廳舍, 대청 등 제사를 지내는 곳)에 모시고 일상의 제복으로 성복盛服을 하고, 주부는 혼례식 때 입었던 원삼에 족두리를 쓴다. 이러한 변복은 상주와 그 공동체 성원 전체가 완전히 일상생활로 복귀하였음을 의미한다.

길제를 지내고 나면 사당에 모시고 있었던 5대조가 되는 신주를 체천遞遷하거나 깨끗한 곳에 매주埋主하는 절차인 조매고유祧埋告由를 행한다.

새 종손이 한 집안의 주손冑孫이 되어 제사를 올린다.

이때부터 망자의 신주는 완전한 조상신으로 통합되었기 때문에 사당에 모실 때도 동쪽의 가장 끝 쪽에 남향하여 모신다.

따라서 길제는 조상신의 의례임과 동시에 상주가 일상으로 돌아가는 의례, 그리고 새로운 종손의 탄생을 공표하는 의례라고 할 수 있다.

이로써 상주와 공동체 성원들은 3년이라는 기간에 걸쳐 19개의 상례절차를 치러내면서 가족 성원의 죽음이라는 위기와 혼란을 극복하고 완전한 일상생활로 복귀하게 된다.

제 3 장

현대장례(現代葬禮)

현대장례는 유교의 엄격하고 까다로운 전통상례를 근간으로 하고 있으나 현대로 오면서 많은 의례절차가 왜곡되고 간소화되었다. 일제강점기의 해방과 더불어 한국전쟁, 그리고 사회혼란과 경제개발로 인한 전통윤리관과 가치관의 변화, 도시화와 핵가족화에 따른 공동체의 붕괴로 3년 동안 엄숙하고 경건하게 진행되었던 공동체의 죽음의례가 형식적이고 국적불명이며 종교적 절차로 변모하게 되었다.

또한 도시에서는 장의사葬儀社라는 새로운 직업이 생겨났다.

본 장에서는 효孝와 예禮를 중시하던 전통상례의 정신적 의미를 부여하고 〈건전가정의례준칙〉에 의하여 3일장으로 간소화된 현대장례 절차에 맞게 실무위주로 재구성하고자 한다.

1. 수시收屍

1) 수시의 필요성

수시는 시신을 바르게 한다는 뜻으로, 시신이 굳어지기 전에 손과 팔다리手足를 골고루 잘 주물러 굽힘이 없도록 바르게 펴고 묶어주는 절차를 말한다. 만약 사망 후부터 수시까지 시간이 길어져서 사망자의 무릎이나 엉덩이 부위가 굽어지거나 휘어진 상태로 경직되었을 경우 수의를 입히거나 입관할 때 어려움을 겪게 되므로 임종 후 바로 자세를 반듯이 잡아주어야 한다.

2) 수시에 필요한 준비물

① 칠성판 ② 수시복 ③ 수시포 ④ 알코올 ⑤ 탈지면 ⑥ 위생장갑 ⑦ 한지
⑧ 베개 ⑨ 받침대 3개 ⑩ 칼 또는 가위 ⑪ 긴 대나무 자

현대장례는 유교의 엄격하고 까다로운 전통상례를 근간으로 하고 있으나 현대로 오면서 많은 의례절차가 왜곡되고 간소화되었다. 일제강점기의 해방과 더불어 한국전쟁, 그리고 사회혼란과 경제개발로 인한 전통윤리관과 가치관의 변화, 도시화와 핵가족화에 따른 공동체의 붕괴로 3년 동안 엄숙하고 경건하게 진행되었던 공동체의 죽음의례가 형식적이고 국적불명이며 종교적 절차로 변모하게 되었다.

또한 도시에서는 장의사葬儀社라는 새로운 직업이 생겨났다.

본 장에서는 효孝와 예禮를 중시하던 전통상례의 정신적 의미를 부여하고 〈건전가정의례준칙〉에 의하여 3일장으로 간소화된 현대장례 절차에 맞게 실무위주로 재구성하고자 한다.

3) 수시에 필요한 용품 만들기

(1) 지매

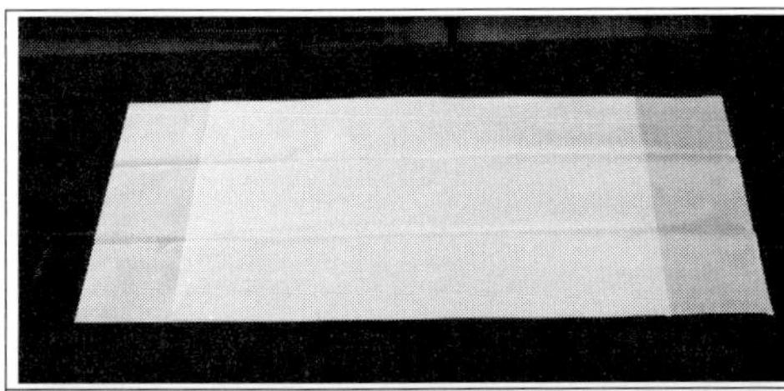	▷ 염지(한지, 습지) 2장을 바닥에 펴고 양끝을 15cm 가량 빼놓는다.
	▷ 주름이 접혀있던 모양대로 3등분하여 접는다.
	▷ 3등분하여 접은 다음, 다시 1/2로 접는다.
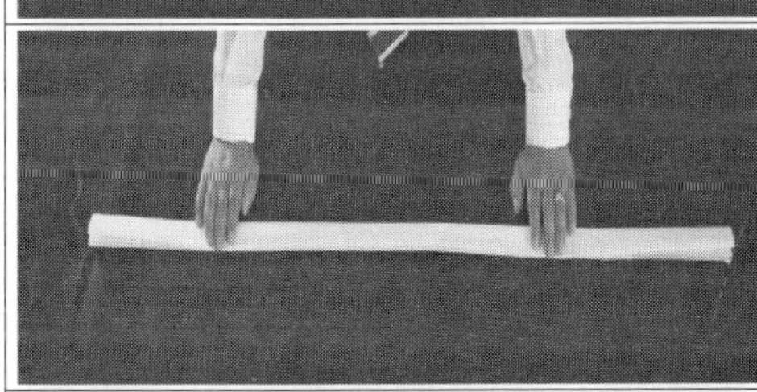	▷ 1/2을 접은 후, 다시 3등분하여 접는다. 이때, 한지일 경우 두껍기 때문에 1/2을 접은 후 2등분 한다.
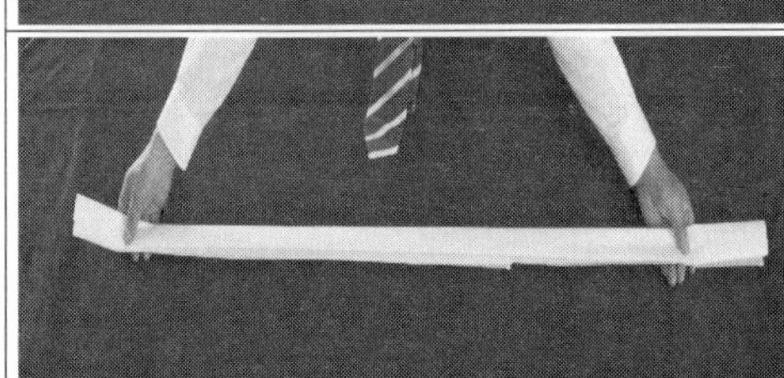	▷ 초기에 양쪽 끝 15 cm 가량 빼놓았던 부분을 주먹으로 쥐고 천천히 바깥쪽으로 잡아 당긴다.
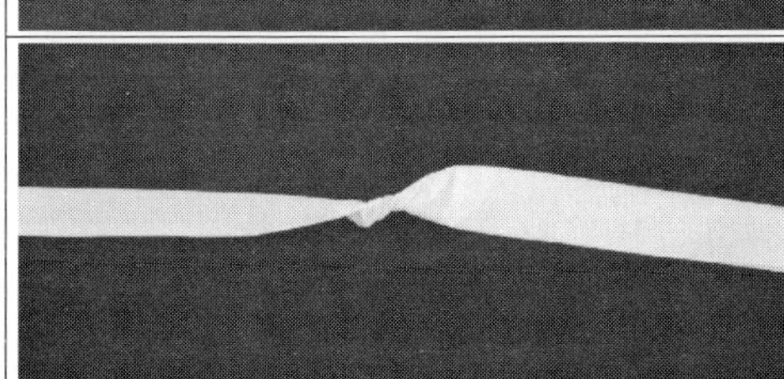	▷ 가운데 겹쳐진 부분을 한 뼘 정도 남기고 빠지지 않도록 2회 정도 꼬아준다.

(2) 베개(침枕)

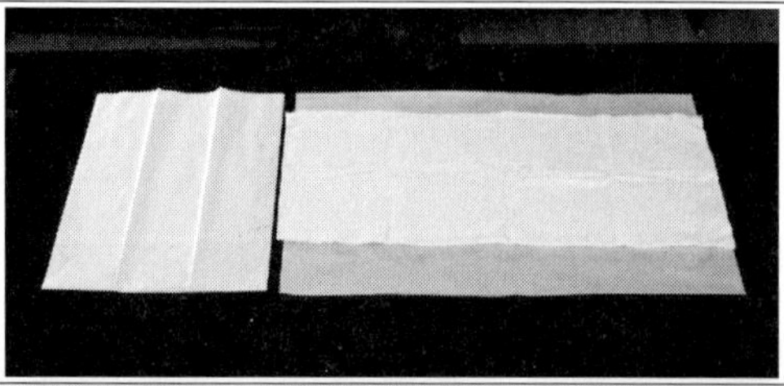	▷ 바닥에 펴 놓은 염지위에 탈지면을 펼쳐 놓는다.
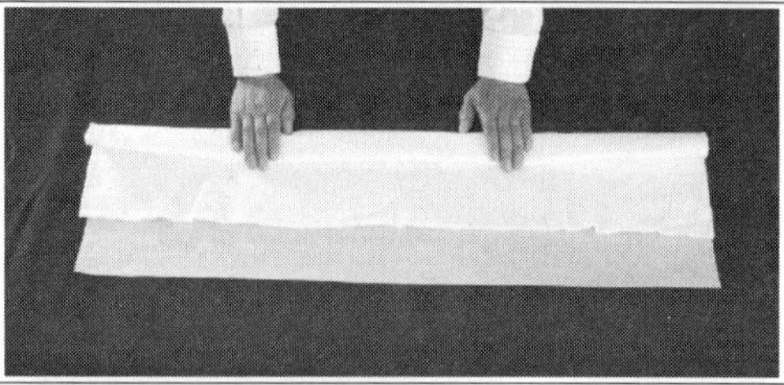	▷ 말아놓은 한쪽 끝에 손을 넣고 베개 모양이 되도록 둥글게 말아준다.
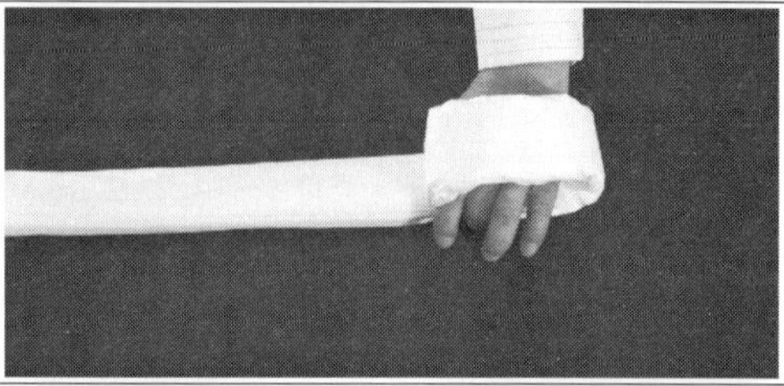	▷ 말아놓은 한쪽 끝에 손을 넣고 베개의 모양이 되도록 둥글게 만다.
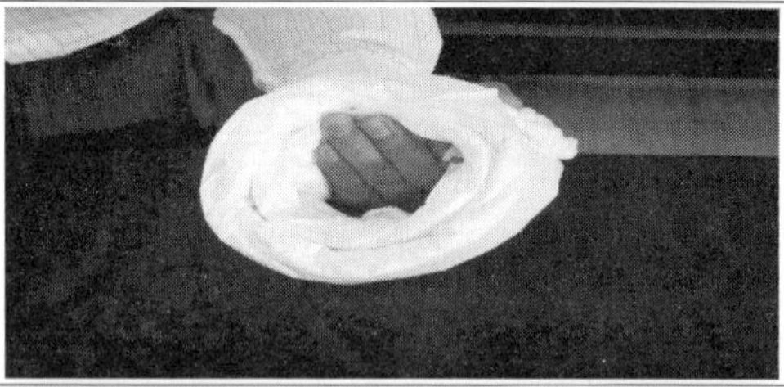	▷ 동그란 모양과 가운데 공간을 살려 놓는다.
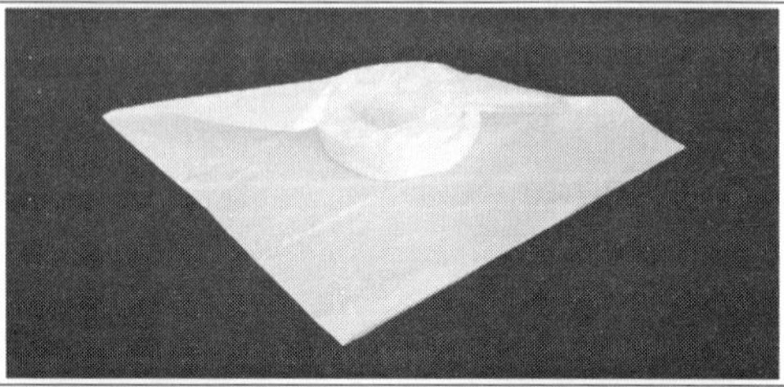	▷ 1/2로 접은 염지의 중앙 부분에 말아놓은 베개모양을 놓고, 가운데 빈 공간에 염지를 집어넣는다.
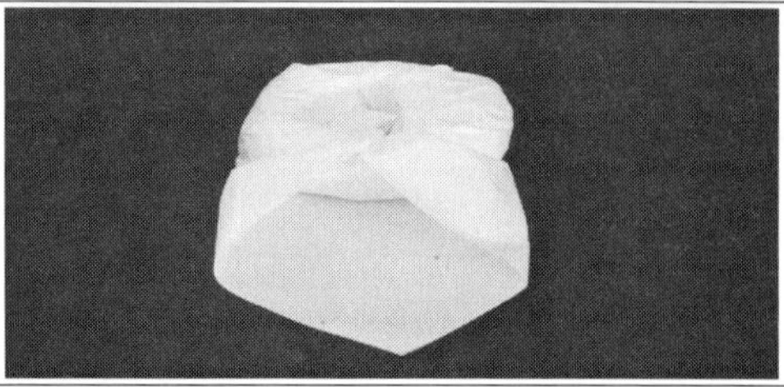	▷ 한 손으로 각을 잡으면서 모양이 흐트러지지 않도록 촘촘히 접어 넣는다.

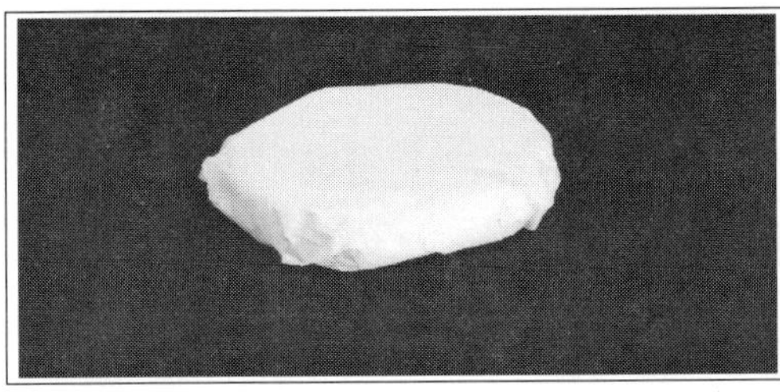	▷ 완성된 모습

(3) 턱받이(함영, 頷盈)

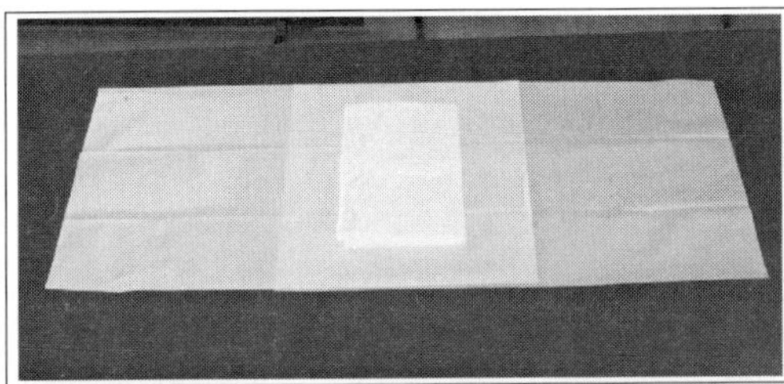	▷ 한지 두 장을 그림과 같이 탈지면 보다 조금 넓게 겹쳐놓은 후, 탈지면을 그림과 같이 중앙부분에 놓는다.
	▷ 베개를 만들 때와 같은 방법으로 둥글게 말아 쥔다.
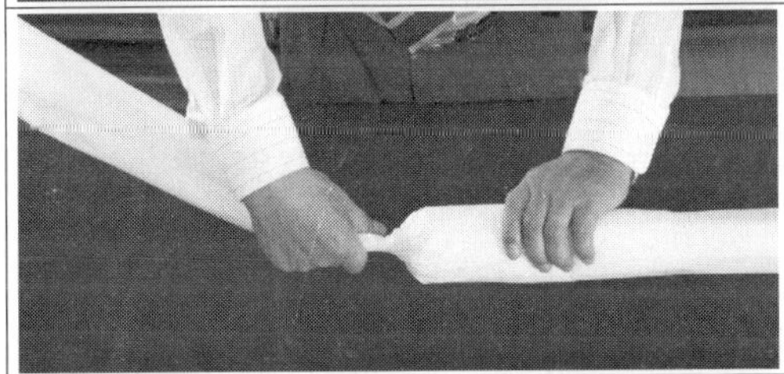	▷ 왼손으로 탈지면 몸체 부분을 잡고, 오른 손으로는 앞쪽 방향으로 풀리지 않도록 단단히 말아 준다.
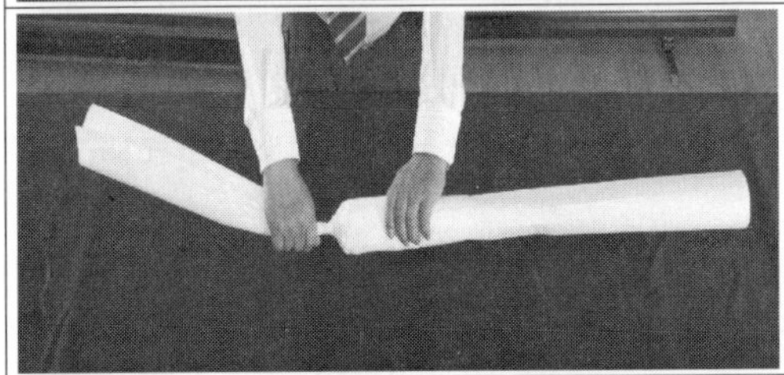	▷ 같은 방법으로 반대쪽의 한지 돌리면서 당겨주는 느낌으로 단단히 말아준다.
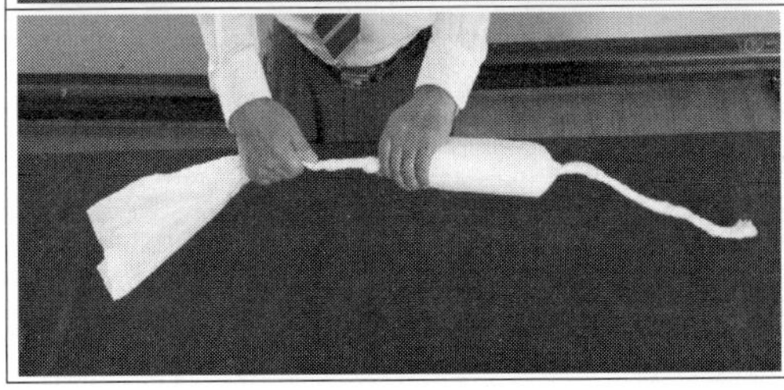	▷ 이어서 한지의 끝까지 같은 방법으로 꼬아서 끝을 만들어 준다.

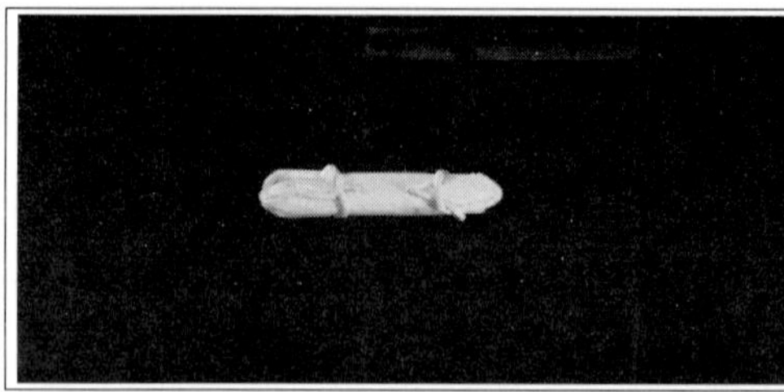	▷ 꼬아 준 부분이 풀리지 않도록 베개 몸통 부분에 감싸 묶어준다.

(4) 기저귀(과대胯帶)

	▷ 염지 두 장을 바닥에 편 후, 3등분 한 중앙에 세로로 2등분 접은 탈지면을 그림과 같이 길게 펴놓는다.
	▷ 염지의 나머지 부분을 그림과 같이 3등분하여 탈지면을 접는다.
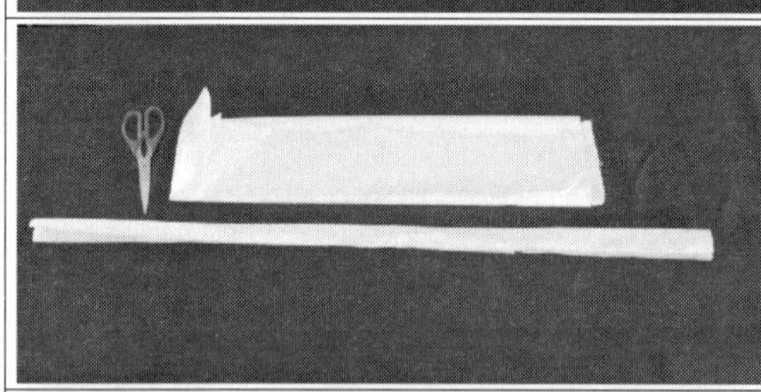	▷ 한쪽 끝을 그림과 같이 약 15 cm 가량 접는다.
	▷ 접힌 부분의 끝을 양쪽 끝에서 약 5 cm 가량이 위치에 그림과 같이 가위로 자른다.
	▷ 자른 부분에 그림과 같이 지매를 꿰어 넣는다.

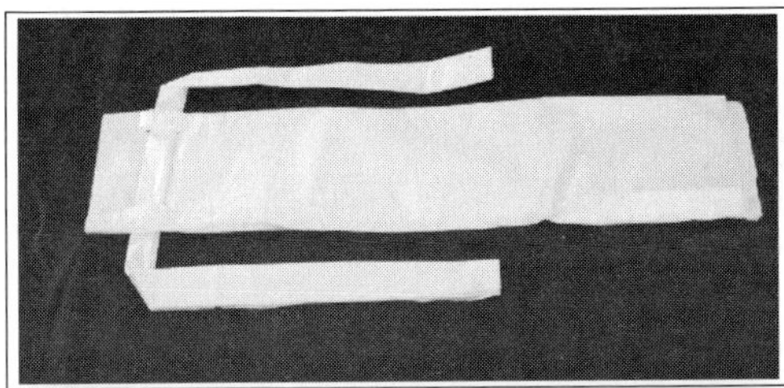	▷ 뒤집은 모습
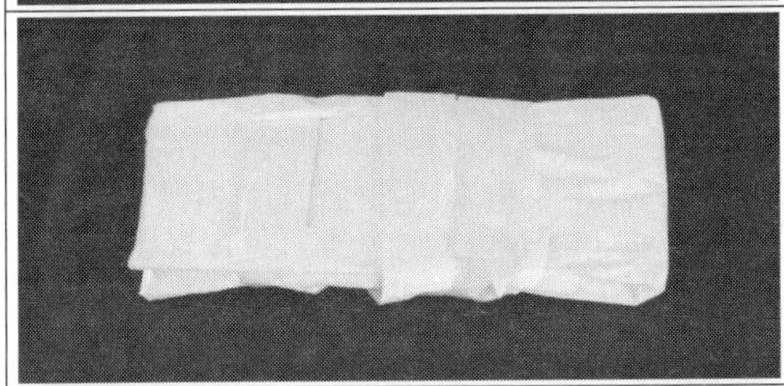	▷ 기저귀를 반으로 접어서 정리한 모습
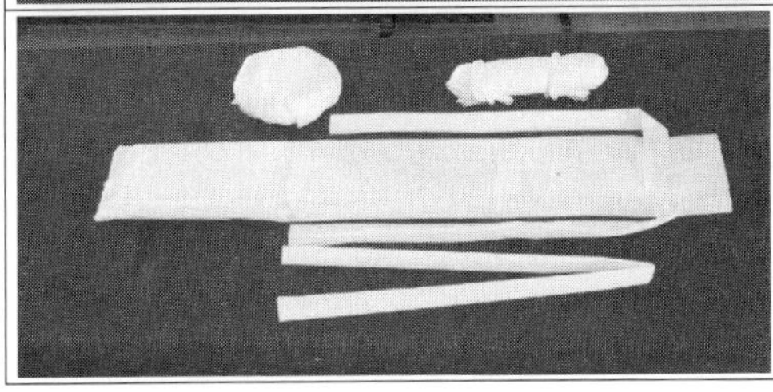	▷ 수시에 필요한 용품 – 지매, 기저귀, 베개, 턱받이

2. 수시의 순서

수시를 할 때는 될 수 있는 대로 고인을 많이 움직이지 않게 하며, 자신의 몸과 같이 정성과 예禮를 다한다.

① 장례지도사는 위생복, 마스크, 위생장갑을 착용하고, 수시 직전에 간단한 목례로 고인에 대한 예를 갖추고, 시신의 좌, 우에 한 명씩 선다.

② 시신의 얼굴부터 아래로 팔과 다리를 잘 주물러 주고, 구부러진 곳은 반듯하게 펴준다.

③ 탈지면을 작게 말아 귀充耳와 코充鼻를 막고, 기저귀를 채워준다.

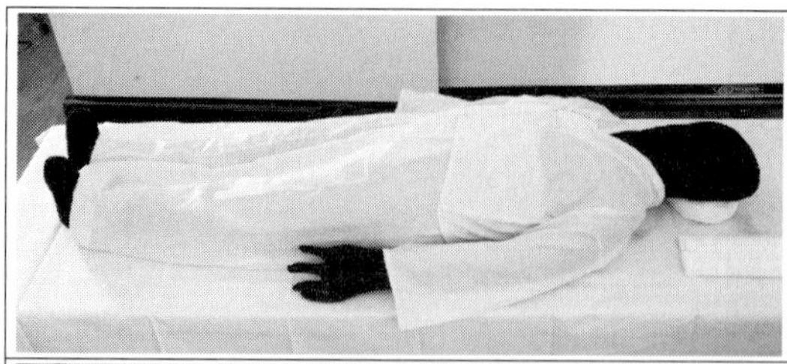	④ 수시복은 하의를 먼저 입혀 가지런히 여며준 다음 허리띠를 묶고 상의를 입힌다.
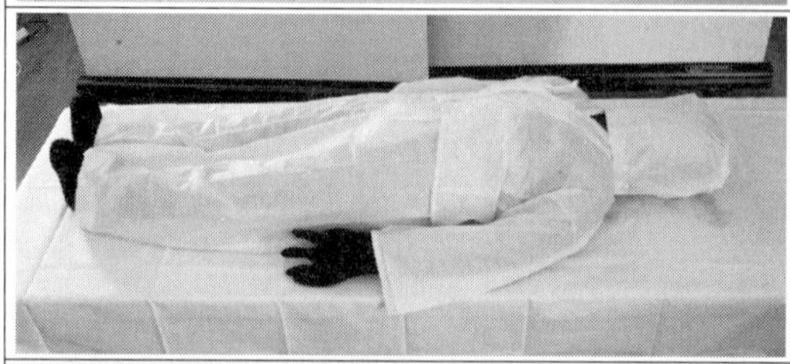	⑤ 얼굴에 탈지면을 덮고 한지로 싸준다.
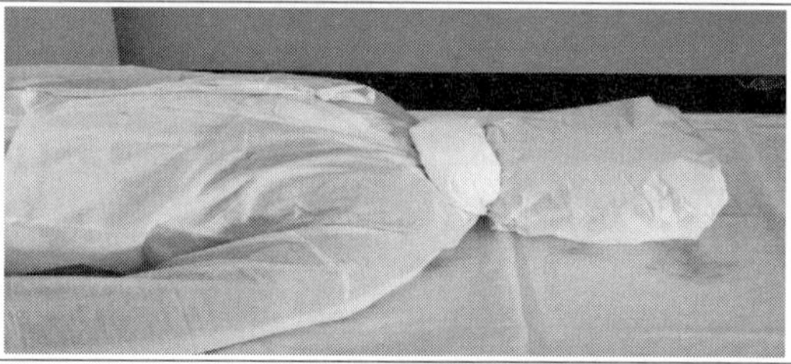	⑥ 목이 고정될 수 있도록 턱받이로 턱의 밑을 둘러 끈으로 묶어준다.
	⑦ 시신 반대쪽 어깨와 엉덩이에 손을 넣어 자신의 몸쪽으로 들어올린다. 반대쪽 사람은 칠성판 들어 시신의 등에 집어넣고, 시신을 살며시 내려 놓는다.
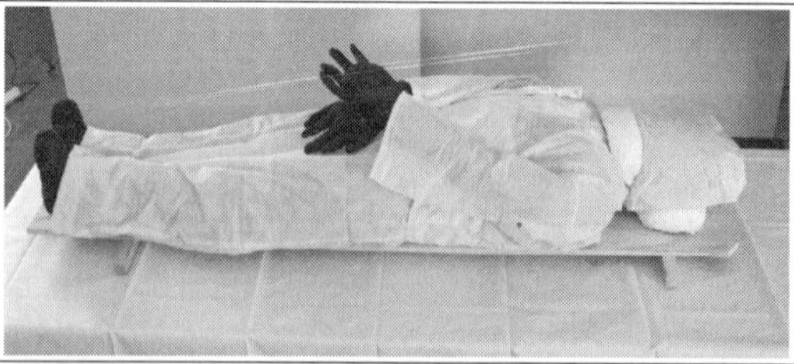	⑧ 칠성판을 머리쪽과 발쪽에서 들어 조심스럽게 받침대 위로 옮긴다.
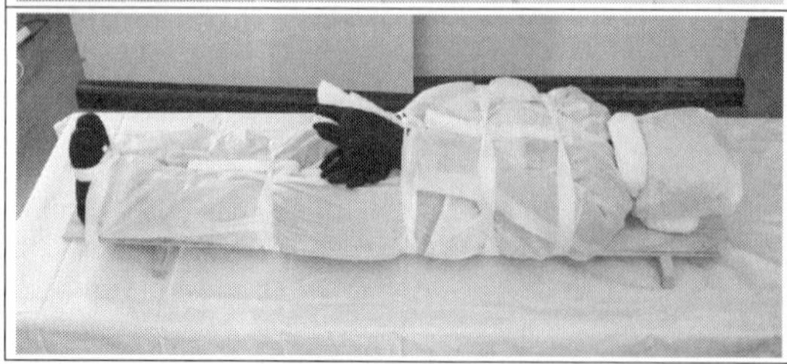	⑨ 칠성판에 모시고 고인의 몸이 틀어지지 않도록 지매로 어깨, 팔꿈치, 손등, 무릎, 발목 순으로 묶는다.

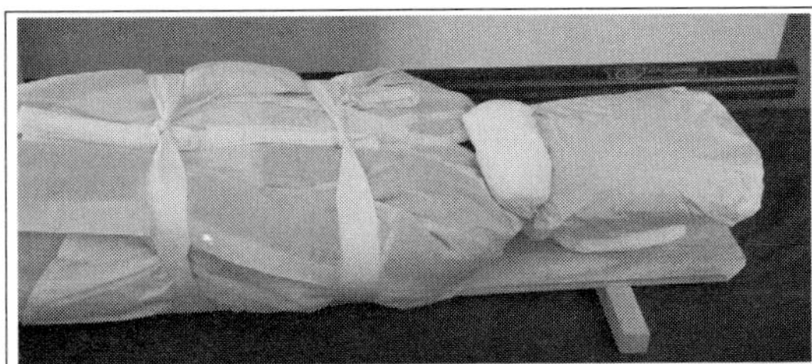	⑩ 지매로 묶은 모습
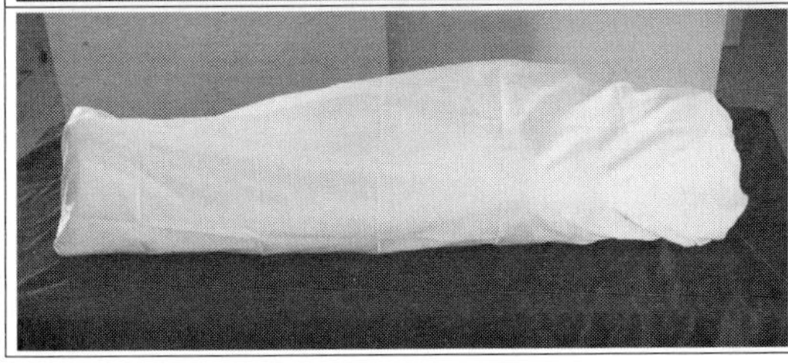	⑪ 수세포를 머리와 발아래 양쪽에서 잡고 살며시 덮은 후, 좌우 및 위아래를 가지런하게 여며서 정리한다.

3. 염습

1) 염습의 목적

시신을 목욕시키고 수의를 입히는 절차를 말하는 것으로, 수의를 입힌 다음 염베로 시신을 싸서 단단히 동여매는 절차이다. 염습에 있어서 가능한 한 고인의 움직임을 적게 하고, 고인의 속살이 보이지 않도록 하여 경건함을 유지하도록 한다.

2) 염습의 준비물

① 수의(남, 여) ② 염베 ③ 한지 ④ 탈지면 ⑤ 알코올 ⑥ 칼이나 가위 ⑦ 대나무 자

3) 염습의 순서

① 수시를 할 때와 같이 장례지도사는 위생복을 입고 위생장갑, 마스크를 착용한다.

② 염습에 앞서 염습대 바닥을 알코올 솜으로 깨끗이 닦아낸 후, 고인의 얼굴을 가린 채 염습대 위로 정중히 모신다.

③ 몸이 불편한 유족은 별도로 모시게 하고 염습 도중 휴대폰이 울리지 않도록 하는 등의 유의사항을 미리 안내하도록 한다.

④ 고인과 유족에 대한 예禮를 먼저 표하고, 고인의 다리 쪽에서 사수와 부사수가

각각 좌, 우로 한 명씩 다가서서 염습을 시작한다.

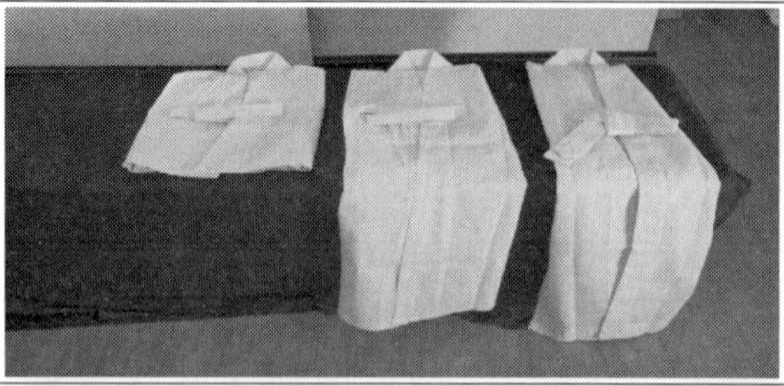	▷ 수의 상의 준비 • 남자: 속저고리, 겉저고리, 두루마기, 도포, 도포띠 • 여자: 속저고리, 겉저고리, 원삼, 원삼띠
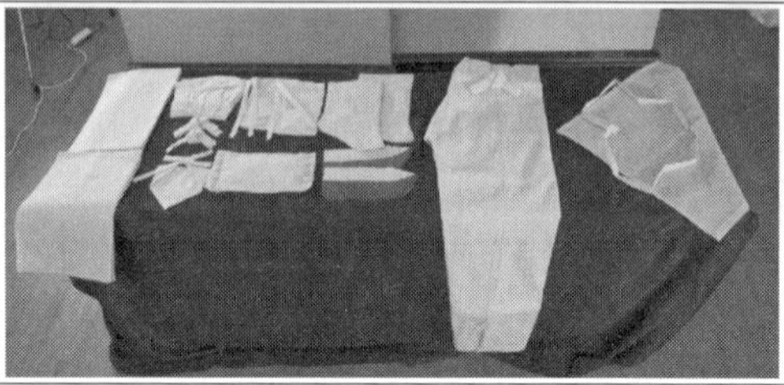	▷ 수의 하의와 기타 부속품 • 남자: 속바지, 겉바지, 허리띠, 대님 • 여자: 속바지, 겉바지, 속치마, 겉치마 • 오낭, 악수, 버선, 습신, 멱목, 폭건

하의 입히기(바지)

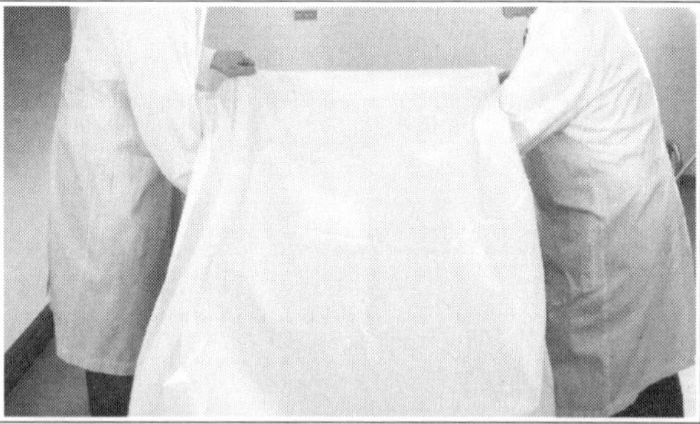	① 고인의 몸이 보이지 않도록 수세포 안에 손을 넣어 알코올 묻힌 탈지면으로 닦아준다.
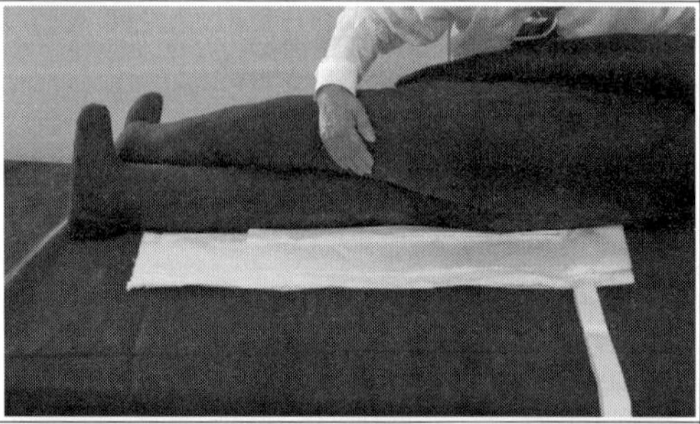	② 사수가 시신의 반대쪽 어깨와 엉덩이에 손을 넣어 자신의 몸 쪽으로 들어올린다. 반대쪽 부사수는 준비해 놓은 기저귀(하대)를 시신의 엉덩이의 밑에 집어 넣고, 시신을 살며시 내려놓는다.
	③ 사수는 엉덩이 밑에 손을 넣어 끈을 빼주고 다리 사이에 있는 기저귀를 올려서 덮어주고 지매를 묶어준다.

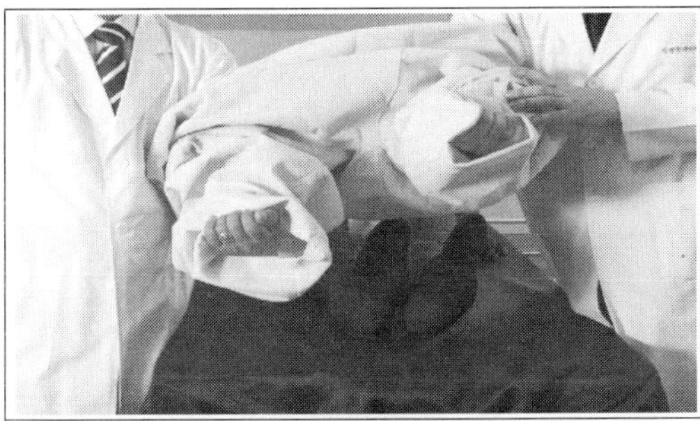	④ 바지를 입히기 전에 겉바지에 속바지를 끼워 준비하고, 바지의 허리에서 발목으로 손을 넣어 빼준다.
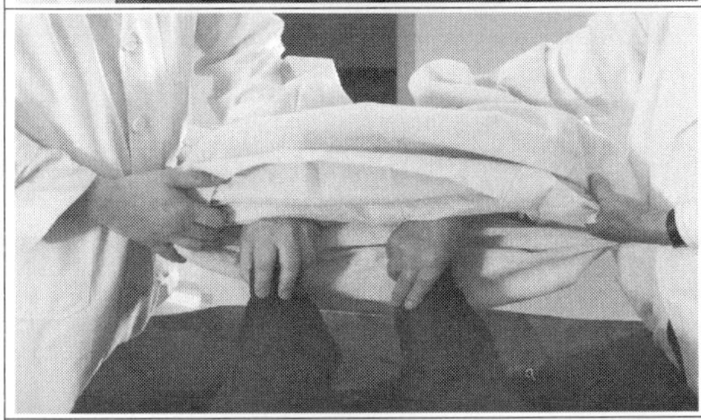	⑤ 반대 쪽 손으로 교차하여 발목을 붙잡는다.
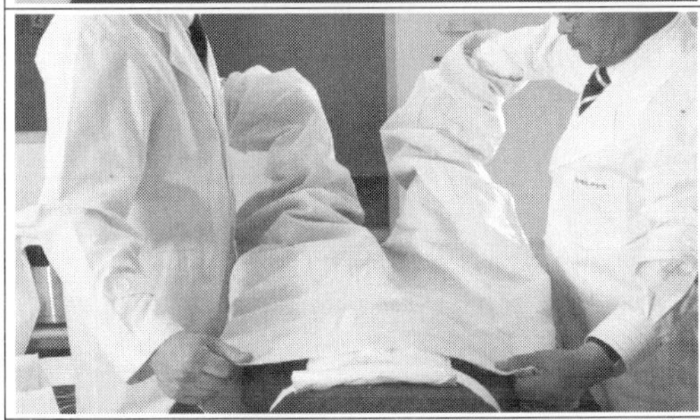	⑥ 바지에 처음 넣었던 손으로는 바지 허리를 잡고 엉덩이까지 끌어 올린다. 이 때 되도록 고인의 다리를 높이 들지 않도록 주의한다.
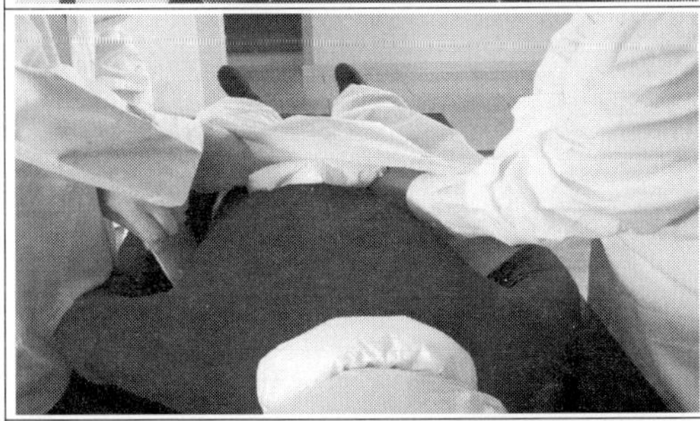	⑦ 발목을 잡았던 손을 빼서 허리 깊숙이 넣고 허리까지 끌어올린다. 바지를 반듯하게 정리한 후 허리끈을 묶어준다.
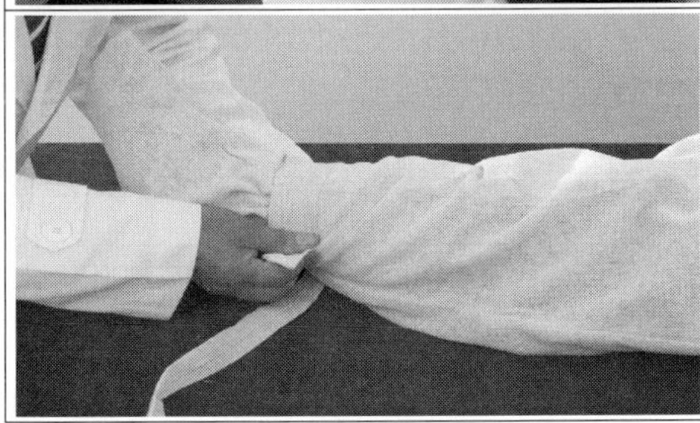	⑧ 바지 안쪽에 있는 두 줄의 박음질 중 앞쪽박음질을 당겨 접힌 부분을 발 안쪽으로 접어준다. 바지 끝을 복숭아뼈 윗부분에 대고 대님을 묶는다.

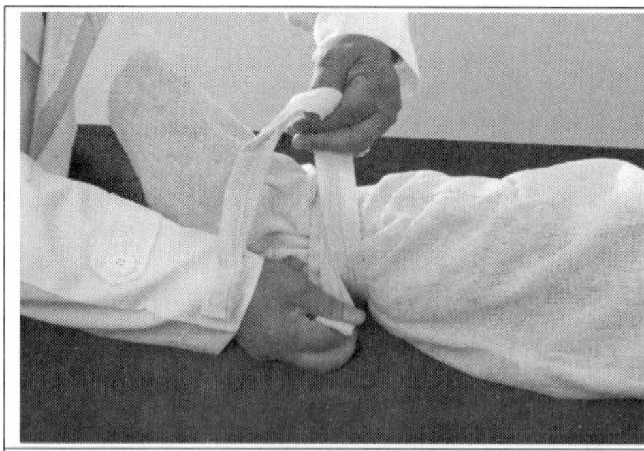

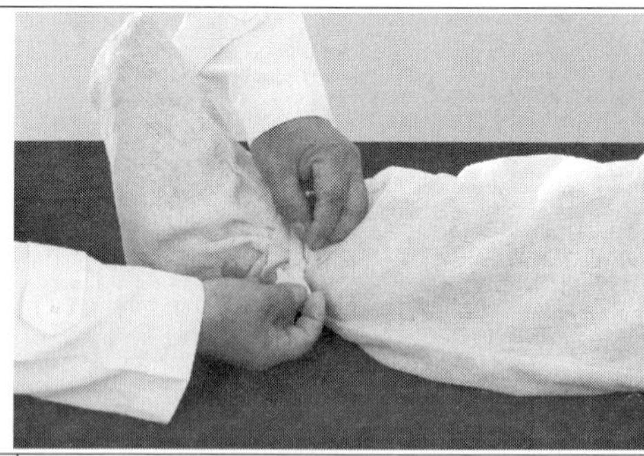

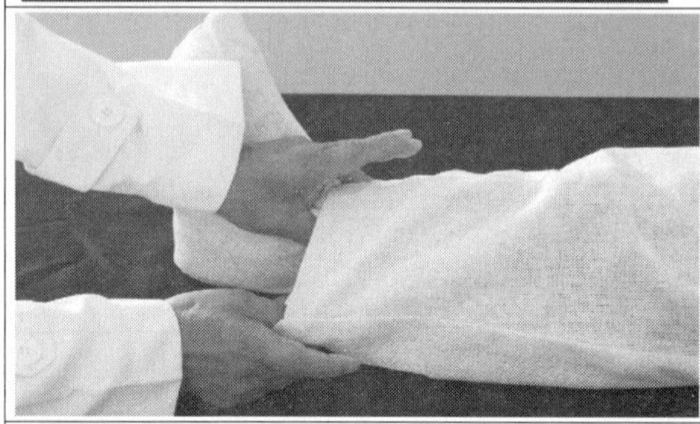

⑨ 대님을 묶은 후, 바지를 잡아 당겨 발목에서 가지런히 정리한다.

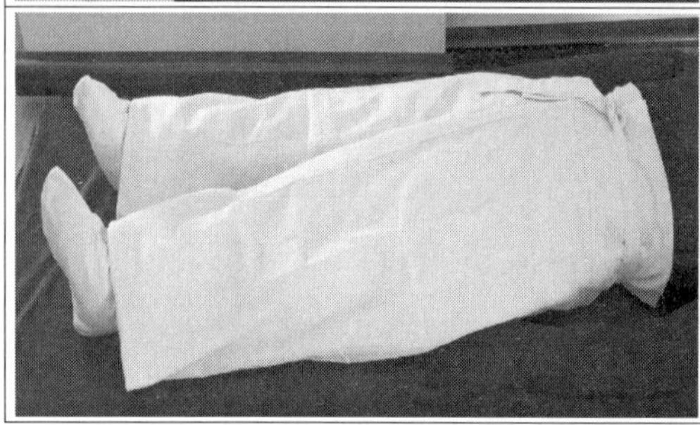

⑩ 하의를 입힌 모습

상의 입히기

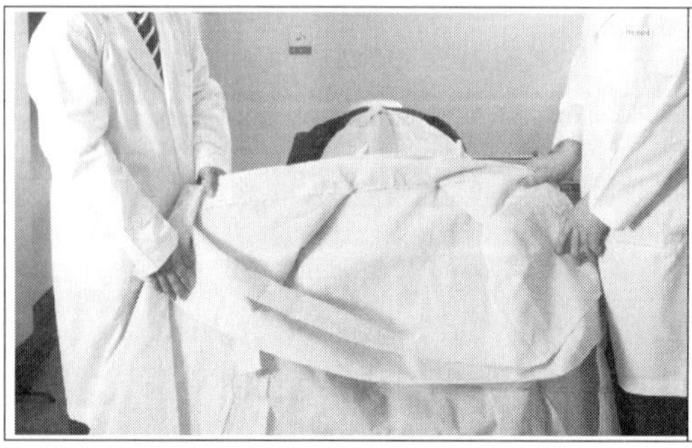

① 준비한 상의를 입히기 위하여 도포, 두루마기, 저고리, 속저고리를 한꺼번에 겹쳐서 끼워 둔다.

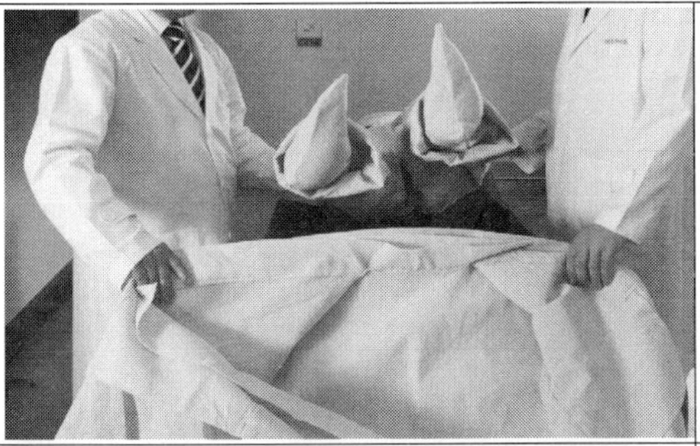	② 겹쳐서 끼워둔 상의를 고인의 발밑에서 입히기 위하여 발목을 든다.
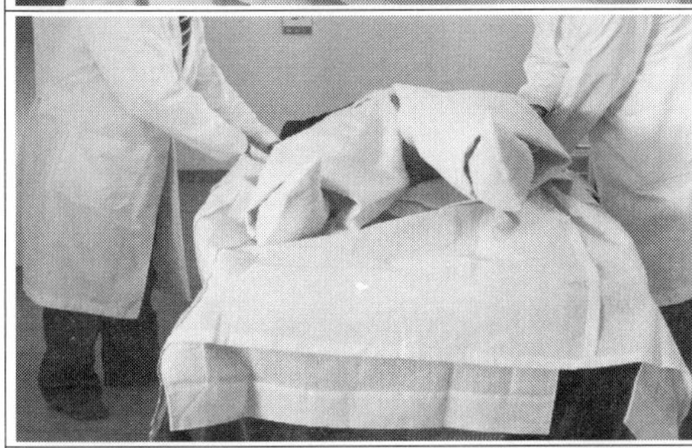	③ 고인의 허리를 들어 상의를 어깨까지 올린다.
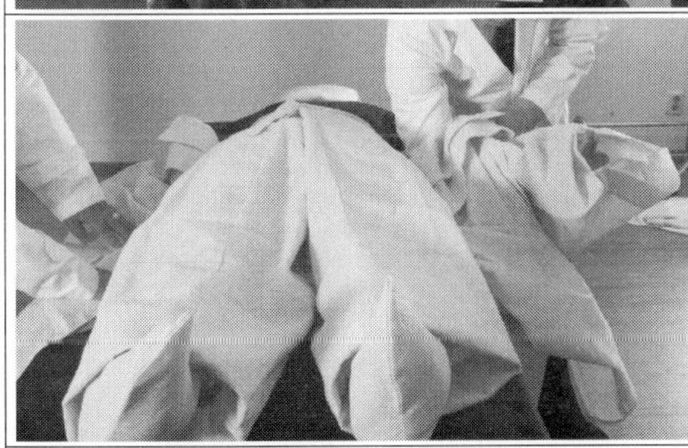	④ 고인의 오른 쪽에 서있는 사람은 고인의 발을 바라보며 왼팔을 수의 팔에 넣는다. 왼쪽에 서있는 사람은 오른팔을 수의 팔에 넣는다.
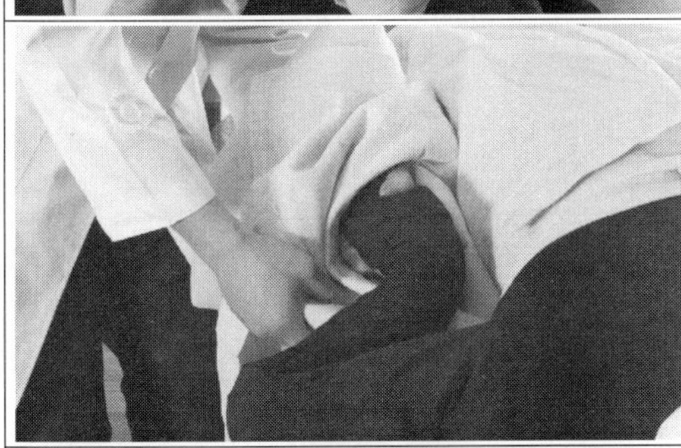	⑤ 소매 끝에 나온 손과 반대쪽 손으로 교차하여 고인의 손을 잡고 처음 넣었던 손으로 옷깃을 잡아 올린다.
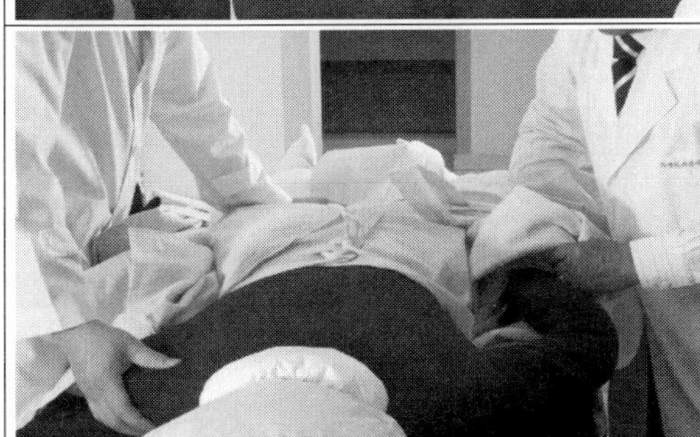	⑥ 반대쪽 팔도 위와 같은 방법으로 끼워준다.

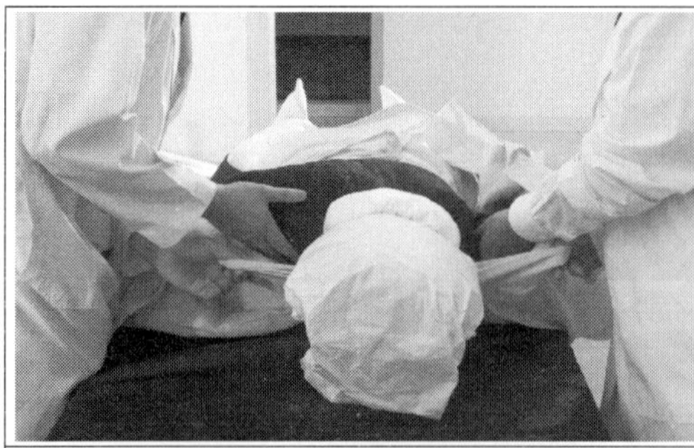	⑦ 양 쪽 어깨 아래에 손을 넣어 상체를 살짝 들어주고, 반대 손으로 상의를 잡아 올려 어깨를 반듯하게 잡아 준다.
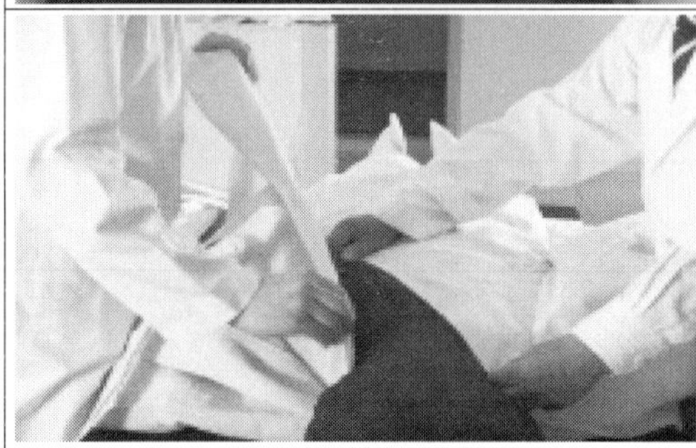	⑧ 속저고리를 여민다.
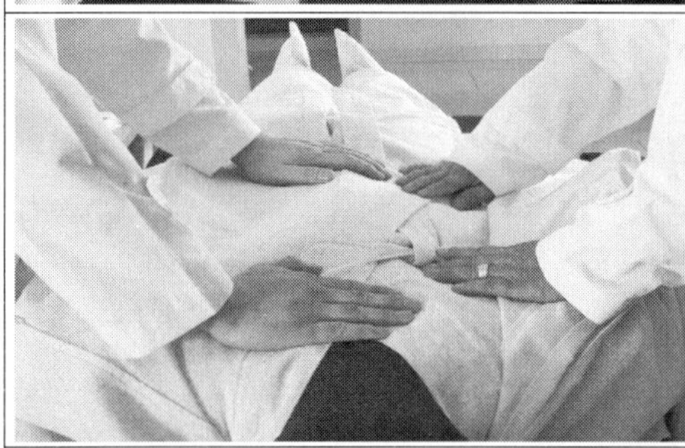	⑨ 저고리, 도포(원삼)를 여미고 도포(원삼) 끝을 맨다.
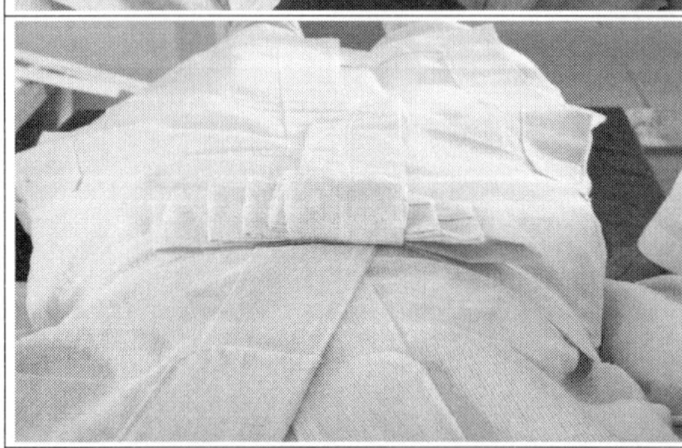	⑩ 도포(원삼) 끈을 매고 난 후 모습 • 종교에 따라 매듭의 모양을 달리 할 수 있다.
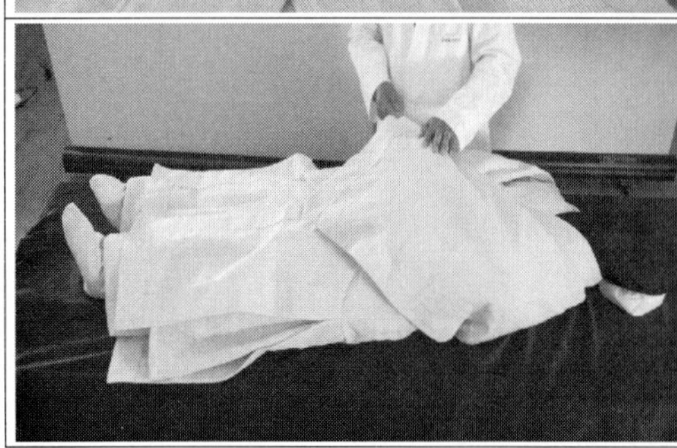	⑪ 남자는 왼팔, 여자는 오른팔이 위로 가게 한다.

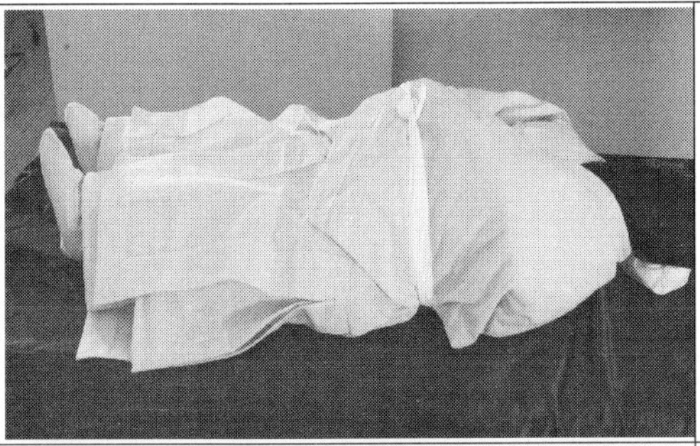	⑫ 지매 또는 삼베 끈을 넣어 묶어준다.
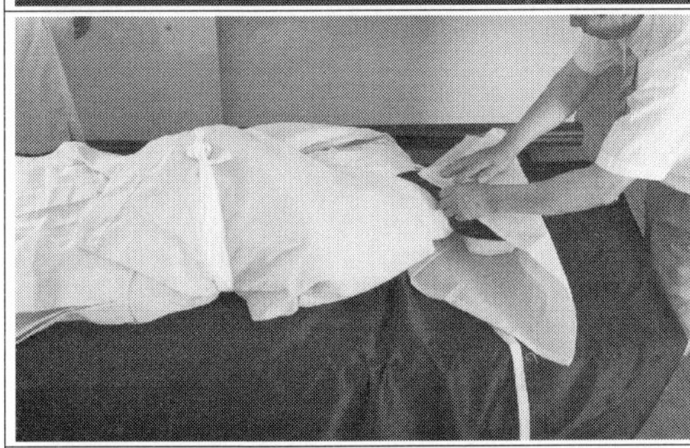	⑬ 면목의 한 쪽 귀퉁이를 머리 뒤로 넣고 반대쪽은 얼굴을 감싼다.
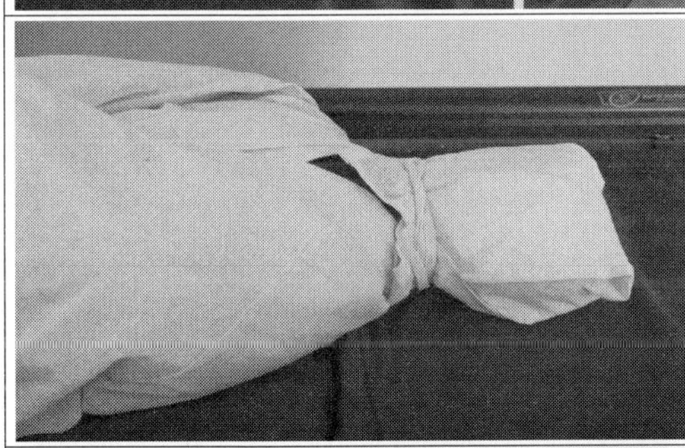	⑭ 양쪽 귀퉁이를 앞으로 모아서 양끝을 가지런히 올려 덮은 다음 끈으로 묶는다.
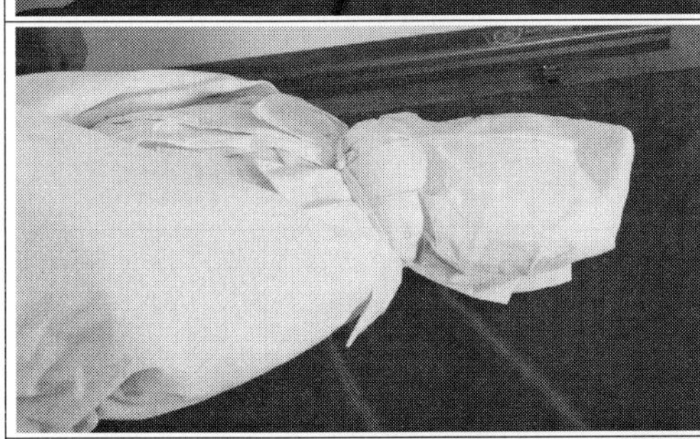	⑮ 면모 위에 복건幞巾, 폭건幅巾을 씌워준다.
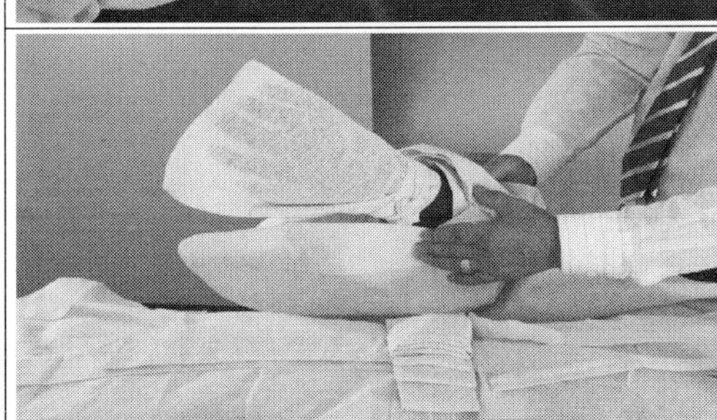	⑯ 양손에 악수를 씌워준다.

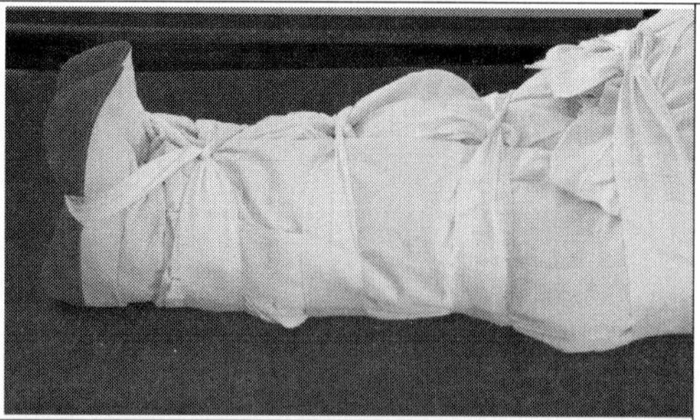	⑰ 지매나 삼베 끈을 이용하여 7매듭(어깨, 팔꿈치, 손목, 허벅지, 무릎, 종아리, 발목) 또는 5매듭을 묶어준다.
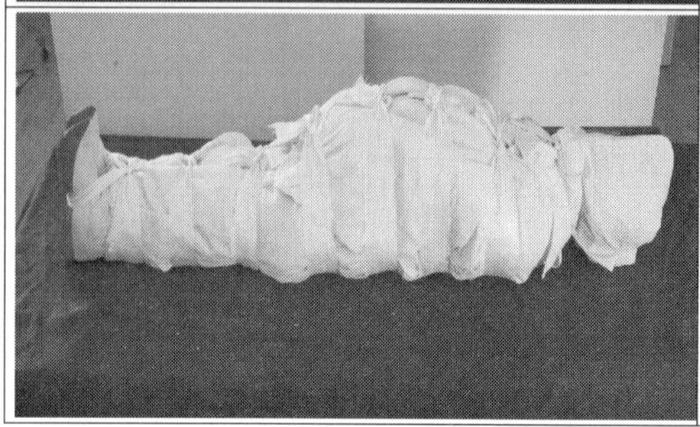	▷ 7매듭을 묶은 모습

4. 멧베묶기

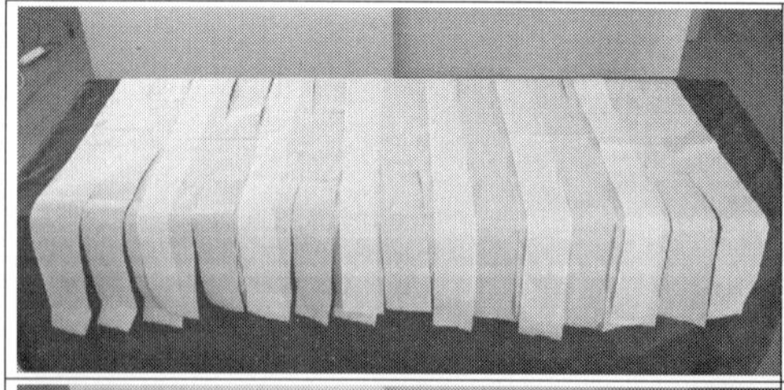	① 염베(멧베) 7폭을 3가닥씩 잘라 가로매 21가닥을 펼쳐놓는다. 또는 한 폭씩 머리 쪽에서 넣어서 사용하기도 한다.
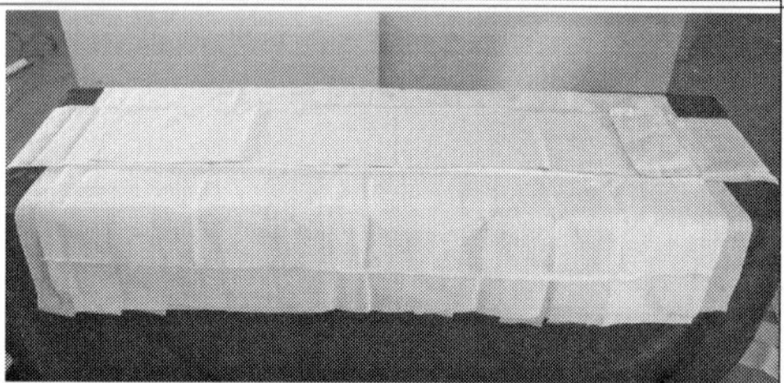	② 장매를 깔고 그 위에 지금(요)와 베개를 깐다.
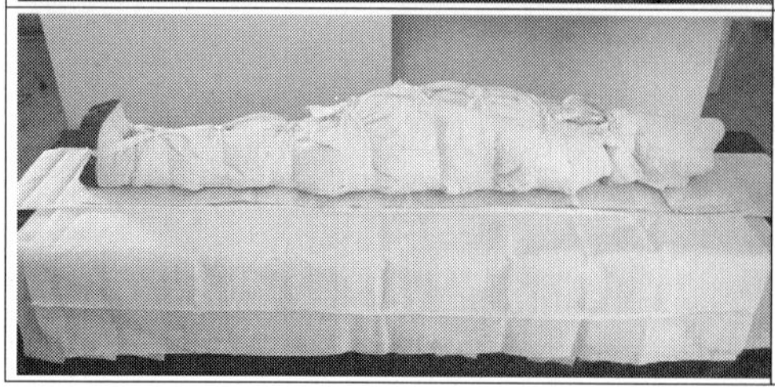	③ 시신을 들어 지금 위로 올린다.

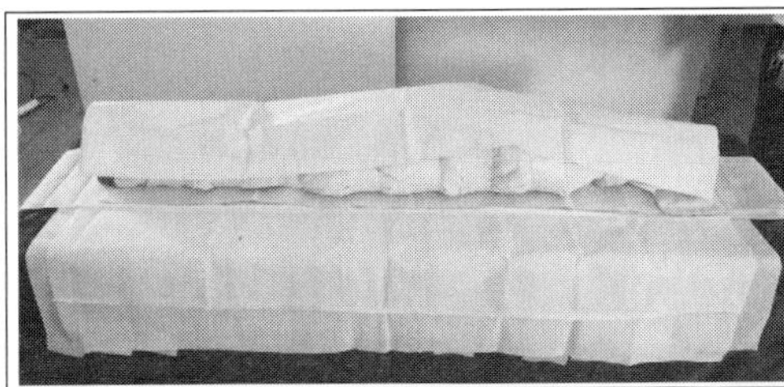	④ 천금(이불)을 덮는다.
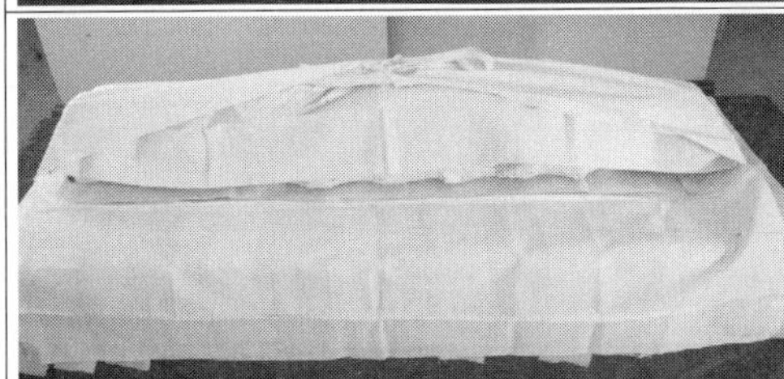	⑤ 장매 양 끝을 잡아당겨 묶어준다.
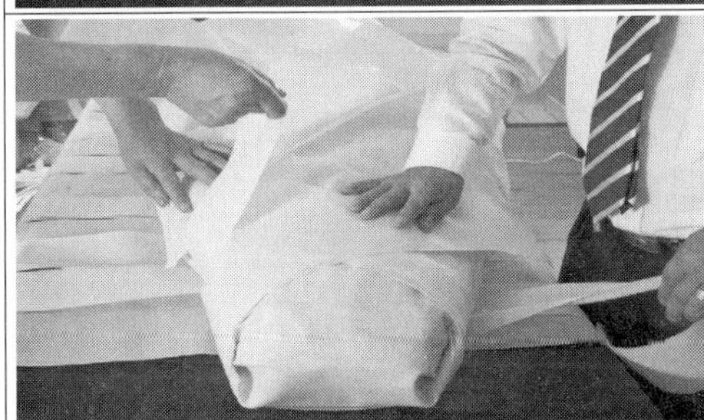	⑥ 멧베는 머리부터 2매는 여미고 세 번째부터 묶어서 발쪽으로 내려간다.
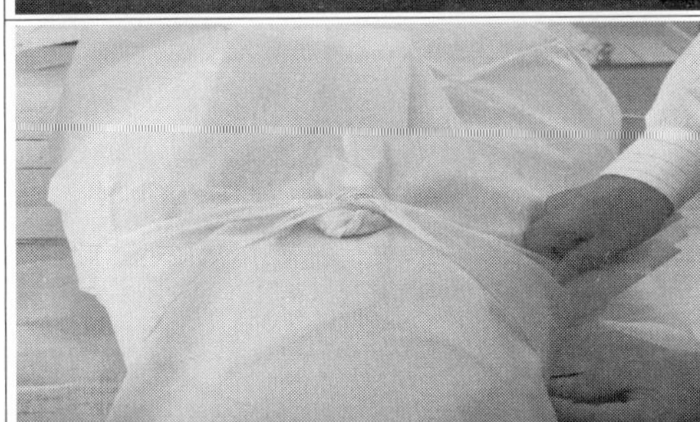	
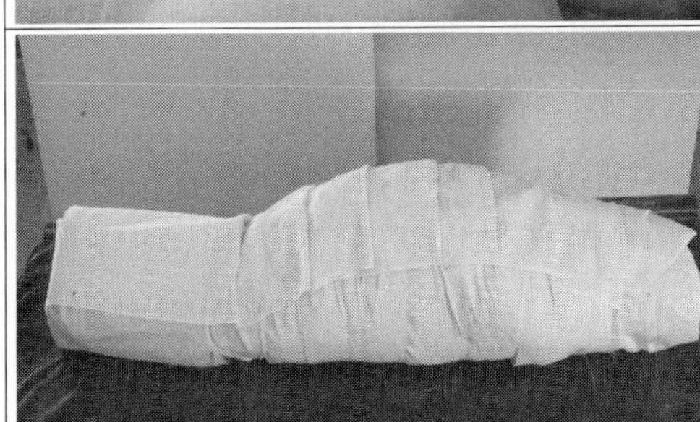	▷ 완성된 모습

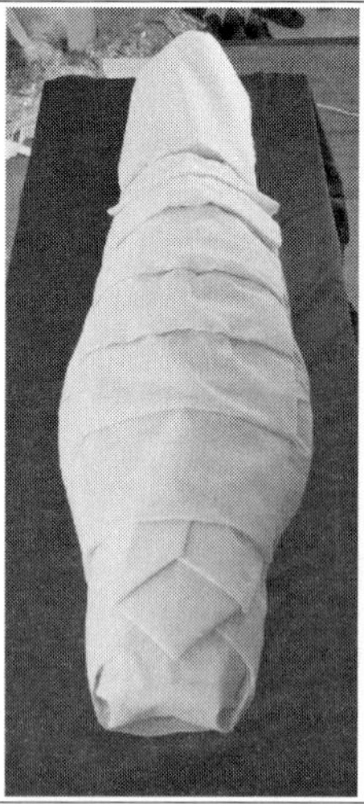

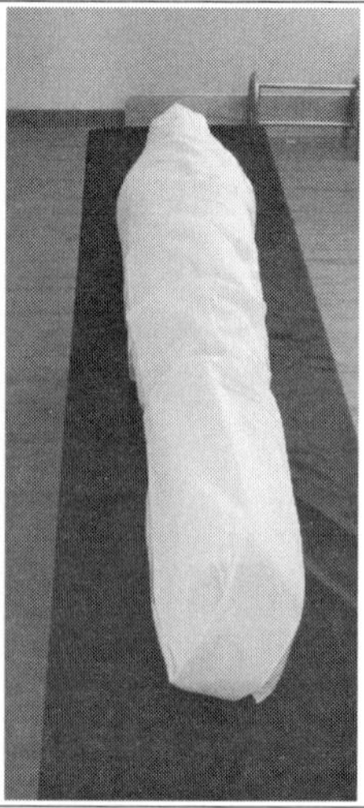

▷ 고깔을 씌워서 완성한 모습

5. 입관

1) 입관의 목적

예를 갖추어 시신을 관속에 모시는 절차이다.

2) 입관의 준비물

① 관 ② 관 받침대 ③ 관보 ④ 보공 ⑤ 한지 ⑥ 소창(결관바) ⑦ 공포 ⑧ 현훈(예단) ⑨ 명정 ⑩ 운아

3) 입관의 순서

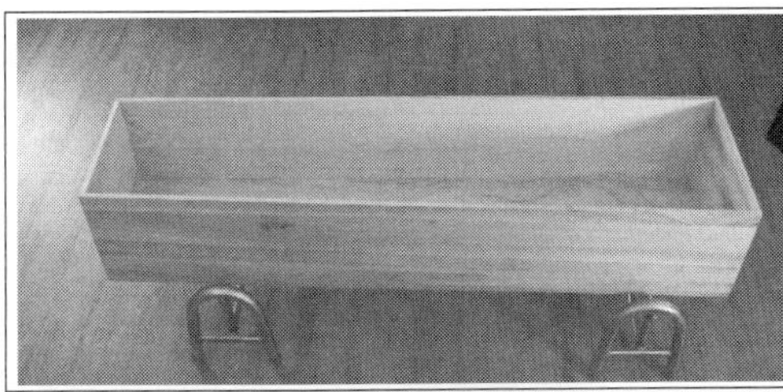	① 관 받침대 위에 관을 준비하고 천판(관 뚜껑)을 해체한다. 관 내부를 깨끗이 청소한다.
	② 한지로 양 끝부분을 먼저 덮는다.
	③ 관의 양 옆을 한지로 가로 또는 세로로 덮어준다.
	④ 한지로 관을 덮어서 준비를 마친 모습
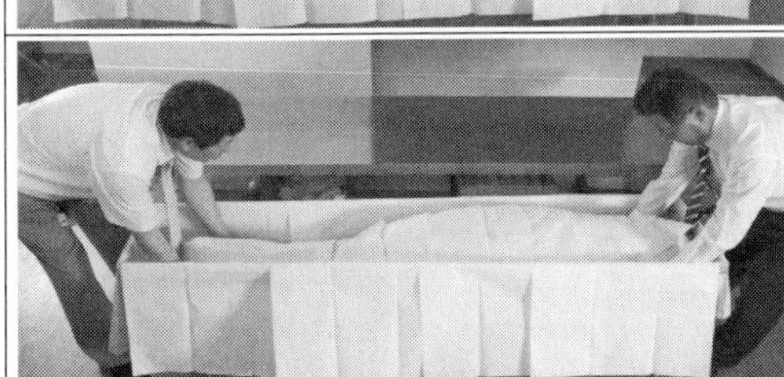	⑤ 고인의 머리와 다리를 들어 관에 모신다.

<table>
<tr><td>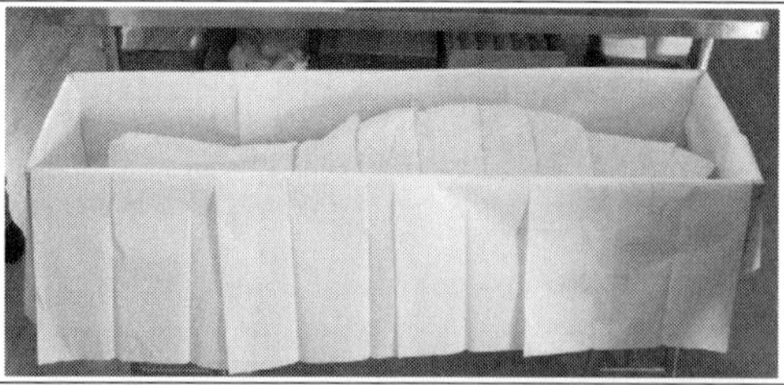</td><td>⑥ 입관 한 모습
• 머리쪽이 관의 끝에 닿게 한다.</td></tr>
<tr><td>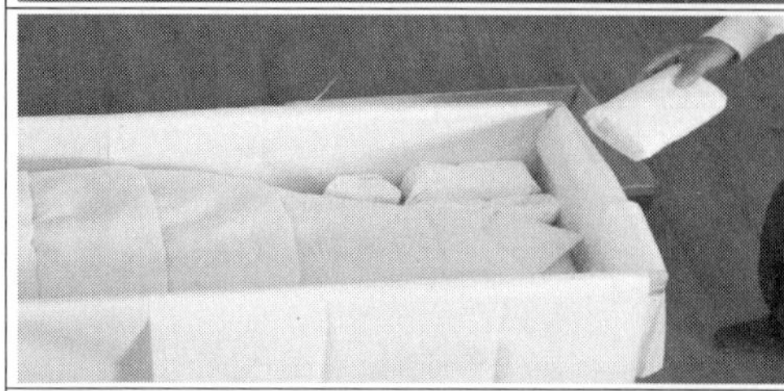</td><td>⑦ 고인이 운구 도중 흔들리지 않도록 관 내부의 빈 공간에 보공(초석)을 채워준다.</td></tr>
<tr><td></td><td>▷ 보공을 채운 모습</td></tr>
<tr><td>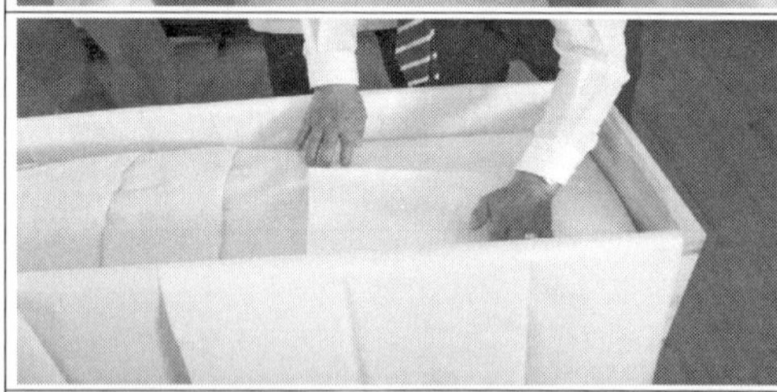</td><td>⑧ 관의 양쪽 끝에서부터 한지를 덮어준다.</td></tr>
<tr><td>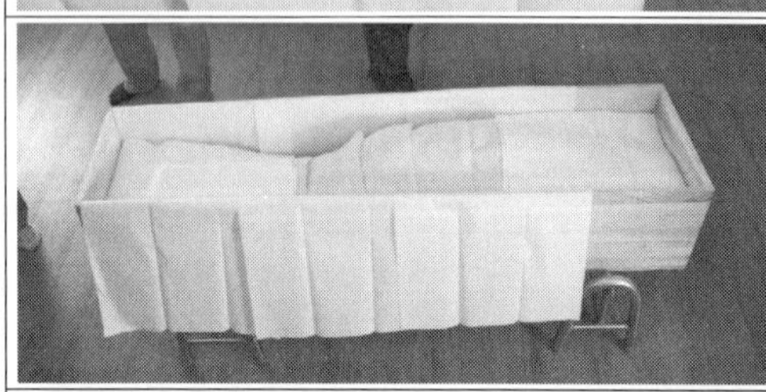</td><td>⑧ 관의 양쪽 옆에 있는 한지를 덮어준다.</td></tr>
<tr><td>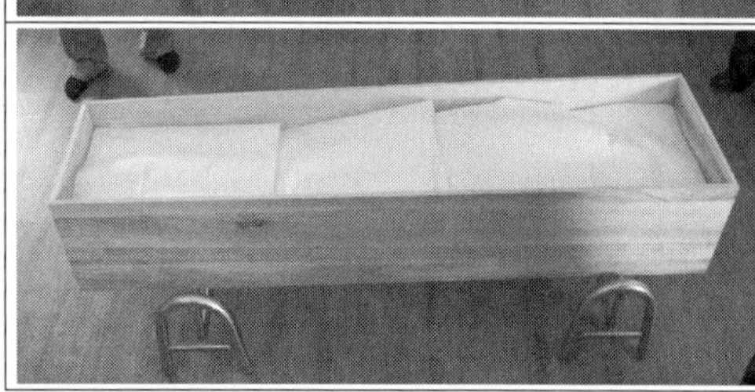</td><td>⑧ 한지를 덮은 모습</td></tr>
</table>

<table>
<tr><td>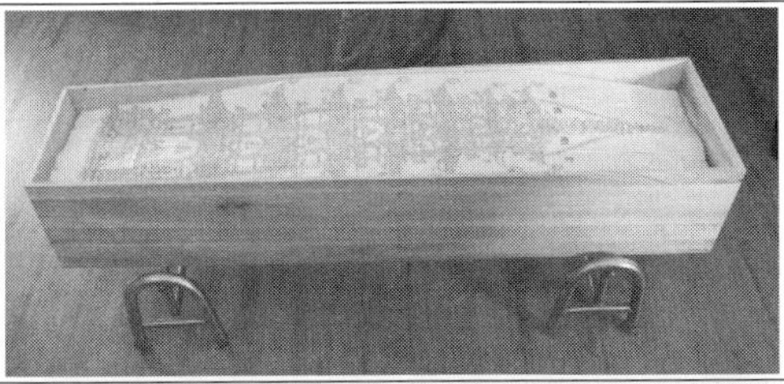</td><td>⑨ 종교(불교)에 따라 다라니경을 덮어준다.</td></tr>
<tr><td></td><td>⑩ 천판(관뚜껑)을 덮는다.</td></tr>
<tr><td>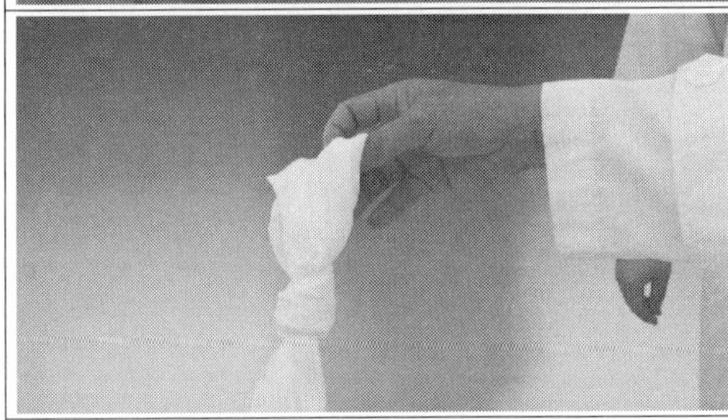</td><td>⑪ 소창(결관포)을 이등분하여 가운데를 묶어준다.</td></tr>
<tr><td>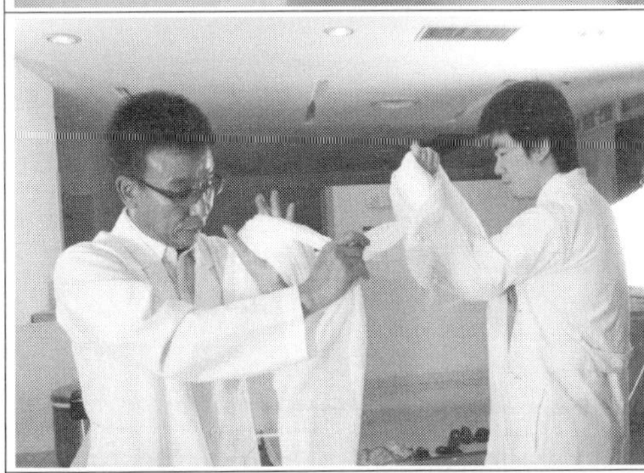</td><td>⑫ 양 쪽에서 소창을 정리한다.</td></tr>
<tr><td></td><td>⑬ 천판을 덮고 소창의 가운데를 관 끝의 가운데에 맞추고 결관을 시작한다.</td></tr>
</table>

	⑭ 한 명은 소창을 아래로 주고, 한명은 위로 주어 엮어서 이어 나간다.
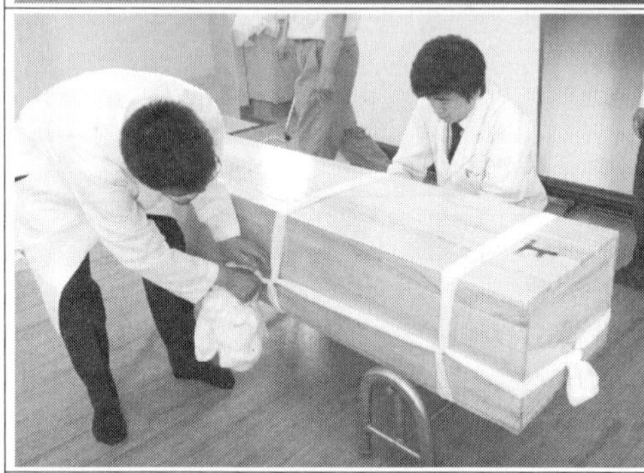	⑮ 또는 소창을 위로 먼저 주고, 아래로 받아서 엮어주기도 한다.
	⑯ 결관시 무게중심이 쏠리지 않도록 관의 상上에서 30 cm 간격 유지, 두 번째 매듭은 50 cm 유지, 마지막 매듭은 하下에서 30 cm 간격을 유지하여 결관한다.
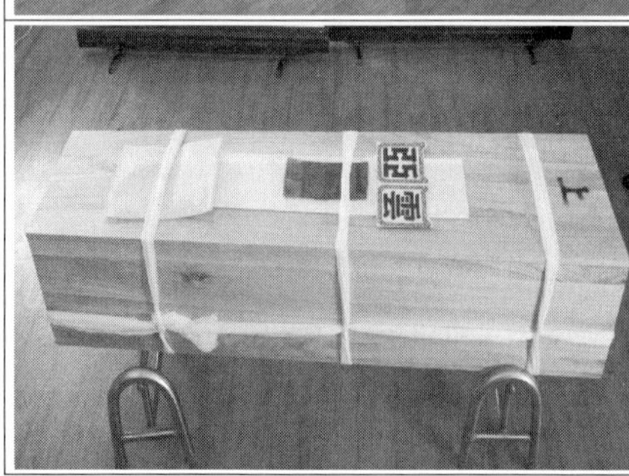	⑰ 장지에서 쓰게 될 한지, 현훈(예단)과 공포, 운아를 함께 넣어준다.

	⑱ 운아는 좌운左雲, 우아右亞의 위치로 놓는다.
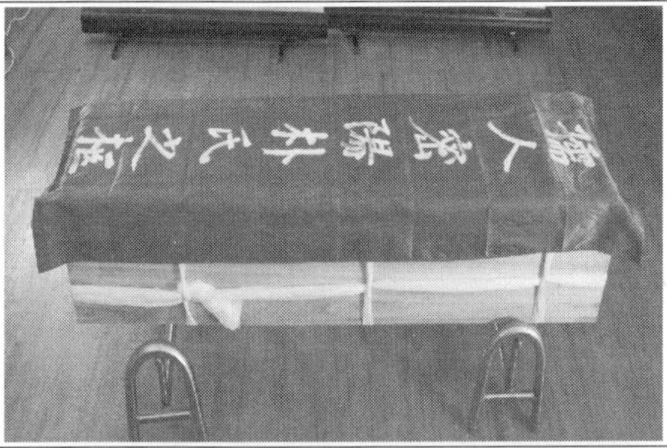	⑲ 명정을 덮어준다.
	⑳ 종교별 관보를 덮어 준다. • 불교, 무교: 자주색 바탕에 왕생극락 • 기독교: 흰색 바탕에 붉은십자가 • 천주교: 검정색 바탕에 흰색십자가

6. 영좌설치

영좌설치는 습襲을 한 뒤 즉, 소렴 이전에 하였으나, 현대에 있어서는 대부분 3일장을 치르기 때문에 장례식장의 경우, 첫째 날 수시를 마친 고인을 안치실에 안치安置한 후 분향소焚香所를 설치한다.

오늘날 장례식장에서 영좌(분향소)에 혼백 속에 지방을 써서 끼워 넣고, 고인을 상징하는 위패와 영정사진 등 여러 개를 동일한 장소에서 사용하고 있는데 이는 매우 잘못된 예이다. 영정사진 또는 위패, 혼백함 등은 종교에 따라 맞춰서 사용하는 것이 좋을 듯하다. 그러나 현대에는 영정사진이 제단의 가운데 위치하여 혼백을 대신하고 있다.

1) 영좌설치에 필요한 준비물

① 병풍 ② 제상 ③ 교의 ④ 영정 ⑤ 혼백 ⑥ 위패 ⑦ 촛대와 초 ⑧ 향탁 ⑨ 향로와 향합 ⑩ 돗자리 ⑪ 술잔, 주전자 ⑫ 헌화용 꽃

2) 영좌설치 순서

자택의 경우 고인의 앞에 병풍을 친다.

	① 병풍 앞에 사각상을 놓고 상위에 한지를 편다. ② 상 가운데 교의交椅를 놓고 우측에 위패를 모신다. ③ 양 쪽에 촛대를 놓고 초를 올려놓는다. 장례식장에서는 영정사진과 함께 제단의 크기에 맞게 제단꽃으로 장식한다.
	④ 교의위에 영정사진을 놓는다. ⑤ 좌측에 혼백함을 놓는다. ⑥ 종교에 따라 고인의 이름과 세례명을 써서 휘장이나 중앙에 붙여 놓아 위패를 대신하여 명패로 사용한다. ⑦ 영좌의 동쪽에 명정을 세운다.

⑧ 제상 앞에 돗자리를 편다.

⑨ 향로를 향탁 중앙에 놓고 향합은 향로의 우측에 놓는다.

⑩ 잔은 가운데 놓는다.

⑪ 종교에 따른 용품을 올려놓는다.

(천주교: 성서, 성가, 성교예규, 십자가고상, 묵주, 성수, 성수그릇, 성수채 등
기독교: 성경책, 찬송가, 헌화용 꽃 등)

서식

銘旌		位牌	
學生金海金公之柩	孺人全州李氏之柩	顯考學生府君神位	顯妣孺人金海金氏神位

6. 성복成服

1) 전통 상장의례에서 성복은 대렴을 한 다음 날 행하는 의식절차로 매우 엄격하게 예를 했했다. 이 때 비로소 상주는 고인의 죽음을 기정사실화하고 좌단, 우단의

소복도 벗고 정식으로 상복을 갖추어 입고 서로가 복인服人이 된 것에 대해 인사하는 예禮)의 과정이다. 또한 제물을 차려 전奠을 올리고 상주가 되었음을 고하는 성복례를 지내게 된다. 이때 상주와 주부를 비롯한 고인과의 친등관계에 따라 정해지 상복을 입게 되는데 이 절차를 성복成服이라 한다.

2) 현대에는 3일장을 치르므로 성복의 개념이 별도로 구분되어 있지 않으며 이틀째 소렴-대렴-입관이 염습이라는 절차에서 한꺼번에 이루어지고 곧 바로 성복이 이루어진다. 상복도 따로 준비하지 않고 장례식장에서 바로 구입해서 입을 수 있다. 여자 상주는 양장일 경우 검정색으로 하고 한복일 때는 흰색 치마저고리에 지방에 따라서는 복치마저고리를 착복하는 경우도 있다. 종교에 따라서 검정색 치마저고리를 입기도 한다.

남자 상주는 〈가정의례준칙〉에 따라서 굴건제복의 착용은 금지되고 있으나 지방에 따라서 아직도 착복하는 경우도 있다. 굴건제복을 입지 않을 경우 중단이나 최근에는 검정색 양복에 흰 와이셔츠에 검정색 넥타이를 매고 검정양말을 갖추어 신는다. 왼쪽 가슴에는 삼베로 만든 상장이나 팔에 완장을 두른다.

상복을 입는 기간은 장사를 지내는 날가지로 하고, 상장喪章은 탈상 때까지 달고 다닌다.

상복은 입관 후에 착용하는 것이 예禮이지만 요즘 대부분의 장례식장에서는 상주표시등의 이유로 인해 사망 당일 날 상장喪章과 더불어 완장 등을 착용하는 경우도 있다. 상장은 장례 후 탈상까지 본인이 상주임을 표시하는 목적이므로 장례 후에 사용하는 것이 옳다고 본다. 조문 역시 성복이 끝난 후에야 할 수 있지만 요즈음엔 거의가 관계하지 않고 조문을 하나 올바른 예를 알고 있는 것이 중요하다.

		① 여자상주의 상복 삼베 치마저고리, 머리에 개두와 수질, 허리에 요질, 상장을 짚는다.
		② 남자상주의 상복 광목 바지저고리, 다리에 행전을 묶고, 두루마기를 입는다.
		③ 두루마기 위에 굴건제복을 입고 수질과 요질을 맨다.
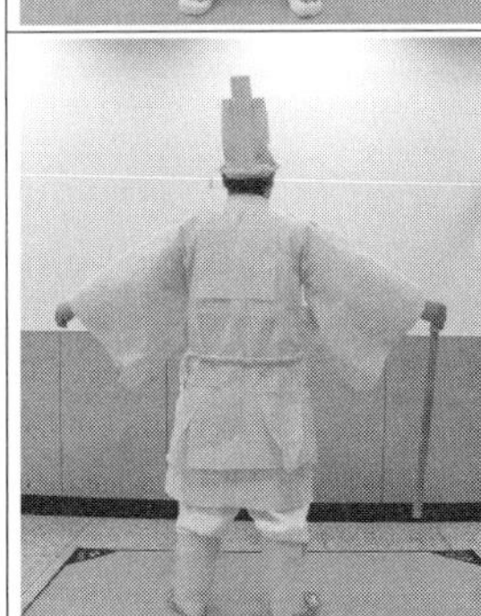	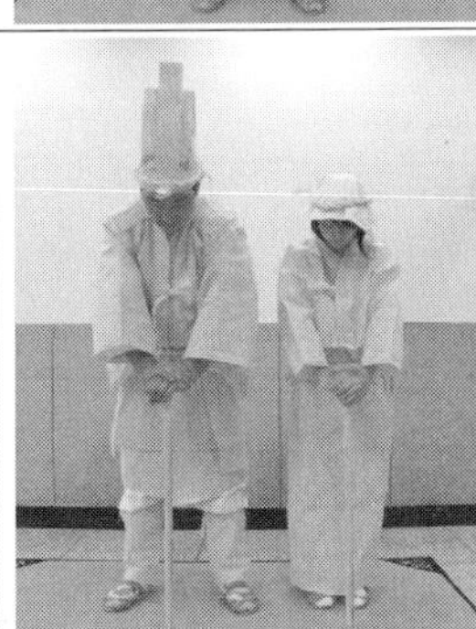	④ 전통 상복을 입고 상장을 짚은 모습

	⑤ 남자상주 검정색 양복에 흰색와이셔츠, 검정색 넥타이, 상주표시인 완장을 팔에 착용한다.
 	⑥ 여자상주 검정색 개량한복 또는 흰색 치마저고리를 입고 상주표시인 흰색 리본 머리핀을 착용한다.
 	⑦ 현대 상복을 입은 모습

제 4 장

전공용어(專攻用語)

ㄱ

- 가공加供: 소상小祥이나 대상大祥에 혹은 보통 제사에 지손이나 자손들이 따로 음식과 술을 갖추어 유식侑食 후에 제상 앞에 벌여 놓는 것이다. 《사례편람四禮便覽》에서는 이러한 예는 잘못된 것으로 올바른 도리를 표할 마음이 있으면 물건이나 제수를 준비할 돈을 직접 제주 또는 주부에게 보태주는 것이 합당하다고 한다.
- 가령加領: 상복의 부분 명칭으로 바깥쪽에 덧대는 겉깃
- 가례嘉禮: 왕의 즉위나 혼인, 왕세자 왕세손의 탄생이나 책봉 또는 성혼 등의 의식으로 길례를 말하나 관혼의 의미도 널리 쓰인다.
- 가마加麻: 소렴 때 복인(服人, 상주)이 수질을 머리에 얹는 일을 일컬었으나, 특수한 관계에 따라 수질, 요질 등을 더하는 상복규정의 하나로 심상心喪과 관계가 있다.
- 가복加服: 상례에서 상복을 입는 관계에 있는 사람들이 특수한 이유로 본래대로 정한 정복正服에 한 등급을 더하여 더 무겁게 입는 오복제도의 하나이다.
- 가빈家貧: 초빈草殯이라고도 하며 상례기간이 길 경우 빈소와 시신안치 장소를 분리하는데 이때 시신이 안치되는 곳을 가빈이라고 한다. 삼일장을 넘겨 5, 7, 9일장

등 그 이상이 되면 시신을 방안에 모시지 않고 마당의 뜰이나 헛간에 안치한다. 조선시대에는 왕은 5월장, 대부는 3월장, 선비는 1월장을 치르도록 장기葬期를 규정했다. 국상에서는 찬궁을 설치하여 임금의 재궁을 안치하는데, 빈궁 내부 사방 벽에는 사신도를 그린다. 사대부의 경우는 담장 밑이나 헛간 등에 장목을 깔고 그 위에 관을 안치한 후 모래와 떼를 덮어 가매장을 한다. 이렇게 시신을 따로 가매장 형태를 취하는 것은 긴 장기로 인한 시신의 부패를 방지하는 일종의 위생처리라 할 수 있고 실내로부터 격리되어 화재의 위험으로부터 예방될 수 있었다.

- 가이斝彝: 옥이나 유기 등으로 만든 술을 담는 그릇으로 가을과 겨울 제사에는 맑은 물을 담기도 한다.
- 각사角柶: 복復을 한 후 시신을 시상尸牀에 옮기고 입이 다물어지고 수족이 오므라드는 것을 방지하기 위해 설치철족楔齒綴足을 할 때 사용하는 도구이다. 멍에처럼 구부러지게 만들고, 중앙의 구부러진 부분과 양쪽 끝이 위로 향하게 해서 치아를 버티어 놓는다. 뼈로 만드는데, 길이는 6촌이고 각사가 없으면 나무를 깎아서 만들기도 했다.
- 갈장渴葬: 서둘러 장사를 지내는 것
- 강복降服: 상례에서 상복을 입는 관계에 있는 복인들이 특수한 이유로 본래대로 정한 정복正服에서 한 등급을 내려서 복을 더 가볍게 입는 오복제도이다. 단, 참최 3년과 재최3년에는 강복이 적용되지 않았다.
- 강신降神: 제사를 지낼 때 신이 제사지내는 장소로 강림하도록 하는 것으로 신내림이라고도 한다. 우리나라에서는 사람이 죽으면 혼魂은 하늘로 올라가고 백魄은 땅으로 흩어진다는 원리에 따라 하늘에 있는 신을 내리기 위해 향을 피우고, 땅에 있는 혼을 올리게 하기 위해 술을 따라 모사 위에 부었다.
- 강일剛日: 전통사회에서는 천간天干과 지간支干으로 시간, 날짜 등을 표시하였는데, 날짜의 일진日辰에 천간의 갑甲, 병丙, 무戊, 경庚, 임壬에 해당하는 날을 말한다. 척일隻日이라고도 하며, 양陽의 날이라 하여 바깥일은 이 날에 하는 것이 좋다고 한다.
- 개두蓋頭: 상복을 갖추어 입을 때 여자들이 머리에 쓰는 수질首絰에 끼워 머리를

덮는 삼베로 만든 천으로 얼굴을 가릴 정도로 길게 한다. 이는 곡을 할 때나 슬퍼할 때 일그러진 표정을 가리는 얼굴가리개 역할을 한다. 관행에서는 이를 '터드레'라고도 하고, '개두포蓋頭布'라고도 한다. 수질은 이마의 앞에서부터 오른쪽을 향해 둘러서 정수리부터 뒤로 지나가 그 끝을 밑동의 위쪽에 놓는다. 길이는 키와 같거나 혹은 다섯 로 한다. 참최는 가를 꿰매지 않고 자최는 가를 꿰매는 것이다.

- 개분開墳: 무덤을 연다는 의미로 합장을 한 경우 이를 이장하기 위해 무덤을 파는 일을 말한다.
- 개영역開塋域: 무덤, 즉 산소(묘)를 쓸 자리를 정하여 무덤자리를 판다는 의미이다.
- 개장改葬: 합장合葬, 이장移葬 등 무덤을 다시 고쳐 만들거나 옮기는 일 일체를 일컫는 말이다.
- 개제주改題主: 신주의 글자를 고쳐 쓰는 것을 개제주改題主라고 한다. 모든 상례 절차를 마치고 고인의 신주를 사당에 모실 때, 5대조가 넘어가는 조상의 신주는 묻고, 신주의 글자를 고쳐 쓰는데 이를 개제주라고 하며 게제주 고사告祀를 지낸다.
- 갱羹: 국을 뜻하며 고기 국이면 육갱肉羹, 채소 국이면 채갱菜羹이라 한다.
- 거袪: 소매의 끝자락으로 소매부리라고도 한다.
- 거관擧棺: 관을 든다는 의미
- 거포擧布: 시신을 드는 베로서 시신을 들어 올릴 때 손으로 들기 힘들기 때문에 끈이나 베로 시신의 겨드랑을 감싸서 들어 올리며 길이는 상황에 따라 맞게 한다.
- 건巾: 의례를 행할 때 집사자執事者나 주인主人 등이 손을 씻는 관세盥洗 후 손을 닦는 수건. 술병의 주둥이를 닦을 때도 사용한다.
- 건좌습우乾坐濕右: 마른 것은 왼쪽에 젖은 것은 오른쪽에 놓는다는 것을 뜻한다.
- 겁袷: 동구래깃으로 속깃을 말함
- 경복輕服: 가벼운 복
- 경상輕喪: 가벼운 상
- 경수硬水: 숭늉
- 견전遣奠: 장사일이 되어 상여가 장지를 향하여 떠나는 발인發靷에 앞서 영구가 집을 떠나 장지로 향한다는 것을 고하는 의례. 이를 관행에서 발인제發靷祭라고

하는데 잘못된 표현으로 제사가 아니라 일이 있음을 알리는 고유告由로서 전奠으로 볼 수 있다.

- 결관結棺: 운구 시 관을 들기 위하여 시신을 관에 모시고 난 후 천판(天板, 관 뚜껑)을 덮고 은정을 치고 관을 다시 묶는 일이다.
- 계笄: 쪽머리 혹은 북머리를 할 때 머리를 묶어 고정할 때 사용하는 비녀로 소렴을 할 때 제상주가 초종 때 풀었던 머리를 묶을 때 사용한다. 〈사상례士喪禮〉의 소주疏註에 의하면 대통 혹은 젓가락箸 같은 것으로써 남자가 괄발(括髮: 삼끈으로 상투를 묶는 일)과 문(免, 베로 머리를 묶는 일)을 할 때 사용하는 것이라 한다. 재질은 대나무나 나무로 만들며 남녀 구별 없이 사용하며 망자의 머리를 묶을 때 사용하는 것은 뽕나무로 만들고 길이는 4치이다. 모양은 양쪽이 넓고 가운데가 잘록하다.
- 계기啓期: 초빈이나 도빈을 한 경우 가매장 한 곳을 여는 시기, 즉 장례를 행하는 날이다.
- 계묘啓墓: 무덤을 연다는 것으로 개분開墳과 같은 의미
- 계문啓門: 제사를 지낼 때 삼헌을 한 후 계반삽시啓飯揷匙를 하고, 조상이 차려놓은 제수祭需를 흠향할 수 있도록 모든 제관이 제청 밖으로 나오는 합문闔門을 한다. 식사를 할 시간이라는 한 식경이 지나서 축관이 헛기침을 세 번 하는 것을 신호로 제청으로 모든 제관이 다시 들어가는데 이 때 문을 여는 행위를 계문이라 한다.
- 계문사신啓門辭神: 제사를 지낼 때 문을 열고 조상신과 작별하는 의례. 축관이 문 북쪽에 가서 기침을 세 번 하고 문을 열면 상주 이하 참례자 모두 제자리에 서고 집사는 국을 거두고 냉수를 그 자리에 놓고 삼초반(밥을 세 번 떠서 물에 마는 것)을 한 다음 축관이 상주 오른쪽에 서서 서쪽을 향하여 이성利成을 고한다.
- 계빈啓殯: 빈소를 여는 일. 도빈 참조
- 계이鷄彝: 닭의 문양이 그려진 술담는 그릇으로 봄여름 제사에 물을 담는데 사용한다.
- 계장繼葬: 조상의 무덤 아래 자손의 무덤을 잇대어 조성하는 것으로 선영先塋이

있을 경우 장유유서長幼有序의 원칙에 따라 자손이 선조의 위쪽에 묘를 쓰지 못함을 이르는 말이다.

- 계체석階砌石: 묘의 명당과 봉분을 구분하는 경계를 만든 돌로 묘 바로 앞에는 혼유석과 석상, 장명등 등을 놓고 그 다음에 계체석으로 경계를 한 다음 망주석을 세운다.
- 고袴: 면이나 명주로 만든 바지를 말함
- 고복皐復: 상례에서 초종初終의 절차에서 행하는 소절차로 망자의 혼을 불러 좌정시키는 의식. 운명을 하면 고인의 속적삼이나 상의를 가지고 지붕에 올라가거나 마당에 나가 왼손으로는 옷깃을 잡고 오른손으로는 옷 허리를 잡고 북쪽을 향해 옷을 휘두르면서 먼저 고인의 주소와 성명을 외친 다음에 큰 소리로 길게 '복復! 복復! 복復!'하고 세 번 부르는데 이를 고복이라고 한다. 고복은 죽음으로 인해 나간 혼이 다시 돌아와 몸과 합쳐져 살아나기를 기원하는 것이다. 지붕에 올라가 혼을 부르는 것은 혼기魂氣가 위에 있기 때문이고, 북쪽을 향해 부르는 것은 사자를 관장하는 신은 북쪽에 있다고 믿기 때문이다. 고복은 복復 혹은 초혼招魂이라고도 한다.
- 고석藁席, 고침藁枕: 짚으로 성기게 짠 자리와 짚단을 크게 만들어 가장자리를 새끼로 묶은 것으로 상주가 깔고 베는 것. 이는 부모를 돌아가시게 한 죄인은 고통스런 생활을 해야 한다는 의식에서 나온 것이다.
- 곡哭: 망자의 후생에 좋은 복을 받아 편안히 계시기를 바라는 기원과 살아 계실 때 남기신 가르침을 이제라도 실천하겠다는 마음을 다지는 것. 곡이란 울음이 아니며 울음은 발상 때 나오는 것이 아니고 장례가 끝나고 친척들도 다 돌아간 뒤 홀로 남았을 때 나오는 것이다.
- 곡벽哭擗: 가슴을 치며 곡하는 것으로 애곡벽통哀哭擗痛이라고도 한다.
- 곡척曲尺: 기역(ㄱ)자 모양의 자로 금정틀을 재기 위한 것
- 공수拱手법
  - 평상시平常時의 공수법

    평상시 남자는 왼손이 위로 가게 여자는 오른손이 위로 가게 공수한다. 음양의

방위에 있어 왼쪽은 동東쪽이며 양陽을 뜻하고, 남자는 양으로 동을 나타내는 의미로 왼손을 위로 한다. 오른쪽은 서西쪽으로 음陰을 뜻하며 음인 여자는 서를 상징하는 의미로 오른손을 위로 향하게 함

– 흉사시凶事時의 공수법

흉사시의 공수는 평상시와 반대로 남자가 오른손을 위로 하고, 여자가 왼손을 위로 한다. 흉사凶事란 임종 후부터 우제虞祭가 끝날 때 까지를 말한다. 상가의 가족이나 손님, 영결식장에서 상을 당한 사람에게 인사를 할 때는 흉사시의 공수를 해야 됨. 상례에 있어 초우初虞, 재우再虞, 삼우三虞까지의 제의례는 흉사에 속해 흉사의 공수를 하지만 졸곡卒哭부터의 제의례는 흉사가 아니고 길사吉事이므로 평상시의 공수, 즉 남자는 왼손이 위로, 여자는 오른손이 위로 향하는 공수를 한다.

- 공포公布: 관 위의 먼지를 털고 닦는데 쓰는 삼베 헝겊. 이 때 사용하는 베는 대공이라는 굵은 베를 일반적으로 쓰는데 약간 고운 베를 쓰기도 한다. 《가례》에 의하면 계빈하는 날에는 잿물로 빤 베(공포) 3자를 준비해 축관이 영구를 이동할 때 일꾼들을 지휘한다고 한다. 흰색 누빈 베 약간, 고운 것 3자로 만드는데, 장대를 세우고 굴대로 장대에 매어 담. 행상行喪때는 영여의 뒤 상여의 앞에 세우고 가면서 상여의 길잡이 역할을 한다.
- 과두裹肚: 두肚는 배를 의미하는데, 시신의 배와 허리를 싸는 비단으로 배싸개라고도 한다.
- 곽(槨, burial vault): 일명 외곽外槨이라고 하며 관을 묻을 때 흙의 무게나 물의 침수를 방지하기 위하여 관의 바깥쪽에 또 하나의 곽을 설치한 것. 고대의 묘제에서 외곽, 혹은 곽이라고 했으며 회격灰隔을 할 때 관의 외부와 곽의 내부에 회를 다져 넣는다.
- 과실果實: 대추, 밤, 배, 곶감, 사과 등의 과일. 3실과實果라는 말이 있듯이 제수를 마련할 때 대추, 곶감, 밤은 기본적으로 장만한다.
- 관冠: 수질의 위에 세우는 관으로 윗옷과 치마에 비해 조금 가는 베를 사용한다.

풀 먹인 두꺼운 종이로 배접하는데 너비가 3치이고, 길이는 정수리를 걸치게 하는데 3개의 주름을 잡는다. 참최斬衰는 주름이 오른쪽으로 향하게 하고, 제최齊衰는 왼쪽으로 향하게 한다. 관행에서는 상관, 굴건이라고도 하며 이에 따라 굴건제복이 상복의 관용어처럼 쓰이기도 한다. 관을 쓰는 방법은 머리에는 효건孝巾 위에 관冠을 쓰고 그 위에 수질首絰을 맨다.

- 관구菅屨: 솔새풀로 만든 신. 흔히 짚신이라 말하며 엄나무를 섞어 만든 짚신을 엄신이라 한다.
- 관등棺凳: 관을 받치는 받침. 길이는 관의 넓이에 준하고, 높이는 3~4촌으로 하며 속칭 괴목塊木, 즉 관 받침이라고 한다.
- 관분盥盆: 손을 씻는 대야로 의례를 행할 때 목욕재계의 의미로 손을 씻을 때(관세盥洗) 사용하는 물을 담아 놓은 대야
- 괄발括髮: 삼끈으로 상투를 묶거나 베로 두수(부인의 머리를 묶는 데 사용하는 끈)를 만드는 것을 말한다. 상례시 복인服人들이 초종 때 풀었던 머리를 소렴 후에 다시 묶는 것을 말한다.
- 괄발마括髮麻: 머리를 묶는 삼끈을 말함
- 관양棺樣: 관에 옻칠을 한 뒤 견양(見樣: 치수를 재는 것)을 내는 것
- 광壙: 광중壙中. 관을 묻기 위해 판 구덩이
- 광纊: 햇솜으로 운명에 임박한 사람의 코와 입 위에 올려놓고 그 상태에 따라 숨이 끊어졌는지의 여부를 확인하기 위해 사용하며 속광屬纊이라고도 한다.
- 괴塊: 흙덩이. 고침藁枕과 같은 것으로 상주가 베는 베개로 《가례》에서 참최복을 입는 사람은 거적을 깔고 흙덩이를 베고 잔다고 하였다.
- 괴목塊木: 관을 받치는 받침대. 관등 참조
- 교의交椅: 혼백魂帛과 복의(復衣: 초혼할 때 사용했던 옷) 또는 신주를 놓아두는 다리가 긴 의자
- 구屨: 짚신. 흔히 짚신을 신으며 엄나무를 섞어 만든 짚신을 엄신이라 한다. 관구 참조
- 구의柩衣: 천으로 만든 관 덮개로 소렴 때 시신을 덮는 이불과 같은 것으로 네

모서리를 재봉하여 작은 장막처럼 만들어 덮는데 사방에 여유를 둔다.

- 구행柩行: 영구가 장지를 향해 간다는 뜻으로 행상行喪, 또는 운상運喪이라고도 한다.
- 국휼國恤: 국상國喪을 말함
- 군례軍禮: 군대에서 행하는 예절 또는 예식을 말함
- 굴감掘坎: 구덩이를 판다는 뜻으로. 습의 절차에서 시신을 목욕시킬 때 사용한 향탕수, 솜 등을 위생적으로 처리하기 위해 구덩이를 파서 버린 후 묻기 위한 구덩이
- 굴건屈巾: 상주가 쓰는 베로 수질을 달아서 효건 위에 쓰는 두건을 말한다. 굴건은 베에 종이를 붙이고 그 사이에 칡을 넣어 세 개의 주름이 지도록 만들고, 굴건을 쓰는 경우는 부모의 상을 당한 참최(거친 베로 지어 아랫부분을 접고 꿰매지 않은 상복)를 입은 사람 즉 상주와 재최(굵은 베로 짓되 아랫부분을 좁게 접어 꿰맨 상복으로 상주를 제외한 남자 상제가 입는 옷)를 입는 사람인 상제만이 굴건을 쓴다. 관 참조.
- 귀조歸胙: 제사지낼 때 올린 제수(고기 등)를 싸서 보낸다는 의미로 사시제四時祭 등에서는 수조受胙라고 한다. 제사에 올린 고기 등을 통해 음복을 받는다는 의미이다.
- 근조謹弔: 남의 죽음에 대하여 삼가 애도의 뜻을 표하는 말
- 금紟: 홑이불의 하나로 물에 적셔서 사용하며 건칠을 하기 위해 병풍 위에 덮어씌우는 것이다.
- 금衾: 소렴을 할 때 시신을 덮는 이불을 말하다. 명주로 폭을 잇대어 꿰매어 이불을 만들며 솜을 두고 사람 키에 따라 마름질하여 길이를 정하되 포백척으로 다섯자 반으로 하여 사용한다.
- 금정개金井蓋: 속칭 엄광창으로 자물쇠가 달려 있으며 광을 파다가 일을 멈출 때 광의 구멍을 막는 데 쓰는 덮개의 일종이다. 혹은 얇은 널판을 써서 문짝처럼 만들어 금정틀과 뚜껑의 좌우 서로 닿는 곳에 철추와 철환과 배목排目을 달아 여닫도록 한다.
- 금정기金井機: 광중을 바르게 파기 위해 광중 팔 자리에 놓는 금정틀. 나무 네 개를 써서 광을 만들고 테두리 바깥에 각 각 한자쯤 남겨서 우물정井자 모양으로 만든다. 네 모퉁이의 서로 교차하는 곳에 못을 박아 흔들리지 않게 하고, 또 틀의

가로 세로 네 개 나무의 한 복판에 먹으로 표시를 하여 방위를 살펴 바르게 한다.

- 급묘及墓: 상여가 묘지에 도착하는 것을 이름. 상여가 묘지에 이르기 전에 집사자가 먼저 묘지 앞 서쪽에 교의와 제상, 향상을 놓고 영좌를 모실 영악靈幄을 설치함. 영구靈柩가 산에 도착하면 방상이 먼저 묘지 광중에 들어가 사방 네 귀퉁이를 창으로 치고 잡귀를 몰아낸 다음 혼백을 영좌에 모시고 관을 영좌의 동쪽에 놓되 머리가 북쪽으로 가게 안치한다. 그리고 명정을 막대에서 풀어 관 위에 덮어 놓고 영좌 앞에 음식을 진열하고 상주는 묘지에 온 손님들의 조상과 문상을 받는다.
- 기일忌日: 1년 단위로 오는 고인이 돌아가신 날. 기일이 되면 고인을 추모하는 제사를 지내는데 이를 기일제忌日祭라고 한다.
- 기제忌祭: 기일忌日에 지내는 제사로 제주의 집에서 지내며 고인의 장자나 장손이 제주로서 제사를 주재한다. 장자나 장손이 없을 때는 차자나 차손이 주관한다.
- 기중忌中: 상중喪中의 뜻으로 초상 때를 일컫는 말이다.
- 길례吉禮: 제사의 모든 예절 또는 관례나 혼례 등의 경사스러운 의례를 말한다.
- 길제吉祭: 상례의 마지막 절차로 망자의 혼령이 비로소 참여하는 제사. 신주의 대를 바꾸는 제사로 집안의 계승자로써 종손이 바뀌었음을 공포하는 절차. 《가례》에 의하면 담제까지로 상례가 끝나는 것으로 되어 있으나 《상례비요》를 비롯하여 많은 예서에 지낸 다음 날 날을 잡는데, 다음 달의 정일丁日 혹은 해일亥日을 잡는다. 길제는 이틀에 걸쳐 지내는데, 첫날에는 신주의 분면粉面을 고쳐 쓰는 개제고사改題告祀를 지내고 다음날 길제를 지낸다. 이는 신주의 분면을 바꾸고 새 종손이 지내는 제사로써 상주가 그 집안의 주인이 되었음을 상징한다.

주인은 일상의 제복인 길복吉服으로 성복盛服을 하고 주부는 혼례식 때 입었던 원삼에 족두리를 하며 사당에 모시고 있었던 친진한 신주5대조를 체천遞遷하거나 매주埋主하는 절차인 조매고유祧埋告由를 행함. 이로써 상주는 완전히 일상으로 돌아오는데 이때부터 내실에 들어가도 되며 상주는 이제 한 집안의 주손冑孫으로서 역할을 수행해 나간다.

ㄴ

- 나미즙糯米汁: 찹쌀즙으로 광중 안 사방을 회로 바를 때 회의 농도를 조절하기 위해 사용한다.
- 남좌여우男左女右: 의례나 의식을 행할 때 남녀의 위치를 정하는 용어로서 공손한 자세를 취하려고 공수拱手할 때 평상시에 남자는 왼손을 위로 하고 여자는 오른손을 위로 하는 것이 대표적이지만, 공수는 남과 함께 하는 것이 아니고 자기 혼자서 하는 것이기 때문에 자기 자신이 상석이 되는 것이다. 이때 음양의 방위에 따라 자신의 왼쪽이 동쪽이고 오른쪽이 서쪽이 되며, 동쪽은 해가 뜨는 곳이므로 양陽 즉 남자를 뜻하고, 서쪽은 해가 지는 곳으로 음陰 즉 여자를 뜻함. 따라서 남좌여우는 남자는 왼손을 위로하고 여자는 오른손을 위로 하는 것을 말한다.
- 납주納主: 신주를 사당에 되돌려 모신다는 의미. 납주의 절차는 사시제四時祭, 녜제禰祭, 기제忌祭 등 사당에서 신주를 청사(廳舍, 제사를 지내는 장소로 당堂을 의미)로 내모시고 지내는 제사에서 출주(出主, 신주를 내모심)했던 신주를 다시 사당으로 모신다는 말로서 제사를 위해 신주를 옮길 때는 주독主櫝을 함께 움직인다.
- 내광內壙: 관이 직접 들어가는 구덩이로 넓은 외광外壙에서 다시 관의 크기만큼 판 구덩이를 말한다. 묏자리를 팔 때 먼저 관의 크기보다 크게 외광을 파고 다시 외광에서 관이 들어갈 만한 크기의 내광을 판다.
- 내금정기內金井機: 회를 다진 위에 놓아 그 안에 정토淨土를 파내는데 사용하는 것으로 모양은 금정기와 같으나 작고 ,광중 안쪽 사방은 관의 크기보다 반치 정도 넉넉하게 안쪽의 크기를 정한다. 틀면에 먹으로 표시하여 외금정틀과 대조할 수 있게 한다. 금정기 참조.
- 넋 굿: 사람이 죽었을 때 망자의 저승천도를 비는 굿을 통칭하며 사령死靈굿, 진혼굿이라고도 한다. 이승에서 고인의 맺힌 한을 풀어 편히 저승으로 보내는 극락왕생의 기원과 굿을 통해 망혼이 조상으로 신격화하여 산 자의 삶에 도움을 주기를 바라는 의미를 담고 있다.
- 노제路祭: 친전親奠, 혹은 친빈전親賓奠에 대한 관행의 용어이다. 상여가 집을 출발하

여 묘지로 가는 도중 거리에서 지내는 전奠이다. 고인과 절친했던 친구나 친척이 주재자가 되어 제물을 준비했다가 올리는데 운구 도중 적당한 장소에 장막을 치고 제청을 꾸민 뒤 영여靈輿를 모시고 주재자가 분향 후 술을 올리고 제문祭文을 읽으며 모두 두 번 절한다.

- 녹각교鹿角膠: 녹각을 달여서 즙을 만들어 분가루에 섞어 사용하는 액체로 이는 분가루가 명정에 잘 붙게 하기 위함이다.
- 녹로轆轤: 도르레로 하관할 때 관이 흔들리지 않도록 하기 위한 틀로 녹로기라고도 한다. 금정기 양쪽에 기둥 2개씩을 세우고 기둥의 위쪽은 반달형으로 파서 횡강橫杠을 2개를 걸칠 수 있게 한다. 횡강에 견실하게 만든 밧줄을 걸고 거기에 관을 매단다. 그리고 횡강을 서서히 돌려 관을 내림으로서 흔들리지 않게 한다.
- 늑백勒帛: 행전行纏, 죽은 사람의 발을 싸는 것. 무릎 아래 바지의 단을 감싸 묶어 활동을 편하게 하기 위한 것으로 전투를 위한 군복에서 나왔다고 함.

ㄷ

- 다시래기: 다시래기는 전라남도 진도에서 전승되는 상례 풍속으로 출상出喪 전날 밤에 상가에서 행하는 노래와 춤과 재담으로 상주를 위로하는 상여놀이다. 발인 시 상두꾼들이 상여를 매고 가는 노동에 앞서 몸을 풀고 준비한다는 뜻과 함께 상가의 슬픔과 어려움을 놀이라는 것을 통해 위로하고 이기게 도와준다는 뜻을 지니고 있다. 빈 상여를 메고 행하는 대돋음, 대떨이, 빈상여놀이, 상여흐르기 등과 맥락을 같이하는 빈 상여놀이다.

 다른 지역의 상여놀이가 상여를 직접 메는 상두꾼들이 실제적인 행상에 앞서 미리 발을 맞추어 보는 기능적 측면이 강한 비전문적인 놀이라면, 다시래기는 전문 예인들에 의하여 놀아진 전문 놀이극이다. 이는 단골 무당들의 자치 기구인 신청神廳에 속한 악사(樂士, 굿판에서 악기를 연주하는 사람)들이 사물 악기에 맞추어 전문적으로 행하는 극이기 때문이다. 다시래기는 사당놀이, 가상제놀이, 거사 사당놀이(봉사놀이), 상여놀이, 가래소리 등으로 구성되어 있다. 하지만 다시래기는 상가의 재산 정도, 사회적 명성 등에 따라 놀이의 종목에 증감이 있어 즉흥적인 꾸밈의 형식으로 진행되는 것이 보통이다.

- 다식茶食: 녹말, 송화, 흑임자 등을 다식판에 넣어 과자 모양으로 찍어낸 과자의 일종이다.
- 단袒: 참최복斬衰服을 입는 자가 소렴을 마치면 초종에서 풀었던 머리를 묶고 웃옷의 한쪽 어깨를 드러내는 것을 말한다.
- 단고單袴: 속옷처럼 바지 안에 입는 홑바지로 명주나 면으로 만든다.
- 단령團領: 공복(公服: 관복)으로 깃이 둥근 포의 하나이다.
- 단의褖衣: 황후의 평상복. 혹은 선비의 아내의 예복으로 붉은 선을 두른 색이 검은 옷. 또는 작세作裞라 하여 수의를 만드는 것을 의미한다.
- 담禫
- 담제禫祭: 담禫은 담담하여 평안하다는 뜻으로, 평상의 상태로 돌아가기를 기원하는 제사이다. 날짜로 따지면 27개월째에 해당하는데, 담제 한 달 전쯤에 날을 택한다. 택일은 다음 달 초순의 정일丁日 혹은 해일亥日로 한다. 하루 전에 목욕재계하고 기물을 진설하고 음식을 준비한다. 날이 밝으면 신위를 대상전의 영좌에 모시고 절차는 대상과 같이 한다. 담제에서 입는 옷은 참포립黲布笠, 망건網巾, 참포삼黲袍衫, 백포대白布帶, 조화早靴, 담황피淡黃?, 백대의白大衣, 그리고 신발을 준비한다. 날이 밝으면 담제를 지내는데, 방법은 대상과 같다. 다만 축판의 내용을 엄급대상奄及大喪을 엄급담제奄及禫祭로 고치고, 애천상사哀薦喪祀를 애천담사哀薦禫祀로 바꾼다. 삼헌 때에는 곡을 하지 않는다. 그러나 사신辭神 때에는 곡을 극진히 한다. 이때부터 음주를 하고 고기를 먹을 수 있다.
- 담紞: 이불깃으로 이불의 테두리를 장식하는 수술. 혹은 귀를 막는 끈이라고도 한다.
- 담부擔夫: 영거, 명정, 공포, 삽, 만장을 받드는 사람을 일컫는다.
- 담황피淡黃帔: 담황색 긴 배자
- 답호褡褸, 답포褡袍: 원·명대의 겉옷의 한가지로 소매없는 반팔 옷. 길이가 길고 무, 섶이 없으며 뒷솔기를 허리 아래에서부터 튼다. 조선시대 왕과 문무 관리들이

철릭[貼裏]위에 입었던 옷이다. 왕은 철릭위에 답호를 입고 그 위에 곤룡포袞龍袍를 입는다. 문관들은 철릭위에 답호를 입고 그 위에 포를 입었는데, 조선중기 이후에는 전복戰服으로 착용되었다. 시대에 따라 착용법을 달리하였고 그 이름 역시 조금씩 차이를 보임.

- 당속糖屬: 흰색사탕(오화당, 옥춘, 원당, 빙당, 매화당)
- 대帶: 원래 문무백관이 관복을 입을 때 허리에 두루는 것으로서 관직의 품계를 나타내며 장식품의 역할도 하여 '품'대라고도 하였다. 그러나 상복에 두루는 대는 흰 베로 만들었다.
- 대곡代哭: 곡을 대신해 준다는 뜻이다. 상례기간이 길면 길수록 상제의 고통이 심하였으므로 옛날에는 돈을 받고 울음을 대신 울어주는 경우도 있었는데 이를 대곡제大哭制라고 한다. 죽은 사람 때문에 효자의 몸이 상할까 염려하여 다른 사람이 곡을 하게 했다. 이는 상가에 곡소리가 끊어지지 않게 하기 위한 것이다. 그래서 곡비哭婢라는 종이 있기도 하였다.
- 대공大功: 오복제도의 하나로 9개월간 입는 복제이다. 대공의 정복은 종부(從父, 아버지의 형제)의 자식, 즉 백숙부의 자식으로 4촌들, 그리고 중손衆孫을 위해 입는 상복이다. 의복은 중자衆子의 부인, 형제의 아들의 부인, 남편의 조부모, 백숙부모, 형제, 아들의 부인, 남편의 생부모生父母를 위해 입는 옷이다. 대공, 소공에서 말하는 공은 삼베의 거친 정도를 뜻한다.
- 대님: 남자의 수의에서 바지의 밑단을 묶는 띠를 말한다.
- 대대大帶: 수의의 겉옷 허리에 두루는 띠로서 겉과 속은 흰 명주로 만들고, 가장자리는 붉은색과 초록색의 단을 하며 겨자면 겉과 속을 푸른색 명주로 함
- 대렴大斂: 소렴을 한 이튿날, 즉 돌아가신 지 사흘째 되는 날에 묶은 시신을 관에 넣는 절차이다. 먼저 관을 들어다가 시신의 서쪽에 두고, 대렴을 맡은 사람은 관 밑바닥에 칠성판七星板을 깔고 이불을 편다. 다음으로 대렴금大斂衾 서른 자에 횡포 세 폭을 놓고 이것을 각각 반씩 쪼갠 뒤 그 위에 대렴금을 펴놓고 소렴한 시신을 그 위에 모신다. 그 뒤 먼저 발을 여미고 다음에 머리를 여미되 먼저 왼쪽을 여민 뒤 나둥에 오른쪽을 여민다. 다시 장포를 세 매로 묶고 횡포를 매는데

모두 다섯 매로 묶으며 한 쪽은 그냥 놓아둔다. 그 다음 시신을 들어서 관 속에 넣는데 조금이라도 기울지 않도록 조심한다. 일반적으로 입관入棺이라고 한다. 3일째에 대렴을 하는 것은 혹시 살아나기를 기다리는 효성 때문이라고 한다.

- 대렴금大斂衾: 고인을 싸고 묶고 입관할 때에 관에 넣는 이불 종류 중의 하나로 대렴 때에 쓰이는 이불이다. 일곱 자(약 210 cm) 가량의 길이로 너비는 다섯 폭으로 하는데, 남색 바탕에 자주색 깃을 달거나 자주색 바탕에 남색 깃을 달기도 하고 흰색 동정을 여섯 치(약 18 cm) 가량 두르기도 한다.
- 대복代服: 아버지가 병들어 상주노릇 못하면 아들이 대신 복을 입는 것을 말한다.
- 대삭大索: 굵은 새끼줄이나 베를 여러 겹으로 겹쳐 묶거나 들 때에 사용하는 것이다.
- 대상大祥: 초상 후 두 돌(만 2년)만에 지내는 제사이다. 초상으로부터 대상까지 윤달을 계산하지 않으면 25개월이 된다. 제사의 절차는 소상 때와 같다. 대상이 끝나면 궤연이 없어지기 때문에 사당에 새 신주를 모신다는 것을 고하고 대상을 마치면 즉시 부묘祔廟한다. 영좌를 거두고, 상장을 끊어서 사람 눈에 잘 띄지 않는 곳에 버리고 태운다. 대상을 지내면 젓갈이나 간장, 포를 먹어도 된다.
- 대수장군大袖長裙: 왕비 이하 양반층의 부인들이 상중에 입는 큰 소매의 웃옷과 긴 치마를 말하는 것으로 여자들의 상복이다. 참최斬衰 때에는 아주 거친 생포를 쓰고, 졸곡을 지내면 백포로 바꾼다. 그리고 대상 후에는 진하게 물들인 옥색의 대수장군을 착용한다. 만약 이것을 갖추지 못하면 흰색의 치마저고리로 대신하여도 좋다.
- 대여大轝: 큰 상여를 뜻한다. 상여라는 말은 우리나라 문헌에서만 나타난다. 중국에서는 편안하게 누워 쉬는 수레라는 뜻의 '온량거轀輬車'가 상여를 의미하였다. 상여의 구조는 크게 채와 몸체, 앙장으로 구성되어 있다. 몸체를 떠받히는 장강(상여채)을 가로로 질러 끼운 단강에 멜빵을 걸고, 상두꾼들이 이를 어깨에 메고 운반한다. 그리고 앙장(방지알)으로 상여 전체를 차일처럼 덮는다. 몸체는 관을 가리는 소방상이 있는 여동轝胴, 지붕 격인 여개轝蓋로 구성된다. 일반적인 상여의 여개의 용마루에는 몸을 서로 꼰 청룡황룡 위에 삼천갑자를 산 동방삭, 망나니, 저승사자, 염라대왕, 호랑이 등이 타는데, 저승길을 인도한다고 한다. 그리고 앞

뒤를 저승길의 액을 물리치는 큰 귀면을 배치한 것이 일반적인 상여의 모습이다.

- 대인大人: 고인을 호칭할 때 쓰는 표현으로 부친을 지칭한다.
- 대탁大卓: 큰 탁자. 좌면지(座面紙, 젯상 위에 상보 대신 까는 기름종이)가 딸리며 전을 드리거나 제사를 올릴 때 음식을 진설하는 데 쓴다.
- 덜구: 매장하고 봉분을 만드는 과정에서 흙을 다지는 행위이다. 덜구질을 하는 이유는 흙을 견고하게 다짐으로서 빗물이 스며드는 것을 막고, 또 봉분의 모양이 흐트러지는 것을 막기 위해서이다. 지역에 따라 달구, 덜구, 달공, 회다지 등 이름이 다양하다. 달구질을 하는 사람은 주로 상여를 메고 온 상두꾼으로서, 이들은 상두계, 상포계 등의 계원들로 구성된다. 그러나 가끔 노인들이 이 달구질에 참가하는 경우도 있다. 회다지 노래라고 하는 덜구소리는 발로 흙을 다지기에 적당한 리듬을 가지고 있으며, 형식은 선소리(선창)와 후창으로 이루어져 있다. 달구소리의 내용은 주로 망자의 생시 행적, 자식들의 현재를 노래하고 있다.
- 도韜: 신주를 갈무리하는 집. 신주가 밖으로 보이지 않게 하기 위해 덮어씌우는 것으로 '혼보'라고도 한다. 아버지는 자주색(紫, 자)이고 어머니는 붉은색(緋, 비)으로 한다. 작은 휘상과 같이 만든다. 사방과 넓이는 신주의 치수와 비슷하게 한다. 두꺼운 종이로 배접하여 단단하게 하고, 비단으로 싸서 뒤의 한 가운데에서 합쳐서 꿰맨다. 사방 4치쯤이고 길이는 1자 2치쯤으로 위로부터 아래로 싸서 신주의 몸체와 같게 맨다.
- 도독荼毒: 초상. 자
- 도빈塗殯, 외빈外賓: 옛날에는 천자는 7개월, 제후는 5개월, 대부는 3개월 사士는 1개월을 넘겨 장사를 지내도록 되어 있었다. 그러나 보통 풍수지리 등의 영향으로 3개월을 넘기는 경우가 많았다. 이 경우 집 안에 망자의 영구를 장기간 모실 수 없기 때문에 집안의 적당한 곳을 찾아 외빈外殯을 하는 일이 많았다. 외빈은 도빈塗殯, 내빈內殯, 토롱土壟, 사롱沙壟, 토감土坎 등 지역과 가문에 따라 다양한 이름이 있다. 《가례家禮》에는 장일이 오랠 경우 집안에 영구를 오래 둘 수 없기 때문에 외빈을 한다고 했다. 사랑채 밖이나 곁채 밖, 혹은 헛간에 깊이 2자, 폭 3~4자, 길이 7~8자로 파고 바닥과 네 벽을 벽돌로 깔고 쌓는다. 틈새를 석회로 발라 흙이 들어오지

않게 한다. 그리고 자리와 굄목을 놓고 관을 안치하는데 이때 전을 올린다. 관 위에 홑이불을 덮고 기둥을 세워 움막의 지붕처럼 만들어 이엉을 덮은 다음 모래나 흙을 덮는다. 도빈이 끝나면 영좌를 차리고 전을 올린다. 전의 순서는 분향-헌작-재배의 순서이다. 이곳을 빈소라고도 했다.

- 도선徒跣: 맨발을 일컫는 것으로서 버선을 벗는다는 의미이다.
- 독개櫝蓋: 신주를 넣는 독의 뚜껑. 네 방향이 곧장 내려가서 신주집과 독좌가 들어갈 만 하되 다만 후면 아래쪽은 판을 대지 않고 비워두고 흑칠을 한다.
- 독좌櫝坐: 신주독을 판자로 만드는데, 겉은 검은 칠을 하고 안쪽은 붉은 칠을 한다. 안은 사방 4치보다 조금 넉넉하게 하고, 받침대에 살짝 끼운다. 높이는 1자 두 세치로 하여 신주의 몸체보다 조금 높게 한다. 앞쪽과 위쪽을 모두 터서 비우고, 바닥판은 사방이 몸통보다 각기 반치쯤 나오게 해서 뚜껑을 받치도록 한다. 받침의 아래 네 모서리에 발을 두는데, 높이는 1치쯤이다. 또 앞면 아래에 횡첩판은 문지방과 같다. 높이는 발에 준한다.
- 독축讀祝: 제사를 지낼 때 제사의 내용을 고하는 축문을 읽는 일. 제사 절차에서 보면 초헌의 부차적인 행위이다. 주인이 초헌의 잔을 올리고 일동이 부복하면 초헌관이 나와 축문을 읽는데 이를 독축이라고 한다.
- 동자복童子服: 아이의 상복으로 재질이나 만드는 법은 어른의 옷과 동일하나, 관. 건. 수질이 없다.
- 두건頭巾: 머리에 씌우는 수건과 같은 것이며, 성복을 하기 전에는 통건을 쓴다.
- 두동미서頭東尾西: 제사 진설법의 하나로서 생선의 머리는 동쪽으로 꼬리는 서쪽으로 진설한다는 것을 의미한다.
- 두루마기: 수의의 겉옷을 말하며, 두루마기 이외에 남자의 경우는 도포를 겉옷으로 입히기도 하며, 여자의 경우는 원삼을 입히기도 한다.
- 등凳: 관을 받치거나 할 때 사용하는 받침대이다.

ㄹ

- 력: 습襲의 절차에서 시신을 목욕시킬 때 목욕물을 데우는 데 쓰는 솥을 말한다.
- 리履: 흰 명주로 된 것을 사용하며, 만약 여자의 상이면 파란신발을 사용함

ㅁ

- 마麻: 상복의 띠인 수질. 요질. 효대絞帶를 만드는 데 쓰이는 삼이다.
- 마구麻屨: 삼신
- 마목馬木: 가마, 상여 등을 올려놓을 때 쓰는 받침목이다.
- 마승麻繩: 삼끈으로 소렴의 과정에서 괄발(括髮, 머리를 묶는 일)을 할 때 사용한다.
- 막幕: 대렴 후 영상을 설치할 때 먼지를 방지하기 위해 영상 위에 치는 막이다.
- 만사輓詞): 망자의 죽음을 애도하는 글. 주로 친구, 혹은 관계가 있는 사람이 애도의 글을 보내면, 상가에서 이를 한지, 천 등에 써서 깃발처럼 만들어 행상 때 함께 장지로 간다. 장례가 끝나면 태우기도 하지만, 글귀를 모아 망자의 문집을 만들 때 게재하기도 한다.
- 만장輓章: 망자를 생각하면서 나는 슬프거나 애틋한 마음을 적은 글인 만사輓詞에서 유래한 것이다. 명주나 종이에 만사를 적어 기처럼 만든 것으로 발인을 해서 상여가 떠날 때 상여에 앞세운다. 만輓이란 앞에서 끈다는 뜻이다. 만장의 색깔은 정해진 것이 없으며 만장의 위와 아래는 작은 축대를 쓰고, 대나무로 깃대를 만든다. 장례의 행렬에는 반드시 명정銘旌의 뒤를 따르게 하고 상례를 마친 뒤에는 빈청賓廳에 보관하며, 돌아간 이의 문집 따위를 발간할 때에는 부록에 만사의 원문을 수록하기도 한다.
- 말襪: 버선.
- 말袹: 작은 보자기나 명주로 만든 머리를 싸는 수건이다.
- 말목馬木: 가마, 상여 등을 올려놓을 때 쓰는 받침목이다.
- 망건網巾: 조선시대 성인 남자가 상투를 틀 때 머리카락을 위로 걷어 올리기 위해

이마에 쓰는 건으로 말총을 직사각형으로 엮어 만드는데, 윗부분을 당, 아랫부분을 편자라 한다. 그리고 상투에 달아매는 줄을 당줄이라 한다. 상례에서는 수의의 한 종류로 담제의 변복變服 때 상주가 상투를 틀어 머리카락을 싸는 것으로 흑색과 백색의 말총을 섞어서 만든다. 혹은 검은 모시로 된 것이나 진하지 않은 검은색 천으로 만든다.

- 매장: 망자를 땅에 묻는 장례법으로 토장土葬이라고도 한다. 초기의 매장은 시신을 그대로 묻었으나 후에는 돌널[石棺], 독널[독棺]에 수장하였고, 도구의 발달과 함께 나무널[木棺]을 사용하였다.
- 메[飯]: 제사상에 올리는 밥을 메라한다. 요즘 명절인 설 차례에는 메 대신 떡국을, 추석 차례에는 송편을 올린다.
- 멱건幎巾: 얼굴을 덮는 수건. 가로 세로 2자의 베나 명주를 쓴다. 멱목幎目 참조
- 멱목幎目: 습襲의 절차에서 시신의 얼굴을 싸는 헝겊. 면으로 사방 1자 2치 사각으로 되어 있으며 네 귀퉁이에 끈이 달렸다. 바깥쪽의 색깔은 검은색이고, 안쪽은 붉은 색으로 하고 그 안에 솜을 채워 넣는다. 관행에서는 남자는 남색 안, 여자는 다홍색 안을 쓴다고 한다. 왕의 경우는 푸른 비단에 안감은 붉은 생초를 사용하며, 사방이 1척 2촌으로 사각으로 자주색 생초의 띠를 펴서 뒤에서 이를 맺는다. 멱목, 멱모幎冒도 용도가 같다.
- 면麵. 면식麵食: 제사상에 올리는 국수
- 면례緬禮: 개장改葬과 같은 의미로 무덤을 옮겨 장례를 다시 지내는 것이다.
- 명기明器: 고대 중국에서부터 시작된 풍습으로 장사지낼 때 무덤 속에 함께 묻는 기물로써, 식기, 악기, 집기, 무기, 시종자 등을 형상한 용(俑, 인형)을 말한다.
- 명정銘旌: 망자의 관직, 성명 등을 쓴 붉은 색 깃발. 명정의 길이는 신분에 따라 천자天子는 9자, 제후諸侯는 7자, 대부大夫는 5자, 선비士는 3자였다. 그리고 벼슬을 못한 선비는 검은 배 반폭에 길이가 1자이다. 명정은 대렴이 끝나고 영좌의 동쪽에 세우는데, 망자의 표지 역할을 하는 것이므로 하관할 때 관 위에 덮는다. 행상을 할 때 방상-(명기)-명정-영여-공포-삽-상여-상주와 복인-존장-무복친-빈객의 순서에서 보듯 가장 앞에 서는 것도 망자의 표지이기 때문이다. 명정은

긴 장대에 메달아 깃발처럼 들고 가는데, 깃봉에 화려한 장식을 하기도 한다. 또한 명정을 사용하는 것은 사자의 형태를 볼 수 없기 때문에 그 이름을 써서 알아보게 하기 위한 것이다. 명정을 붉은 색으로 하는 이류는 생명의 부활과 사귀를 쫓기 위한 것이다.

- 몌袂: 소매.
- 모冒: 시신을 싸는 데 사용하는 것이다. 명주나 비단을 사용하는데 검은 비단 7자 남짓으로 가운데를 접어 한 변은 꿰매고 다른 변은 위 · 아래 양쪽을 꿰매지 않고 각각 작은 띠 3개를 꿰매 붙인다. 대부의 경우는 5개로 이것을 질質이라고 한다. 또 붉은 비단 일곱 자를 써서 가운데를 접어 한쪽을 꿰매되, 다른 쪽은 꿰매지 않고 작은 띠를 꿰매 붙이기를 똑같이 하고 이것을 쇄殺라 한다.
- 모반茅盤: 모사 그릇을 놓는 그릇.
- 모사기茅沙器: 모래와 띠의 묶음인 모사를 담는 그릇으로 탕기보다 굽이 조금 높다. 모사는 글자 그대로 띠풀과 모래로 구성되어 있는데 땅을 상징한다. 제사에서 강신은 두 가지 형태로 진행된다. 하나는 신이 하늘에 있을 경우 향냄새를 맡고 강림하라는 뜻에서 향을 피우는 강신이고, 다른 하나는 신이 땅에 있을 때 술냄새를 맡고 강림하라는 의미에서 술로 강신을 한다. 술로 강신을 할 때, 원래는 땅에 술을 부어야 하나 대청 등에서 제사를 지낼 때는 땅에 술을 부을 수 없기 때문에 땅을 상징하는 모사를 사용한다. 따라서 묘제墓祭에서는 모사가 필요하지 않다.
- 모속茅束: 제사에서 모사에 꽂는 띠 묶음.
- 목건沐巾: 습의 절차에서 시신을 목욕시킬 때 머리를 말리는 데 사용하는 수건이다.
- 목잠木簪: 주로 상제가 꽂는 나무로 만든 비녀
- 목적木賊: 속새. 신주 몸체를 문질러 매끄럽게 하기 위한 것이다.
- 묘상각墓上閣: 장사지낼 때 비나 햇빛을 가리기 위하여 짚풀과 같은 것을 엮어 만든 임시 지붕이다. 속칭 옹가(甕家: 무덤 위에 치는 차일)로 관을 매장하기 전에 파놓은 구덩이를 말한다.
- 묘제墓祭: 산소를 찾아가서 드리는 제사이다.

- 무공주無孔珠: 구멍이 뚫리지 않는 구슬을 뜻하는 말로 반함飯含에 쓰이는 도구이다. 반함 때에 상주가 쌀과 함께 망자의 입 좌 · 우 · 가운데에 넣는 구슬을 말한다.
- 무복無服: 복을 입지 않음을 뜻한다.
- 문免: 관을 벗고 머리를 묶는 일이다. 즉, 흰 천을 일정한 모양으로 머리에 감는 것을 말한다. 문포免布의 길이는 목에서부터 이마에서 교차하여 상투를 돌리기에 족할 만큼 하되 베를 찢어서 만들고, 복이 가벼운 사람은 비단을 꿰매서 한다. 특히 상복을 입지 않고 머리만 문하는 것은 먼 친족이나 타국에서 죽은 친구를 조상할 때 쓰는 예법이다.
- 문상聞喪: 객지에서 부모의 초상에 대한 소식을 듣는 것이다.
- 미망인未亡人: "따라 죽지 못한 사람"이란 뜻으로 남편이 죽고 홀몸으로 된 여자를 이르는 말이다.
- 미식米食: 떡.

ㅂ

- 바지: 수의의 아랫도리옷 중 하나인 바지는 고인이 생전에 입던 바지의 치수보다 허리는 일곱 치(약 21 cm) 가량 넓게, 길이도 일곱 치 가량 길게 하고 바지통은 두 치에서 네 치(약 6~12 cm) 가량 넓게 만든다. 홑바지 · 겹바지로 만들거나 솜을 넣기도 한다. 흰색 면이나 저포(紵布, 모시베)로 만든다.
- 박마樸馬: 치장하지 않은 말로 베 안장이 갖추어져 있다.
- 박판薄板: 지회 위에 까는 얇은 판으로 길이와 너비가 관의 견양보다 조금 여유가 있게 하되 두께는 1치 정도이다.
- 반潘: 시신을 목욕시킬 때 사용하는 물로 쌀뜨물 즉 쌀 씻은 물이다. 대부는 기장 뜨물을 쓰고, 선비는 조 또는 벼뜨물을 쓰는데, 머리를 감길 때 사용한다. 군君의 상에는 목욕을 시킬 때 향탕수를 사용한다.
- 반飯: 밥의 옛말로 메라고도 한다.
- 반盤: 쟁반.

- 반곡反哭: 장지로부터 주상과 복인들이 신주와 혼백상자를 영좌에 모시고 집으로 돌아오면서 곡하는 일을 말한다. 혼백을 다시 집으로 모시고 온다고 해서 반혼返魂이라고도 한다.
- 반함飯含: 습을 마치고 상주가 직접 그 주검의 입 안에 쌀과 구슬을 물려주는 것을 말한다. 고인의 입속을 차마 비어있게 할 수 없는 효심에서 비롯한 절차이지만 생명의 부활을 바라는 뜻도 담겨 있다.
- 반혼返魂: 장지에서 혼백魂帛을 다시 집으로 모시고 온다는 뜻이다.
- 발상發喪: 초혼을 부르고 수시를 마치면 초상이 났음을 선포하는데 이를 발상이라 한다. 아들, 며느리, 시집가지 않은 딸들은 모두 관과 겉옷을 벗고 머리를 푼다. 또한 복인들은 요란한 옷을 벗고 장식품을 모두 뗀다. 아들이나 주상의 손자는 두루마기를 입을 때 아버지의 상에는 왼팔을 꿰지 않고 어머니의 상에는 오른팔을 꿰지 않는다. 이는 슬픔이 복받쳐 황망중에 옷을 제대로 입을 겨를이 없음을 의미한다. 이때 상주와 주부主婦를 정하고 호상護喪과 상사喪事에 필요한 조객록, 조위록, 부의록과 장책을 준비한다.
- 발인發引: 영구에 상여를 싣고 장지로 떠나는 것을 말한다
- 발인제發靷祭: 발인에 앞서 간단한 제물을 차려 영좌 앞 제상에 제수를 갖추어 진설한 다음 상제가 분향하고 순서대로 술잔을 올리고 곡을 하며 재배한다. 이때 장례에 참석한 친척은 누구나 잔을 올릴 수 있고 가까운 친지도 잔을 올려 석별의 정을 나눈다.
- 발임도拔衽刀: 관에 못을 치지 않고 이어 맞춘 이음새를 여는 칼이다.
- 방립方笠: 방갓.
- 방상方相: 광부狂夫를 도사처럼 관복을 입혀 방상씨 가면을 씌우고 양손에 창과 도끼를 들게 한 다음, 발인인 행상 맨 앞에 세워 잡귀와 부정을 몰아내는 역할을 하게 한다. 묘지에 이르면 먼저 광내로 들어가 사방 모퉁이를 창으로 쳐 잡귀와 액을 쫓는다. 4품 이상은 눈이 4개이고, 5품 이하는 눈이 두 개 달린 방상씨를 쓴다. 국상에서는 4개의 방상이 각기 네 대의 수레를 타고 발인 행렬 양 앞에서 길을 안내하고, 산릉에 도착하면 먼저 현궁에 들어가서 창으로 네 모퉁이를 쳐

잡귀를 몰아낸다.

- 배목排目: 모양이 못과 비슷하나 이를 둥글게 구부려 빗장을 지르거나 자물쇠를 잠그게 되어 있는 걸쇠이다.
- 배석拜席: 절하는 자리.
- 백포건白布巾: 흰 베 두건
- 백포삼白布衫: 흰 베로 된 긴 옷으로 지금의 도포나 직령 따위와 같다.
- 말의襪衣: 수의의 버선으로 고인이 생전에 쓰던 모양대로 하나 치수는 크게 하고, 면이나 명주 또는 모시로 만들고 버선 중간에는 끈을 달아 맬 수 있게 만든다.
- 번자燔瓷: 구운 자기로 돌 지석을 대신하여 쓴다.
- 벽擗: 가슴을 침.
- 벽령壁領: 상복인 참최나 자최에 슬퍼하는 것을 나타내기 위해 부판負板의 양쪽 옆 깃 아래에 매단 천을 말한다.
- 변籩: 실과와 건육을 담는 제기 원래 대나무로 굽을 높게 엮어서 만들었다.
- 변笲: 진주를 담는 폐백 상자이다.
- 병屛: 병풍.
- 병대餠台: 떡을 담는 제기로 윗판은 4각형이다.
- 보공補空: 시신이 관속에서 움직이지 않도록 채움질 하는 것이다.
- 보삽黼翣: 삽선의 종류 중의 하나로 검은색과 흰색이 반반 섞인 빛으로 자루가 없는 도끼 모양의 무늬를 수놓은 것이다. 발인 때에 운삽과 함께 상여의 앞에 서며 하관할 때에 명정과 함께 묻는다.
- 복復: 출입하는 기운을 혼魂이라 하고 이목이 총명한 것을 백魄이라 하는데, 죽은 사람은 혼기魂氣가 백에서 떨어져나가므로 혼을 불러서 다시 백에 돌아오게 하려는 것이다. 초혼招魂.
- 복건幅巾: 수의의 구성품 중의 하나로 검은 명주 베로 만든 것으로 머리를 뒤로 싸서 덮는 모자 모양의 비단두건
- 복의復衣: 망자의 넋을 부르는 복을 할 때 쓰던 옷.
- 복인服人: 상복을 입는 사람, 친가 쪽 복인의 범위는 고인의 8촌 이내의 친족이며,

외가는 와사촌 이내, 처가는 부모에 한한다.

- 복일卜日: 날을 점침.
- 복제服制: 복제는 상복을 입는 기간을 말하는 것으로 참최 3년, 자최3년, 장기 5개월, 부장기 3개월, 소공 5개월, 시마 3개월이다.
- 복침復寢: 안방으로 돌아감.
- 복토伏兎: 굴대 위의 덮개.
- 봉견縫絹: 꿰맨 비단.
- 봉주奉主: 신주를 받드는 것.
- 부趺: 받침.
- 부跗: 명정을 세우는데 쓰이는 받침. 틀을 만들어 두 기둥을 세우고 기둥 사이에 두 층의 시렁을 만들어 가운데에 구멍을 뚫어 정간을 세우는 것이다.
- 부賻: 부의.
- 부祔: 졸곡 다음날 지내는 제사. 부제祔祭.
- 부고訃告: 고인이나 상주들의 가까운 친척과 친지에게 상이 났음을 알리는 통지서이다. 흔히 정해진 서식에 따라 편지를 작성하여 보내는데, 호상護喪이 상주와 의논하여 보내는 곳을 결정한다. 요즘에는 개별 부고는 하지 않고 신문에 게재하거나 아는 사람끼리 연락을 취한다. 서식은 다음과 같다.
- 부우祔右: 합장合葬할 때에 아내를 남편의 오른편에 묻는 일이다.
- 부의록賻儀錄: 상가에 들어오는 부의금賻儀金을 부조한 사람의 성명을 기록하는 책이다.
- 부인차婦人次: 여자 대기소로 서서西序의 서쪽에 마련한다.
- 부장祔葬: 남편과 아내를 한 무덤에 장사함.
- 부장副葬: 주검을 묻을 때 피물이나 그릇, 연장 따위를 같이 묻는 일이다.
- 부장기不杖朞: 지팡이를 짚지 않는 1년 상으로 조부모, 백숙부모, 형제, 증자(曾子, 맏아들 이외의 모든 아들)를 위해서 입는 상복이다.
- 부제祔祭: 졸곡제를 지낸 다음 날 지내는 제사로 망자의 신주를 이미 사당에 모신 그의 조상들의 신주와 함께 모시는 절차를 말한다. 졸곡과 같이 음식을 차리지만 사당에서 지내는 것이 다르다. 사당이 비좁으면 대청에서 지내기도 하며 신주가

없으면 지방으로 대신한다.

- 부판負版: 상복의 등 위에 붙이는 베 조각. 등에 짐을 진 것처럼 그 슬픔을 지고 있다는 뜻에서 붙이는 것이다.
- 분粉: 명정을 쓸 때 사용하는 분가루
- 분곡奔哭: 달려가 곡함.
- 분면粉面: 신주의 분바른 표면.
- 분상奔喪: 객지에서 문상(聞喪: 부모의 상에 대한 소식을 들음)후, 부모가 돌아가신 곳(집)으로 달려가는 것이다.
- 분향焚香: 향을 태우는 일. 제사, 의례 등에서 하늘에 계신 신 혹은 영혼을 불러오기 위해 향을 피우는 일을 말한다.
- 불紼: 상여 줄.
- 불삽黻翣: 아삽亞翣1라고도 한다. 대부가 쓰는 것으로 나무로 틀을 만드는데 사방 2자이다. 양쪽 모서리는 높되 모서리 넓이가 2치, 높이는 4치이니, 합한 높이가 2자4치이다. 삽선翣扇의 종류 중의 하나로 흰 베나 혹은 두꺼운 종이를 입히고, 자색으로 '기己'자 두 개를 서로 맞대어 '아亞'자 모양을 그린 후 그 가장자리에 구름무늬를 그린다. 발인發靷때에 상여의 뒤에 서며 하관할 때에 명정과 함께 묻는다.
- 불식食不: 역복불식易服不食 참조.
- 불천지위不遷之位: 큰 공훈이 있어 영원히 사당에 모시기를 나라에서 허락한 신위
- 비匕: 반함을 할 때 시신의 입에 쌀을 떠 넣는 숟가락으로 일반적으로 버드나무를 깎아 만든다.
- 비篚: 광주리, 없으면 버들가지로 만든 그릇으로 대신한다.
- 비저첩匕筯楪: 제사나 전에서 숟가락과 젓가락 놓는 접시로 시접이라고도 한다.
- 빈 상여놀이: 발인發靷전날 밤 상여를 메고 갈 상두꾼(상여꾼)들이 미리 모여 이야기도 나누고 동시에 빈 상여를 메고 벌이는 놀이판이다. 상여를 메고 간다는 노동에 앞서 몸을 풀고 준비한다는 뜻을 지니고 있는 동시에 상가喪家의 슬픔과 어려움을 놀이라는 것을 통해 위로하고 극복하게 도와준다는 뜻을 지니고 있으며, 지방마다 부르는 이름이 다르다. 경북지역은 대돋음, 전남지역은 다시래기, 충북

지역은 대드름 댓도리라고 부른다.

- 빈례賓禮: 빈객이라고도 하며 손님을 대접하는 예절이다.
- 빙시憑尸: 시신에 기댐.
- 빈차賓次: 상기喪期 동안 영위를 모셔두는 곳이다. 시신의 안치와는 별도로 영좌를 마련하는데 이를 빈소殯所라고도 하며 탈상을 할 때까지 존속시킨다. 상주는 언제든지 조문객을 이 빈차賓次 앞에서 맞이한다.

ㅅ

- 사死: 서인庶人의 죽음, 육신이 죽어 썩는 것

  종終 – 군자君子의 죽음, 사람 노릇이 끝나는 것

  붕崩 – 천자의 죽음

  훙薨 – 제후의 죽음

  졸卒 – 대부의 죽음

  불록不祿 – 선비의 죽음

  서거逝去 – 남의 죽음을 높이어 이르는 말

  상喪 – 사死와 종終의 중간의미를 택하여 '없어진다'는 의미로 상喪자를 사용하며 차마 죽었다고 말하지 못하므로 상이라 한다.

  소천所天 – 기독교에서 죽음을 이르는 말로 하늘의 부르심을 받았다는 의미이다.

  선종善終 – 가톨릭에서 죽음을 이르는 말로 임종 때 성사를 받아 큰 죄가 없는 상태에서 죽은 것을 의미한다.
- 사紗: 비치는 여름 비단.
- 사각건四脚巾: 사방 한 폭의 베를 써서 앞의 두 귀에는 각각 큰 띠를 하나씩 달고, 뒤의 두 귀에는 작은 띠 하나씩을 단다. 정수리를 덮어 건으로 드리워 앞 변으로 이마를 스치게 하고 큰 띠를 뒷골에 맨다.
- 사당祠堂: 신주神主를 모신 집 또는 신주를 모시기 위해 집처럼 자그마하게 만든

건물이다. 사당집 혹은 사우祠宇라고도 한다.

- 사서司書: 상가의 문서를 관장하고 기록하는 사람이다. 입상주 등 상례를 순조롭게 진행하기 위한 역할분담을 할 때 정한다. 친척이나 친구 중에서 문서에 밝은 사람으로 한다.
- 사시제四時祭: 사시제는 보통 시제時祭라 부르는 것으로써 사계절의 가운데 달(음력 2, 5, 8, 11월)에 고조 이하의 조상을 함께 제사하던 합동 제사의 하나이다.
- 사신辭神: 신을 작별하여 보냄.
- 사자嗣子: 대를 이을 아들.
- 사자밥: 망자의 영혼을 저승으로 데려가는 사자使者들을 위한 밥상차림으로 밥상에 밥 세 그릇, 술 석잔, 백지 한 권, 명태 세 마리, 짚신 세 켤레, 동전 몇 닢을 얹어 놓고 촛불을 켜서 뜰아래나 대문 밖에 차려 놓는다. 망자의 영혼을 데려가는 저승사자를 잘 대접하면 망자의 저승길이 편할 수도 있고, 뜻밖에 돌아간 이의 영혼을 데려가지 않을 수도 있다는 생각에서 비롯한 것이다.
- 사초莎草: 무덤에 떼를 입히고 다듬는 것.
- 사토제祠土祭: 묘지가 정해지면 땅을 파기에 앞서 토지신에게 사토제를 지낸다.
- 사화司貨: 상가喪家의 모든 금전과 물품의 출납을 관리하는 사람으로 친척이나 친구 중에서 경리 출납업무에 밝은 사람으로 정한다. 상사喪事에 써야 할 물건을 미리 마련하고 필요한 사람을 미리 구해서 그때그때 필요한 경우에 부족함이 없도록 하는 역할을 한다.
- 사후토祠后土: 토지신土地神인 후토后土에게 고하는 일이다.
- 삭망제朔望祭: 장례가 끝나면 집 안에 상청喪廳을 설치하여 2년 뒤 대상大祥을 치를 때까지 신주를 모시고 매월 초하루와 보름에 제의례를 올리는데 이를 삭망제朔望祭라고 한다.
- 산역山役: 무덤을 파는 일이며, 무덤을 파는 사람들을 산역꾼이라 한다.
- 산의散衣: 포오袍襖, 바지 등 평상시에 입던 잡다한 옷들을 말한다. 가로로 놓거나 거꾸로 놓아서 깔고, 덮고, 싸는 등 보공(補空: 관의 빈 곳을 메꿈)으로 쓴다. 소렴의를 진설할 때 갖춘다.

- 산뢰山罍: 산과 술독이 양각된 숨담는 그릇으로 사시제四時祭 때 청주를 담았다.
- 삼물三物: 석회, 가는 모래, 황토. 회격의 재료를 말한다.
- 삼색과일: 삼색의 과일을 일컫는 말로 붉은색의 대추, 흰색의 밤, 검은 빛의 곶감을 말한다.
- 삼우제三虞祭: 장사葬事지낸 뒤 세 번째 지내는 제사로 재우 다음 날 첫 강일剛日에 지낸다. 요즘은 장례를 치른 3일째 되는 날, 제수를 올리고 분향하고 곡을 하며 재배한다. 상주는 간단한 묘제를 올리고 성분이 잘되었는지 묘역이 잘 조성되어 있는지를 직접 살피고 잔손질을 한다. 최근에는 장기葬期를 단축할 경우 삼우날에 고인의 묘에 가서 봉분 옆에 흙을 파고 혼백을 묻는다. 이를 매혼埋魂이라고 한다.
- 삼월복三月服: 3개월 복. 고조부, 고조모를 위해서 입는데, 시집간 여자도 등급을 낮추지 않는다.
- 삼자衫子: 속칭 당의唐衣이다. 길이는 무릎까지 닿고 소매는 좁다. 여자들의 일상복이다. 조선시대에는 예복으로서 저고리 위에 입었다. 임하필기林下筆記에는 양반 부인들과 상궁들이 입는 예복이라 하였다.
- 삼적三適: 육적肉炙, 소석素炙, 어직魚炙.
- 삼탕三湯: 육탕肉湯, 소탕素湯, 어탕魚湯.
- 삽翣: 발인할 때 상여의 앞뒤에서 들고 가는 치장제구 중의 하나로 망자의 영혼을 좋은 곳으로 인도해 달라는 염원을 담고 있다.
  - 보삽黼翣: 반흑반백半黑半白의 빛으로 자루가 없는 도끼 모양의 무늬를 수 놓은 것이다.
  - 불삽黻翣: 반흑반청半黑半青의 빛으로 '己'자 두 개를 서로 대칭되게 한 모양으로 아형亞形을 띠고 있는데 이는 망자의 넋이 귀인의 보호아래 무사히 명부冥府에 인도되기를 염원한다는 뜻이다.
  - 화삽畵翣: 하늘을 뜻하는 구름모양이 그려 있다. 사람이 죽으면 혼은 하늘로 올라가고 넋은 땅으로 내려간다는 데서 유래한 것으로 혼을 하늘로 인도해 줄 것을 염원하기 위한 것으로 운삽雲翣이라고도 한다.
- 삽시정저揷匙正箸: 제사에서 첨작添酌이 끝나면 주부主婦가 메(밥) 그릇의 뚜껑을 열고

숟가락을 메 그릇의 중앙에 꽂는다. 젓가락을 고른 뒤 어적이나 육적 위에 가지런히 옮겨 놓는다. 숟가락은 바닥이(안쪽) 동쪽으로 가게 한다. 삽시정저가 끝나면 제주祭主는 두 번, 주부主婦는 네 번 절한다.

- 상箱: 신주를 담는데 쓰이는 두꺼운 종이로 만든 상자.
- 상裳: 아랫도리 옷으로 치마를 말한다.
- 상殤: 나이가 스무살이 되기 전에 죽은 사람. 19살에서 16살까지를 장상長殤이라 하고, 15살에서 12살까지를 중상中殤이라 하고, 11살에서 8살까지를 하상下殤이라 한다.
- 상례相禮: 제사, 상례, 혼례 등의 의례儀禮를 행할 때 의례의 전반적인 예법을 자문하는 사람이다. 의례를 행하는 집안과 친분이 있는 사람이 하기도 하고, 주변에서 예禮에 밝은 사람을 초청하기도 한다. 상례의 역할은 의례를 진행하는 방법, 일상적이지 않은 상황이 발생했을 때 예에 어긋나지 않게 처리할 수 있도록 자문하는 역할을 한다.
- 상문相問: 일찍이 서로 惠遺하던 사이를 일컬으며, 서로 안부를 묻던 사이로 喪事에 참석함을 말한다.
- 상복上服: 죽은 사람이 입는 겉옷으로 초혼을 할 때 사용하는 윗옷이다. 벼슬이 있는 경우 공복(公服, 관복官服) 혹은 심의, 벼슬이 없는 사람은 심의, 없으면 도포나 직령으로 대신한다. 부인은 단의褖衣나 대의장군(大衣長裙: 원삼과 치마)을 입는다.
- 상복祥服: 대상大祥에 입는 상복.
- 상식上食: 입관 전에는 전奠을 올리지만 입관 뒤에는 아침 저녁 끼니에 상식을 올린다. 국, 적, 반찬 등 밥상차림으로 한다. 상식상을 영좌 앞에 놓고 상제는 곡을 하며 재배한다. 만일 고인이 평소에 술을 즐기셨다면 상식상에도 술을 올리는 것이 좋다.
- 상여喪輿: 주검이나 주검을 넣은 관을 묘지까지 옮기기 위한 가마로 단순히 주검을 나르는 운반구가 아니라 이승과 저승을 이어주는 세계관적 구조물이며, 한국인이 이상적으로 생각하는 또 하나의 집이다. 죽어서 저승을 간다는 것은 이승의

집에서 저승의 집으로 바꾸어 들어가는 것을 뜻한다. 상여는 양택陽宅인 이승의 집에서 음택陰宅인 묘지로 가는 동안에 임시로 거처하는 음양陰陽의 중간적인 집으로 인식하였다.

상여라는 말은 우리나라 문헌에서 처음 나타나며, '대여大輿', '유거柳車'라고도 하고, 중국에서는 '온량', '온량거', '영거靈車'라고도 하였다. 상여는 가운데에 있는 긴 멜대인 장강과 관을 얹는 소방상小方牀, 관을 덮어 꾸미는 죽격竹格으로 나눌 수 있다.

- 상원하방上圓下方: 모친상 때 상주가 짚는 지팡이의 모양이 위를 둥굴게 아래를 네모나게 깎아서 짚는다. 재료는 오동나무나 버드나무를 사용한다. 상원上圓은 하늘을, 하방下方은 땅을 상징하며 이러한 상징에 맞도록 지팡이를 짚어야 망자의 영혼이 이승인 땅의 세계에서 저승인 하늘의 세계로 온전히 여행할 수 있다고 믿는 것이다.
- 상의上衣: 병을 간호하는 남자가 갈아입는 겉옷이다. 고례에 귀인은 조복朝服, 천인은 심의深衣를 입는다. 도포 혹은 직령直領으로 대신하기도 한다. 그러나 요즘에는 이러한 개념이 없다. 또한 소렴의 절차에서 등장하는 옷의 일종으로 포나 단령 등을 겉옷으로 입는 옷을 통칭하는 말이다. 내상內喪에는 단의(褖衣, 검정천의 안을 댄 옷), 원삼 등을 사용한다.
- 상읍相揖: 일찍이 다른 곳에서 만난 사이를 일컬으며, 서로 揖(상대방에게 공경을 나타내는 禮의 한 가지)하고 지내는 사이로 喪事에 참석함을 말한다.
- 상장喪章): 거상을 표시하는 표시물로 소매, 옷깃 따위에 다는 표로 보통 검은 헝겊이나 삼베 조각으로 만들어 붙인다.
- 상장喪杖: 부상父喪에는 대나무 지팡이竹杖를 모상母喪에는 오동나무桐나 버드나무柳를 쓰되 뿌리 쪽이 아래로 향하도록 사용한다. 오동나무나 버드나무는 위를 둥글게 아래를 네모나게 깎아서 상원하방上圓下方의 모양을 이루도록 한다.
- 상제喪制: 부모나 승중承重 조부모의 거상居喪 중에 있는 사람으로 망자의 배우자와 직계 비속을 말한다. 자손이 없는 경우에는 가장 가까운 친척이 상례를 주관한다.
- 상주喪主: 상가喪家의 주인으로 직계존비가 맡는다. 고인의 장자, 장자가 없으면

승중承重한 장손이 된다. 아내의 상에는 남편이 되고, 장자나 장손이 없으면 차자次子나 차손次孫이 상주가 되어 궤饋, 전奠을 받든다.

- 상중喪中: 초상初喪 동안을 말하며 기중忌中이라고도 한다.
- 상차喪次: 거상하는 자리.
- 상추相趨: 죽은 자와 아는 사이로 喪家와 서로 성명 정도 들어본 사이 또는 일면식 정도의 사이를 이른다.
- 상청喪廳: 망자의 영위靈位를 두는 영궤靈几와 그에 따른 물건을 차려놓는 곳을 말한다. 궤연几筵 혹은 영실靈室이라고도 한다. 길제吉祭를 마치고 신주를 사당에 모실 때까지 망자의 신주를 모신다.
- 생동숙서生東熟西: 제사상에 김치는 동쪽에 익힌 나물은 서쪽에 놓는다.
- 서립序立: 순서대로 늘어서는 것.
- 서반우갱西飯右羹: 제사상에 반(밥)은 서쪽에, 갱(국)은 동쪽에 놓는다.
- 석席: 상례, 제례 등 의례를 행할 때 영좌가 있는 곳에 까는 조문객의 자리이다. 미리 마련한다.
- 석곡夕哭: 저녁 곡.
- 석전夕奠: 고인을 생시生時와 똑같이 섬긴다는 의미에서 상에 술과 과일, 포를 올리는 것을 말하는데, 저녁에 올리는 것을 석전夕奠이라 한다.
- 석천席薦: 등메. 헝겊으로 가를 두르고 뒤에 부들자리를 대서 만든 돗자리이다.
- 석회石灰: 양은 적당히 하되 사방 회의 넓이는 각각 6~7치 정도이고, 천회(天灰: 광중에 관을 내려놓고 관 위에 다지는 회)는 두께가 두 세자 정도이다.
- 설료設燎: 화톳불을 놓음.
- 설면자雪綿子: 흰 솜.
- 설위設位: 신위 자리를 마련함.
- 설의褻衣: 평상복을 말하며, 세속의 중치막中赤莫, 동의(冬衣: 남자가 입는 저고리)이다.
- 설전設奠: 상례의 각 절차에서 의례를 행할 때 전을 차리는 일을 말한다. 전奠 참조
- 설치철족楔齒綴足: 임종한 후 시신의 입이 다물어지는 것을 방지하기 위해 치아

사이에 각사角柶를 끼우고, 사지가 뒤틀어지는 것을 방지하기 위해 손발을 묶어 놓는 일을 일컫는다. 설치에는 각사角柶를 사용하고, 철족에는 조組라고 하는 끈을 사용한다.

- 성복成服: 대렴(입관)이 모두 끝난 후에 상주들이 상복으로 옷을 갈아입는 일이다.
- 성복제成服祭: 상복차림이 끝나면 제수를 갖추어 전을 올리는 일을 말한다. 흔히 성복제라고 하지만, 원래는 성복의 절차에서 올리는 전이므로 성복전成服奠이라 해야 바른 표현이다
- 成墳: 하관이 끝난 후에 명기와 지석 등을 묻고, 흙과 회로 광중을 채우고 흙으로 봉분을 만드는 과정을 말한다. 봉분이 완성되면 묘 앞에 제물을 진설하여 제주전을 올리고 종교별 의례를 행한다.
- 성사成事: 졸곡 제사.
- 세건帨巾: 상례의 각 절차에서 의례를 행하기 전에 관분盥盆에 손을 씻은 후 닦는 수건이다.
- 세골장洗骨葬 ; 유해遺骸를 어느 기간 동안 보존한 후 남은 뼈만 씻어서 새로운 그릇에 납골하여 다시 장사지내는 장법을 말한다. 유골의 보존을 목적으로 하는 장제葬制로 농경문화와 깊은 관계를 가진다. 유골 처치의 방식은 제1차, 제2차 단계 모두 토장土葬인 경우, 제1차 단계는 토장, 제2차 단계는 주장舟葬인 경우, 제1차 단계는 대상장臺上葬 또는 화장火葬, 제2차 단계는 토장인 경우 등 여러 가지가 있다. 기간도 수 주일에서 10년 이상이나 경과되는 것 등이 있다. 유골의 처치는 제2차의 처치로 끝나지 않고 제3차의 처치를 하는 경우도 있다. 제1차의 장지葬地가 해변가의 패분貝粉이 많은 모래땅인 경우에는 부육腐肉이 자연히 씻겨 다시 닦을 필요가 없는 경우도 있다. 그러나 제1차 유해의 처치로서 석실石室, 동혈洞穴에 보존했거나 매장했을 경우에는 제2차로 유골을 처치할 때 붙어 있는 부육을 닦아내야 하는 것이 보통이다. 뼈를 깨끗하게 닦기 위해서 바닷물, 알코올이 강한 술, 향냄새가 강한 쑥과 같은 풀을 넣어 끓인 물 등을 사용한다. 세골에 의해 다시 처치할 경우 먼저 머리 부분이, 그 다음으로 장관골長管骨이 중시되었다. 한국에서는 남부지방에서 유행하였다.

- 세사細沙: 가는 모래. 석회의 $\frac{2}{3}$를 쓰는데, 혹은 2배를 쓰기도 한다.
- 세승細繩: 가는 새끼줄로 세속에서 무덤의 넓이를 재는데 쓰는 것이다.
- 소筲: 1두 2승을 담을 수 있는 대나무 그릇. 대나무 용기 5개로, 오곡을 담는다.
- 소공小功: 오복의 하나로 가는 베로 지어 소공친의 상사에 5개월간 입는 복제로 종조부, 종조고, 형제의 손자, 종형제의 아들, 재종형제, 생질 등 6촌간에 입는 상복이다. 의복으로 종조모, 남편 형제의 손자, 남편의 종형제의 아들, 형제의 부인, 남편의 형제, 동서와 시누이 경우도 소공복을 입는다.
- 소교素轎): 흰 가마.
- 소낭小囊: 작은 주머니. 5개를 색깔 있는 명주로 만든다. 종이 다섯 쪽으로 머리칼과 손톱을 싸고, 종이 위에 머리카락, 왼쪽 손톱, 오른쪽 손톱, 왼쪽 발톱, 오른쪽 발톱이라 쓰고, 또 주머니 겉에 각각 써서 표시하고 또 더 만들어서 떨어진 수염, 빠진 이를 싸는 데 쓴다.
- 소렴小斂: 작은 이불로 시신을 싸고 끈으로 묶는 것을 말한다. 작은 이불의 너비는 시신을 충분히 둘러쌀 수 있어야 하고(삼베 5폭 정도), 길이는 시신의 키의 배(EIR 4 m) 정도는 되어야 한다.
- 소복素服: 흰 옷.
- 소삭小索: 가는 새끼줄로 대삭大索과 함께 관을 묶는 데 사용한다.
- 소삼小衫: 살에 바로 닿는 속적삼을 말한다.
- 소상小祥: 초상을 치룬지 만 1년이 되는 날 지내는 제사로 소상은 윤달과 관계없이 13개월 만에 지낸다.
- 소석비小石碑: 작은 돌비석.
- 소여小轝: 말목이 딸려있는 작은 상여. 만드는 법은 대여와 비슷하지만 다만 작은 방상을 쓰지 않고, 휘장 덮개만 쓰고, 위에는 앙장을 치고 앞뒤에4개의 사롱紗籠을 달아 촛불을 밝히는 데 쓴다.
- 소채蔬菜: 나물.
- 소첩梳貼: 빗접.
- 속광屬纊: 죽음을 앞둔 환자의 코와 입 사이 즉 인중人中에 새 솜을 놓아서 그 움직

임 여부를 통해 죽음을 확인하는 행위를 말한다. 원래는 광纊이라 하였다.

- 속포束布: 염습殮襲 때에 시신을 묶는띠로 한지나 삼베로 한다.
- 송지松脂: 송진을 일컫는 말로 관의 안쪽을 밀봉할 때 사용한다. 만약 관에 칠을 할 경우에는 사용하지 않는다.
- 송탄말松炭末: 소나무 숯가루. 옻칠에 섞어서 관의 이음새를 막는 데에 사용된다.
- 수시收屍: 천시遷屍라고도 한다. 운명이 확인되면 눈을 감기고 깨끗한 솜으로 입과 귀, 코를 막고 턱을 받쳐 입을 다물게 한 뒤 머리를 높이고 반듯하게 베개로 괸다. 망자의 몸이 굳어지기 전에 손과 발이 굽어지지 않게 고루 주물러 편 다음 창호지를 접어 만든 지메나 천으로 양 어깨를 당겨 동이고, 두 팔과 손을 곧게 펴서 배위에 올려 모아 동여맨다. 이때 남자는 왼손을 위로 하고, 여자는 오른손을 위로 하여 동인다. 그리고 요 위에 반듯이 옮겨 누이고 홑이불로 머리까지 덮고 병풍으로 가린다. 수시를 거두는 동안에는 상주 외에 모두 곡을 멈추고 정성을 다하여 수족을 거두어야 한다. 만일 소홀히 하여 사지가 뒤틀리면 염습할 때 큰 거정이 생기게 된다. 수시는 남의 손을 대지 않고 가족들이 하는 것이 좋으며, 시신이 있는 방은 덥지 않게 한다.
- 수의襚衣: 염습할 때 망자에게 입히는 옷이다.
- 수질首絰: 상제가 머리에 쓰는 관冠에 두르는 짚에 삼껍질로 감은 둥근 테이다. 요질과 함께 수질을 두르는 이유는 상제의 효심이 꽉 차있음을 드러내는 것이다. 상제가 참최일 경우에는 씨 있는 삼으로 만들고, 자최 밑으로는 씨 없는 삼으로 만든다. 참최의 경우 삼의 뿌리 부분을 왼쪽 귀에 오도록 한 다음 이마 앞에서부터 오른쪽을 향해 이를 둘러서 정수리 뒤를 지나 그 끝을 뿌리 부분의 위로 가게 한다. 삼으로 가늘게 꼰 새끼줄로 갓끈 같은 영瓔을 만들어 끈 하나로는 왼쪽 포개진 부분을 단단히 매어 밑으로 늘어뜨리고, 또 한 끈은 오른쪽에 묶어 늘어뜨린다. 자최 밑으로는 삼의 뿌리 부분을 오른쪽 귀에 오도록 한 다음, 이마 앞을 돌아 그 끝이 뿌리 부분 아래에 포개어지게 한다. 그 다음 두 가닥의 포영布瓔으로 좌우를 각각 묶어 아래로 늘어뜨린다. 참최의 경우 삼의 뿌리 부분이 왼쪽 귀에 오도록 하는 까닭은 아버지와 왼쪽이 양기를 뜻하기 때문이며, 자최 밑으로는

삼의 뿌리 부분이 오른쪽 귀에 오도록 하는 까닭은 어머니와 오른쪽이 음기를 뜻하기 때문이다. 또한 뿌리의 부분을 드러내는 까닭은 뿌리가 안을 뜻하는데 어버이를 잃은 슬픔이 마음 안에서 나오기 때문이라고 한다. 참최 수질의 굵기는 아홉치(약 27 cm)이며, 자최 밑으로는 1/5씩 굵기를 줄여 만든다. 소상小祥이 끝나고 나면 남성 상제는 수질을 벗는다.

- 숙수熟水: 숭늉
- 숙채熟菜: 익힌 나물
- 습襲: 시신의 목욕을 시키고, 수의를 입히는 절차 전체를 말하는 것으로 쑥물이나 향탕수로 시신을 정결하게 씻기고 수의를 입히는 절차이다. 이때 고인이 남성인 경우는 남성이 행하였고, 여성인 경우는 여성이 행하는 것이 보통이다. 습襲과 염殮은 중복되는 것 같으나 습은 시신을 씻기고 깨끗한 옷으로 갈아입히는 절차이고, 습렴은 소렴금으로 고인을 싸고 속포(종이나 베로 묶는 끈)로 묶는 절차이다. 오늘날에는 습과 소렴, 대렴, 입관까지를 동시에 하며 반함飯含과 함께 한꺼번에 하기 때문에 염습殮襲이라고도 한다.
- 습의襲衣: 습의 절차에서 목욕시킨 시신에게 수의壽衣를 입히는데, 이 때 입히는 옷을 습의라 한다.
- 습전襲奠: 시신을 목욕시키는 습襲을 마치고 차리는 전奠
- 승대繩帶: 새끼줄 띠
- 승중承重: 아버지가 먼저 돌아가신 뒤 조부모의 상喪을 당했을 때 아버지를 대신해 장손이 상주 노릇을 하는 것이다.
- 승중상承重喪: 아버지를 여읜 맏아들로서 조부모의 상사喪事를 당한 초상을 말한다.
- 시마緦麻: 8촌간에 입는 상복으로 종증조부. 종증조모, 증조의 형제자매, 형제의 증손, 종조부모, 종형제의 자매, 외손, 내외종형제를 위해 3개월간 입는 복제이다. 의복으로 남편의 형제의 증손, 남편의 종형제의 손자, 남편의 종형제의 아들, 서모, 유모, 사위, 장인, 장모의 경우도 같다.
- 시상尸牀: 시신을 대렴을 하기 전까지 올려놓는 자리를 말한다.
- 시자侍者: 상례의 각 절차에서 시중드는 사람으로 고례에는 주로 하인이 이 역할을

하는데 직접 일을 처리하는 사람을 일컫는다.

- 시자복侍者服: 누이지 않은 베옷이니, 만드는 법은 직령과 같이 하고, 중단, 효건, 환질 교대를 한다.
- 시접匙楪: 수저를 올려놓는 제기.
- 식건拭巾: 습의 절차에서 시신을 목욕시킨 후 몸을 말려 닦는 수건이다. 상체, 하체를 구분하여 사용하기 때문에 2개가 필요하다. 명주나 베로 만드는데 1자쯤 되는 것을 쓴다. 요즘은 흰색 수건을 사용한다. 식건은 이때 뿐만 아니라 여러 절차에서 기물을 닦는 행주, 혹은 걸레를 통칭하는 말이다.
- 식관拭棺: 관을 닦음.
- 식해食醢: 젓갈. 해醢 참조
- 신면新綿: 햇솜. 관의 빈곳을 메꾸는 보공의 용도로 사용되기도 한다.
- 신물新物: 새 음식.
- 신위神位: 고인의 영혼의 자리를 말하는 것으로, 위패位牌 혹은 신주神主나 지방紙榜 같은 것이 신위에 해당한다.
- 신의新衣: 초종의 절차에서 병이 위급해지면 망자에게 갈아입히는 옷이다.
- 신주新主: 새 신주.
- 신주神主: 죽은 사람의 영혼이 깃든 위패. 목주木主. 일반적으로 밤나무로 만들고 독은 검은 옻칠을 한다.
- 신주독: 신주를 모셔두는 궤.
- 심상삼년心喪三年: 상복은 입지 않았어도 마음가짐을 상복을 입은 것과 같이 한다는 뜻이다. 이 기간에는 화려한 복식을 하지 않고, 연회 등에 참석하지 않으며, 혼인 등의 길사吉事를 삼간다. 심상삼년에 해당하는 자는 출계出系한 사람(다른 집의 양자로 간 사람)이 친부모의 상을 당했을 때, 친부모가 생존해 있을 경우 양부모를 위해서, 개가改嫁하거나 쫓겨난 친모를 위해서 심상삼년을 행한다.
- 심의深衣: 본래 유학자들이 입던 예복의 하나로 남성용 수의의 겉옷이다. 심의 대신 학창의나 도포를 입히기도 한다. 웃옷과 치마를 따로 재단하여 만든 뒤에 연결한 옷으로 앞뒤 각 6폭으로 모두 12폭의 치마를 이어 만든다. 색은 흰색으로

하며 공단(貢緞, 감이 두껍고 무늬가 없는 비단), 명주나 가는 모시로 한다. 모양은 깃이 직령直領이고, 깃과 단, 도련, 부리에는 검은 색의 선(옷 가장자리를 꾸미는 헝겊)을 두른 것이 특징이다. 이러한 심의에는 철학적 의미가 내포되어 있는데, 의부衣部와 상부裳部가 나누어진 것은 건乾과 곤坤을 나타내는 것이다. 그리고 12폭은 1년 4계절, 12월을 의미하며, 선을 두른 것은 부모에 대한 효도와 공경의 뜻을 가지고 있다고 한다.

- 쌀: 도미(稻米: 멥쌀)로써, 반함할 때 쓴다.

ㅇ

- 아헌亞獻: 제사 지낼 때 두 번째로 잔을 올리는 것이다. 아헌은 주부主婦나 차자次子가 하는데 절차는 초헌 때와 같고 축문은 읽지 않는다. 만일 장자가 사망하여 장손자가 승중하였을 경우 주부 대신 손부가 한다.
- 악수握手: 손을 싸는 검은 비단으로 속은 붉은 색이며 길이는 1자 2치, 넓이는 5치임
- 악실堊室: 꾸미지 않은 방. 상제 처소
- 악차幄次: 휘장 쳐 놓은 임시로 머무는 곳
- 애곡哀哭擗踊: 가슴을 치며 통곡 하는 일을 말하며 원뜻은 애통하게 곡을 하고 가슴을 치며 발을 구른다는 뜻이다.
- 애차哀次: 영구가 바깥문을 나갈 때 정해진 위치에서 애도한다.
- 액막이: 상례에서 악한 기운이 시신에게 해를 끼치는 것을 막기 위해 행하는 주술적인 행위로 방상씨가 광중을 찌르는 시늉을 하여 사귀를 쫓는 것과 같은 것이 이에 해당한다.
- 앵甖: 술이나 육장 등을 담는 그릇의 통칭이며 자기 3개로, 술과 포와 육장을 담는다.
- 양밥: 본래 액운을 쫓거나 남을 저주할 때 무속적으로 취하는 간단한 조치를 뜻하는 말로, 상례에서도 각종 속설과 믿음에 따라 액땜하는 풍습이 있다. 예컨대, 발인하는 날 상제들은 관을 들고 방의 네 구석을 향해 관을 세 번씩 올렸다

내렸다 하며 인사를 한 뒤에 문을 나선다. 이때 관을 방에서 상여가 있는 밖으로 옮길 때, 도끼나 톱으로 문지방을 살짝 찍거나 자른 뒤에 관을 들고 문지방을 넘는 풍속이 있다. 또한 문 밖의 댓돌 앞에 바가지를 깨는 것은 죽은 이가 나쁜 귀신이 되어 다시는 문지방을 넘어 집 안으로 되돌아오지 않는다는 믿음에서 비롯한 양밥 곧 액땜인 것이다.

- 양창독兩牕櫝: 양쪽에 창이 있는 독. 위는 평평하고 사방은 곧게 내려가되 앞에 창 둘을 만들고 아래는 평평한 받침을 만든다.
- 어동육서魚東肉西: 제수의 진설시 생선은 동쪽에 육류는 서쪽에 놓는다.
- 어자御者: 남자에게 병이 있을 때 여자에게 맡기지 않는다. 즉 남자는 여자에게 운명을 맡기지 않고, 여자는 남자에게 운명을 맡기지 않음을 의미한다.
- 엄掩: 머리를 싸는 것으로 여자 상喪에는 엄을 쓰는데, 엄의 온폭으로 두개골을 싸고 뒤의 두 가닥으로 앞을 향해 턱밑에서 묶고, 또 앞의 두 가닥으로 뒤를 향해 돌려서 목덜미 한가운데서 묶는다.
- 엄광장掩壙窓: 광을 덮는 덮개.
- 여부轝夫: 상여꾼.
- 역曆: 문상객을 기록하는 장부.
- 역막帟幕: 위를 가리는 작은 장막.
- 역복불식易服不食: 망자가 운명하면 곧바로 옷을 갈아입고 음식을 먹지 않는다는 것이다. 처와 자부, 첩은 모두 관과 윗옷을 벗고 머리를 푼다. 남자는 심의를 입고 상의의 소매를 뺀다. 모든 아들은 3일 동안, 9월상은 세끼를, 5월과 3월상은 2끼를 먹지 않는다.
- 역청瀝靑: 기름을 섞어 갠 송진.
- 연관捐館: 거처를 버린다는 뜻으로 죽었다는 것에 대한 높임말.
- 연궤鄰櫃: 초종의 절차에서 설치철족을 할 때 각사, 조를 놓아두는 서안書案과 같은 것이다.
- 연복練服: 깨끗이 빨아서 다듬은 옷을 말한다. 소상小祥과 대상大祥에 제사를 지내기 시작하면 강신降神하기 전에 모든 복인이 연복으로 갈아입는다.

- 연시제年始祭: 정월 초하룻날 아침에 드리는 제사로써 현대의 봉사奉祀대상은 2대까지만 하고 봉사 대상이 되는 조상을 한꺼번에 모신다. 지방은 합사合祀하는 경우 한 종이에 나란히 쓴다. 메는 떡국으로 대신한다. 오늘날 설날의 차례를 말한다.
- 연제練祭: 소상小祥과 대상大祥에서 상복을 벗고 연복練服으로 갈아입는 것을 말한다.
- 연포練布: 소상 때 입는 옷으로 누인 베로 새로 만들거나 입던 옷을 빨아서 입는다.
- 열포裂布: 찢은 베.
- 염발斂髮: 머리를 묶음.
- 염상斂牀: 염殮을 할 때 사용하는 받침대.
- 영거靈車: 망자의 혼백을 모신 수레.
- 영구차靈柩車: 관을 운송하기 위하여 만들어진 차.
- 영상靈床: 입관을 마치고 병풍으로 관을 가린 뒤에 마련하는 것으로 고인이 사용하던 침구, 의복 및 지팡이 신발, 수건, 붓, 벼루 등을 올려놓는다. 관棺의 동쪽에 영상을 마련한다.
- 영상靈牀: 대렴을 한 뒤 시신을 모셔 두는 곳.
- 영신迎神: 먼저 대문을 열어 놓고 제상의 뒤쪽에 병풍을 치고 제상 위에 제수를 진설한다, 지방을 써 붙이고 제사의 준비를 하며 조상을 맞이하기 위한 절차이다.
- 영악靈幄: 하관을 하기 전에 관을 놓아두는 임시 천막.
- 영여靈輿: 혼백魂帛을 옮기기 위해 만든 가마이다. 혼백은 돌아간 이의 영혼이 깃든 물건이기에 주검을 옮기는 상여와 따로 분리한 것이다. 두 명이 메듯이 앞뒤로 끈을 가위표로 엇걸어 어깨에 걸고 두 손으로는 가마채를 잡을 수 있도록 만든다. 여기에는 혼백상자, 향로, 영정 따위를 싣는다. 가마채의 높이가 허리 정도이기 때문에 요여腰輿라고도 한다.
- 영연靈筵: 영좌 참조.
- 영정影幀: 사람의 모습을 그림으로 나타낸 것으로 여기에는 사진도 포함된다. 사진을 틀에 끼우고 검정색 리본을 달아 만든다.
- 영좌靈座: 망자의 혼이 의지할 수 있도록 전물奠物을 차리고, 혼백을 모시는 곳이다. 영궤靈櫃, 영연靈筵이라고도 한다. 먼저 교의를 놓고 그 앞에 자리를 깐 다음 제상

을 놓는다. 제상 앞에는 향탁을 놓는다. 그 위에 향합과 향로를 올려놓고, 향탁 앞에는 모사그릇을 놓는다. 그리고 혼백을 만들어 교의 위에 얹으면 영좌가 마련된다. 고례에는 습이 끝나면 영좌를 설치했으나, 오늘날에는 발상과 동시에 영좌를 설치한다. 현대에는 혼백 대신 영정사진으로 대신하기도 한다.

- 오襖: 겉에 입는 솜이 있는 짧은 옷을 말함
- 오월五月: 5개월 복. 증조부, 증조모를 위해서 입는데 시집간 여자도 등급을 낮추지 않는다.
- 와반瓦盤: 습襲의 과정에서 시신을 목욕시킬 때 물을 담는 대야이다. 질그릇으로 만들었기 때문에 와반이라고 한다. 하나는 머리를 감는 쌀뜨물을 담고, 두 개는 몸을 씻을 물을 담으니, 상체, 하체에 각각 그릇을 따로 사용하기 때문에 3개가 필요하다.
- 완盌: 반함을 할 때 쌀을 담는 그릇.
- 요褥: 칠성판 위에 까는 요이다. 색깔 있는 명주를 쓰고, 홑으로 하지 않고 겹으로 하되 길이와 너비는 칠성판 크기대로 마른다.
- 요여要轝: 신주神主를 모시는 작은 가마.
- 요여腰輿: 영거靈車로 말목이 딸리며 혼백을 받드는 데 쓴다.
- 요질腰絰: 상복을 입을 때 허리에 두르는 띠로 수질과 마찬가지로 요질을 두르는 까닭은 상제의 효심이 꽉 차있음을 드러내는 것이다. 두 가닥의 삼을 꼬아 만드는데, 허리를 두르고 양쪽 뿌리 부분이 앞에서 엇대어 맺으며, 각각 삼의 뿌리 부분을 내려뜨리는데, 그 뿌리 부분에 있는 뿌리 가락을 산수散垂라고 하며, 그 길이를 석 자(약 90 cm)로 하여 늘어뜨린다. 맞잡아 맨 곳의 양 옆에는 각각 가는 노로 묶는다. 상제들 가운데 쉰 살이 넘은 남성과 여성들, 기리고 소공 밑으로는 산수를 늘어뜨리지 않고 그냥 묶는다. 참최 요질의 굵기는 일곱 치 두 푼(약 21.6 cm)으로 자최 밑으로는 수질과 마찬가지로 1/5씩 굵기를 줄여 만든다. 또한 참최 요질의 경우 졸곡卒哭을 마치면 늘어뜨린 산수를 꼰다. 여성 상제는 소상小祥이 지나면서 비로소 없앤다.
- 욕褥: 요.

- 욕건浴巾: 습의 절차에서 시신을 목욕시킬 때 사용하는 수건으로 상체와 하체를 구별하여 사용하기 때문에 2개가 필요하다.
- 우제虞祭: 장사葬事 후 처음으로 지내는 제사를 우제라 한다. 우虞는 편안하다는 뜻으로 이미 부모의 장사를 지내고 정령을 맞이하여 돌아와 일중日中에 빈소에서 제사지내 편안하게 하는 것이다. 우제 전까지는 전奠이라 하고 우제부터 지내는 것을 제사라 한다.
- 운구運柩: 발인 후 상여를 장지로 운반 이동하는 것을 운구 또는 운상運喪이라 하거나 '행상行喪 나간다'고 한다. 운구를 담당하는 일꾼은 '상두꾼'이라 하며, 상여 노래의 앞소리를 하는 사람을 '선소리꾼'이라 한다.
- 유단油單: 전氈, 즉 담요 위에 싸는 것으로 관을 싸는 것이다.
- 원삼圓衫: 대의大衣, 즉 큰 옷이다. 빛깔 있는 비단 혹은 명주로 만든 부녀자의 예복이다.
- 위幃: 홑 휘장
- 위령제慰靈祭: 성분제成墳祭라고도 하며 성분이 끝나면 주변을 살펴 쓰레기를 깨끗이 치우고 정리한 다음 묘소 앞으로 영좌를 옮기고 간소하게 제수를 차린 뒤 고인의 명복을 비는 제사를 지낸다.
- 위패位牌: 고인의 영혼이 안정할 수 있도록 자리를 베푼 나무패를 말하며 신주神主라고도 한다. 옛날에는 우제의 신주는 뽕나무로 만들고, 연제를 지내고 단 뒤에 밤나무로 만들었는데 점차 밤나무 하나로만 만들게 되었다고 한다. 밤나무의 경우 닭소리나 개소리가 들리지 않는 깊은 산 속의 밤나무로, 옹이가 없고 결이 좋은 것으로 만든다고 한다. 밤나무가 없으면 견고한 재질의 나무를 쓴다. 전통에 따라 장례 기간 안에 만들어 두었다가 매장을 마치고 난 뒤에 제주(題主, 돌아간 이의 이름을 신주에 씀)를 하여 사당에 모신다.
- 유油: 속칭 들기름으로 정회와 섞어서 얇은 널판의 틈을 메우는 데 쓴다.
- 유거柳車: 상여.
- 유과류: 약과, 산자(흰색), 강정(검은깨)을 말한다.
- 유단油單: 기름종이로 크기는 관을 쌀 만큼이면 된다.

- 유삼油杉: 동백기름에 절여서 둔 삼나무를 말하며 관재棺材로서는 최고급품으로 친다.
- 유소流蘇: 오채五彩로 된 술.
- 유소流蘇: 장식 술.
- 유식侑食: 제사 때 조상에게 음식을 권하는 의식으로 첨작添酌과 삽시정저의 두 절차를 통틀어 유식이라 한다. 집사가 다른 술잔에 술을 따라 종헌 시 올린 잔에 첨작을 한 다음 숟가락을 밥그릇 복판에 꽂고 서쪽에 있는 젓가락을 그릇 위에 반듯하게 놓는다. 이때 상주 이하 모두 문밖으로 나가고 축관이 합문闔門을 한다.
- 유영遺影: 상이나 사진
- 유의遺衣: 고인이 남긴 옷. 신주를 싸서 묻는데 쓰이며 복의가 있으면 함께 쓴다.
- 유일柔日: 육갑의 십간 중에서 을乙, 정丁, 기己, 신辛, 계癸의 날을 말한다.
- 은정隱釘: 관의 천판天板과 지판地板의 좌우를 봉합할 때, 그리고 상하의 머리판을 봉합할 때 사용하는 못으로 소나무를 사용한다. 흔히 은혈못 이라고도 하며 허리가 잘록한 실패모양으로 쐐기의 일종이다. 봉합할 널의 바깥쪽을 삼각형으로 파고 은정을 끼워 넣으면 서로 물려 벌어지지 않는다. 한자의 원래 이름은 임衽이다.
- 은제殷祭: 성대한 제사.
- 음복飮福: 제사가 끝난 후 참사자參祀者가 한자리에 앉아 제수를 나누어 먹는데 이를 음복이라 한다.
- 의椅: 교의交椅. 방석을 깔린다. 혼백상을 안치하는 데 쓴다.
- 의계衣繫: 옷고름.
- 의려倚廬: 중문 밖 담장 아래에 나무를 기대어 만든 상차.
- 의복義服: 혈연이 없는 사람이 의리로 입는 복.
- 이履: 신
- 이椸: 옷걸이로 교의의 뒤를 가리는데 쓴다. 큰 보자기로 덮고 없으면 병풍으로 대신한다. 또 휘장을 써서 시신을 가린다.
- 이금侇衾: 관을 덮는 이불로 관보를 말하며 시신을 덮는 것으로도 사용한다. 무명으로 만드는데 너비는 다섯 폭, 위는 검고 아래는 붉은 빛으로 한다.
- 이성利成: 신위에게 음식을 옮기는 일이 끝났음을 말하는 것으로, 집사는 수저를

대접에 내려놓고 밥그릇 뚜껑을 덮고 자신의 자리로 간다. 상주 이하 모두 곡哭하면서 두 번 절하고 축관은 축문을 불사르고 모두가 밖으로 나가면 집사가 제물을 치운다.

- 이장移葬: 묘를 다른 자리로 옮겨 다시 장사지내는 것으로 개장開塲이라고도 한다. 이장을 하려면 우선 새 묏자리를 고르고 처음 장사 지낼 때와 같이 한다.
- 임衽: 옷섶, 나비은살대, 나비은장 이음. 물건 사이를 연결하여 벌어지지 않게 하는 것이다. 소나무로 만들어 덮개와 바닥을 붙이고 좌우의 틈을 맞추는데 쓰는 것이다. 혹은 위 아래 머리가 합쳐지는 곳에 쓴다.
- 임종臨終: 가족이나 가까운 혈족이 운명할 때 곁에서 지켜보는 것
- 입관入棺: 염습이 끝나면 곧바로 입관한다. 이때 시신과 관벽 사이에 공간을 깨끗한 벽지나 마포麻布 등으로 꼭꼭 채워 시신이 관 안에서 흔들리지 않도록 한다. 입던 옷을 둘둘 말아서 빈곳을 채우기도 한다, 이 경우 옷의 재질은 삼베, 무명, 인조견으로 된 것이라야 한다. 시신을 고정시키고, 홑이불로 덮고 관 뚜껑을 덮은 다음 은정隱釘을 박는다.

ㅈ

- 자藉: 신주 방석. 독 안에 까는데 쓰는 것이며, 사방과 넓이는 독 안에 맞게 하고 베를 겹쳐 두껍게 하고 비단으로 싼다.
- 자최齊衰: 아들이 어머니의 상喪에 입는 오복의 하나이다. 참최의 옷과 같으나 다만 베가 조금 곱고 도련을 해서 짓는다.
- 잠簪: 여자의 머리를 고정시키는데 사용하는 비녀로 길이는 1자이다. 참최용으로 쓸 때는 대나무로 만드는데 비녀 머리가 없다. 재최의 경우는 막대기처럼 만드는데 비녀머리가 있으며 일반적으로 백리목白理木으로 만든다.
- 장杖: 지팡이.
- 장기杖朞: 적손이 조부가 살아 계시고 조모가 돌아가셨을 때나 그 아버지가 죽고 어머니가 개가했다가 사망한 경우에 입는 상복으로 지팡이를 짚는 1년 상을 말한다.

- 장부차丈夫次: 남자 대기소로 동서東序의 동쪽에 마련한다.
- 장상長殤: 나이가 스무 살도 되기 전(16세에서 19세 사이)에 죽음
  중상中殤: 12세부터 15세 사이에 죽음 또는 그 사람
  하상下殤: 8~11세 사이의 나이에 요사夭死하거나 또는 그 사람
- 장오자長襖子: 소매가 좁고 길이가 긴 옷으로 속칭 장의長衣, 혹은 장옷이다.
- 장죽長竹: 긴 대나무. 양 전판 안을 헤아려 길이와 높이와 너비를 재는 데 사용한다. 소렴 때 사용된다.
- 장편의長片衣: 명주 10여자로 그 반을 접어서 요로 하고, 햇솜을 두텁게 두어서 옷 아래 이불위에 세로로 깔아서 상하 양끝에 충분히 머리를 싸고 발을 쌀 만큼 취한다.
- 재계齋戒: 몸과 마음을 바르게 하고 주변을 청결히 하며 부정한 일에 관계하지 않으며 단정히 앉아 세상 잡사에 대한 생각을 끊고 정신을 집중하여 돌아가신 이를 추념하는 일이며 간절한 마음으로 예를 다하며 제사를 준비하는 단계를 말한다.
- 재변복再變服: 거듭 옷을 바꿔 입음.
- 재우제再虞祭: 초우를 지낸 다음 첫 유일柔日에 지내는 제사이다.
- 저고리: 수의 중의 하나로 심의深衣 안에 입히는 웃옷이다. 돌아간 이가 생전에 입던 저고리 치수보다 품은 다섯 치(약 15 cm) 가량 넓게 하고, 다른 부분은 같은 비율로 넓게 해 만든다. 여성인 경우 겉에는 연두색 길에 자주회장 저고리를 입히고, 속에는 노란색 길에 자주회장을 입히며 그 속에 분홍 겹저고리를 입혀 저고리 세 벌을 갖추어 입히고, 속에는 다시 속적삼을 입힌다.
- 적適: 주름진 옷깃
- 적대炙坮: 나무로 만들고 발이 달린 적을 올리는 제기.
- 적삼炙杉: 고인에 입히는 수의 중의 하나로 저고리 안에 입히는 웃옷이다. 고인이 생전에 입던 적삼의 치수보다 약간 작게 만든다. 안깃은 공르리기로 바느질하고 겉깃은 안으로 홑치기를 한다. 고름을 달지 않으며 입힐 때는 솔기가 주검의 살에 닿지 않게 뒤집는다. '한삼汗衫' 또는 '속적삼'이라고 한다.

- 전奠: 고인을 생시와 똑같이 섬긴다는 의미에서 상에 술과 과일, 포를 올리는 것을 말한다. 아침에 올리는 것을 조전朝奠, 저녁에 올리는 것을 석전夕奠이라 한다. 전을 올리는 것은 육체를 떠난 혼이 형상이 없기 때문에 의지할 곳이 없어서 전을 드려 의지토록 하기 위한 것이다.
  - 전奠과 제祭의 차이: 장사를 지내기 전까지 고인에게 올리는 음식은 전奠이라 하여 시사전始死奠에서 제주전題主奠까지 차린다. 무덤을 떠나 제祭로 바뀐다. 따라서 우제를 지내기 전까지는 상주는 죄인으로서 제의례의 주인이 될 수 없기 때문에 축관이 전奠의 주인이 되는 점이 다르다. 신에게 제물을 올려 기원하는 제사와 신이 아닌 고인 등의 넋을 기리기 위해 올리는 전奠에는 차이가 있다.
- 전판剪板: 소렴의 절차에서 사용되는 도련판으로 시신의 옆과 상하에 세워 길이와 높이와 너비를 겨냥하는 것이다.
- 절관節棺: 관을 묶는 끈을 말하며 백지로 꼬아 만든 노끈이나 백지로 감은 새끼 한 가닥으로 끊지 않고 관을 세로로 길게 한번 묶고 가로로 일곱 번 , 옆으로 한번을 묶는다.
- 점苫: 짚으로 엮은 거적자리
- 접동잔서: 제수祭需의 진설시 접시는 동쪽에 잔은 서쪽에 놓는다.
- 정간: 명정 장대
- 정과正果: 전과前果 연근정과, 생강정과, 유자정과
- 정복正服: 정규 상복
- 정침正寢: 정전正殿으로 주인의 방 혹은 제사를 모시는 방을 가리킨다.
- 정토淨土: 회격을 만들 때 정회淨灰 위에 채우는 것으로 속칭 모토母土라고 한다.
- 제복制服: 전통 제례때 남자는 흰 도포나 두루마기에 유건儒巾을 썼으며 여자는 흰색이나 옥색치마 저고리를 입었다.
- 제복祭服: 중단은 상주가 입는 겉옷이고, 상裳은 베로 만든 치마이고, 행전은 다리에 두르는 것이다.
- 제상祭床: 고인에게 올리는 제수를 진열해 놓는 상을 말한다.
- 제수祭需: 제사에 쓰이는 제물을 말하며 제찬祭粲이라고도 한다.

- 제주題主: 준비된 신주(위패)에 누구의 신위神位인가를 스는 것을 말한다. 하관을 하고 조묘를 쓰는 동안 글씨를 잘 쓰는 사람이 영좌 앞에서 미리 준비된 신주에 붓으로 쓴다. 먼저 신주의 뒷부분에 누구의 신주인가를 쓰고, 앞면에 신위를 쓴다.
- 조組: 손발이 뒤틀어지는 것을 막기 위해 손과 발을 바로잡아 간단하게 묶어는 절차인 설치철족楔齒綴足에서 손발을 묶는 끈으로 흔히 종이를 꼬아 사용하지만 천을 사용하기도 한다.
- 조弔: 조문하다.
- 조객록弔客錄: 고인이 남자인 경우 문상객을 기록하는 방명록
- 조건罩巾: 전奠을 덮는 데 쓰이며 대나무를 쪼개어 만들고, 종이나 베로 덮는다.
- 조도祖道: 길을 떠날 때 길의 귀신에게 제사를 지내는 일
- 조문弔文: 고인의 생전의 업적을 기리고 그의 명복을 비는 글
- 조븐객弔問客: 원래는 고인에게 예禮를 표하는 조상弔喪과 상주에게 예禮를 표하는 조문弔問의 뜻이 있으나, 요즘에는 고인에게 예禮를 올리고 유족을 위로하는 뜻으로 둘을 구분하지 않고 문상 혹은 조문이란 말로 통용된다. 조문색은 아무리 가까운 사이라도 옷차림을 반듯하고 단정하게 하고 예를 갖추어 상주를 만나야 하며, 경건한 마음으로 애도를 표시한다. 물건이나 부의금, 상주에게 도움이 될 만한 것 등을 준비하기도 한다.
- 조발낭爪髮囊: 시신을 깨끗이 닦은 뒤에 머리카락과 좌우의 손톱과 발톱을 깎아 넣기 위해서 준비하는 주머니로 대개 붉은 날명주로 가로 약 20 cm, 세로 약 10 cm 가량 되는 천을 가로 접고 세로 접어 트인 쪽에 아귀를 내고 휼치기를 하여 뒤집어 만든다. 대렴大斂을 마친 뒤 관 속 이불 안에 넣는다. 살아 있을 때에 빠진 이가 있다면 이 또한 주머니에 넣는다. 이 때 쓰이는 주머니 개수가 다섯이라 하여 '오낭五囊'이라고도 하는데, 기록에 따라 마련하는 주머니의 수가 세 개 또는 네 개라고 하는 것으로 보아 그 수가 일정하지 않은 것임을 알 수 있다. 주머니에는 머리카락과 빠진 이, 손톱과 발톱을 각각 나누어 넣는다. '녹낭鹿囊'이라고도 한 기록이 있는 것을 보면 녹색전을 쓰기도 하였던 것으로 여겨진다.

- 조복弔服: 흰 옷으로 조상할 때 입는 옷
- 조복가마弔服加麻: 조문 복장에 삼을 더한 것
- 조상弔喪: 죽음을 슬퍼한다는 말로 죽은 사람에게 그 죽음이 애통해서 인사한다는 의미로, 조弔는 '슬프다', 상喪은 '잃다, 없어지다'를 의미한다.
- 조석전朝夕奠: 전奠이란 고인을 생시와 똑같이 섬긴다는 의미에서 상에 술과 과일, 포를 올리는 것을 말하는데 아침, 저녁으로 올리는 것을 조석전이라고 한다. 아침에 올리는 것이 조전朝奠, 저녁에 올리는 것이 석전夕奠이다. 아침 해가 뜨면 조전을 올리고, 저녁에 해가 진 뒤에 석전을 올린다. 조전이나 석전이 끝나면 음식을 치우고 술과 과일 등만을 남겨놓는다. 식사시간에는 상식上食을 올린다.
- 조위록弔慰錄: 고인이 여자인 경우 문상객을 기록하는 방명록이다.
- 조율시이: 제사상에 맨 앞줄 왼쪽에서부터 대추, 밤, 감, 배의 순으로 진설하는 것
- 조장弔狀: 조상弔喪하는 뜻을 담은 글월이나 편지
- 조전弔電: 조상弔喪의 뜻으로 보내는 전보.
- 조조朝祖: 조상 사당에 뵙는 일
- 졸곡卒哭: 졸곡이란 무시곡無時哭을 마친다는 뜻으로 그 동안 수시로 한 곡을 그치고 아침저녁으로 상식할 때만 곡을 한다. 제사의 절차는 축문만 다를 뿐 우제와 같다. 고례에서는 대부大夫는 3개월, 사士는 1개월 후에 장례를 치렀으나 오늘날에는 3일 · 5일 등 장례를 당겨 지내므로 우제는 초상에 맞추어 지내지만, 졸곡만은 3개월 안에 지내야 한다. 의례 간소화에 따라 100일 탈상을 하는 경우는 고례의 졸곡에 해당한다고 할 수 있다.
- 졸습猝襲: 염습의 절차가 끝나면 시자侍者는 이불로 시신을 덮는다.
- 종헌終獻: 제사에서 아헌 다음에 세 번째 술잔을 올리는 의식이다. 상주 다음으로 가까운 사람이 하는데 남녀 어느 쪽이든 무방하다. 절차도 아헌 때와 같고 조금 부족하게 따른 술잔은 유식때 첨작을 위해 그대로 둔다.
- 좌髽: 괄발括髮의 일종으로 부인이 풀었던 머리를 묶는 것을 말한다.
- 좌단우단左袒右袒: 성복成服 때 남자 상주는 두루마기를 입되 부상父喪의 경우 왼쪽 소매를, 모상母喪의 경우 오른쪽 소매를 끼우지 않고 어깨를 드러내는 것이다.

- 좌포우해左脯右醢: 제수 진설 시 포脯는 왼쪽에 젓갈류醢는 오른쪽에 놓는다.
- 주가酒架: 술병 걸이
- 주독主櫝: 신주를 모시어 두는 나무 궤
- 주배酒杯: 술잔
- 주병酒甁: 술병
- 주부主婦: 한 집안의 제례를 맡아 받드는 사람의 아내로 고인의 아내가 주부가 되나 그렇지 않을 경우 상주의 아내가 된다.
- 주상主喪: 상가喪家에서 제전祭奠을 주장하여 맡아보는 사람, 즉 상주를 일컫는 말이다.
- 주상主箱: 신주상자.
- 주주酒主: 술 주전자
- 죽강竹杠: 명정을 거는 대나무 장대로 길이는 명정보다 조금 길다.
- 죽목잠竹木簪: 대나무 비녀로 잠簪이라 하면 남자용을 의미하며, 계笄라 하면 여자용도 있다.
- 준餕: 음복연飮福宴을 함
- 중상重喪: 탈상하기 전에 부모의 상喪을 거듭 당함
- 중의中衣: 고의袴衣로 최복衰服 밑에 입는 속곳을 말하는 것으로 초세포初細布로 만들며 중단의中單衣라고도 한다.
- 즐櫛: 망자의 머리를 빗기는 빗으로 대나무 그릇箪에 그릇에 담아 놓는다. 영좌를 설치한 다음 평소에 사용하는 물건을 놓아 둘 때도 사용되는 일반적인 빗을 총칭한다.
- 증贈: 관속으로 물건을 보내는 것으로 검은비단[玄] 여섯과 붉은비단[纁] 넷을 쓴다.
- 지紙: 묘의 구덩이 안 사방에 회다지기를 하지 않은 곳에 바르는 종이로 흙먼지를 막는다.
- 지개문誌蓋文: 묘지 덮개 글
- 지관地官: 지사地師 또는 풍수쟁이라고도 하며, 땅의 이치와 땅의 기운이 사람의 생활이 미치는 영향을 잘 알고 터 잡는 일을 전문으로 하는 사람.
- 지금地錦: 입관할 때 쓰이는 이불종류 중의 하나이다. 지욕地褥이라고도 하며 관의

밑에 펴는 요로서 대개 흰색을 쓰지만, 남색이나 자주색의 겹으로도 만들며 길이는 여섯 자(약 180 cm), 너비는 한 자 세치(약 39 cm) 가량으로 한다.

- 지방紙榜: 자방은 백지 또는 두꺼운 흰 종이를 쓰는데 크기는 폭 두 치, 길이 일곱 치 정도에 해서楷書로 중심에 가늘게 써서 제사를 지낼 때 교의交椅 위에 세운다.
- 지석誌石: 훗날 묘의 징표로써 돌, 회벽돌, 오지, 사기그릇 등에 글을 새겨서 묻는 것이다.
- 지평척地平尺: 묏자리를 팔 때 구덩이 속이 평평한지를 알아보는 도구이다. 나무 두 가닥을 써서 고무래 정丁자 모양을 만들어서 한복판 기둥 면에 먹줄을 대고 기둥 머리에 실을 드리우고 실 끝에 추를 달아 구덩이 바닥에 놓아, 실이 그 먹줄에 닿는 것을 보고 땅이 평평한지를 살폈다.
- 지환紙環: 관의 상하 네 모서리의 새끼줄이 닿는 곳에 붙여서 관을 묶어 움직일 때 모서리가 상하는 것을 방지하기 위하여 붙이는 종이 고리이다.
- 지회地灰: 바닥에 까는 석회
- 직령直領: 깃이 곧고 소매가 넓은 웃옷이다. 조선시대 사대부 계층에서는 편한 복식으로 입었던 것이다. 모양은 두루마기와 비슷하다. 심의를 갖출 수 없는 경우에 대신 사용한다. 일반적으로 일상복으로 입는 웃옷을 말한다.
- 진기陣器: 여러 가지 기물을 늘어놓음
- 질명質明: 날이 밝음

ㅊ

- 차례茶禮: 음력으로 매월 초하루 날과 보름날 그리고 명절이나 조상의 생신 날에 간단하게 지내는 제사이다.
- 찬饌: 반찬
- 참신參神: 고인의 신위에 인사하는 절차로써 모든 참사자가 일제히 두 번 절한다. 신주인 경우 참신을 먼저 하고 지방인 경우는 강신을 먼저 한다.
- 참최斬衰: 아들이 아버지의 상을 당해 입는 상복으로 마음이 베이는 것 같다 하여

거친 베로 짓되 아랫도리를 접어서 꿰매지 않았다.

- 채소菜蔬 및 숙채熟菜: 삼색나물(시금치, 고사리, 도라지)
- 천거정침薦居正寢: 초종의 절차에서 환자의 병이 심해져 회복이 불가능하다고 판단되면 평소에 거처하던 방을 깨끗하게 정돈하고 깨끗한 옷으로 갈아입힌 다음 요와 이불을 새것으로 바꾸어 바르게 눕히고 환자의 머리는 동쪽으로 향하게 하고 방의 북쪽에 눕혀 그 곳에서 평안히 임종을 맞이하도록 모시는 것을 말한다.
- 천광穿壙: 묏자리壙中를 파는 일이다. 깊이 1.5 m 정도로 미리 파 준비해야 하는데 이때 일꾼들이 땅에 술을 뿌리며 토지신을 달래는 의례를 말로 하기도 하지만, 대부분 술, 과일, 어포, 식혜 등으로 제상을 차려 개토고사開土告祀를 읽는 것이 관례이다.
- 천구遷柩: 관을 옮긴다는 뜻으로 발인 전날 영구를 받들어 사당에 가서 조상들께 고인의 관을 옮겨 간다고 고하고 대청으로 옮기는 것을 말한다. 오복을 입는 친척들은 모두 와서 참례參禮를 한다. 집이 좁아서 영구를 모시고 사당에 출입하기가 어려우면 혼백으로 영구를 대신한다.
- 천금天衾: 시신을 싸고 묶고 입관할 때 쓰이는 이불 종류 중의 하나이다. 천금은 시신위에 덮는 이불로 길이 여섯 자(약 180 cm), 너비 한 자 세치(약 390 cm) 가량으로 하고 흰색이나 남색으로 하며 겹으로 만든다. 감이 두껍고 무늬가 없는 공단이나 명주로 만들기도 한다.
- 천묘遷廟: 신주를 사당으로 옮기는 것이다.
- 천시遷尸: 시신을 옮김
- 천신薦新: 계절의 새로운 음식을 올림
- 천장遷葬: 무덤을 옮김
- 철상撤床: 제상 위의 모든 제수를 집사가 뒤쪽에서부터 차례로 물린다.
- 철속鐵束: 묶는 쇠로 지석을 묶는 데 쓴다.
- 철시복반撤匙覆飯: 숭늉 그릇에 놓인 수저를 거두어 제자리에 놓고 메 그릇의 뚜껑을 덮는다.
- 철족綴足: 발이 뒤틀리지 않도록 하기 위해서 엄지손가락 두 개와 발가락 두 개를

이어 묶는다.

- 철주기徹酒器: 퇴주걸이
- 첨작添酌: 종헌이 끝나고 조금 있다가 제주가 다시 신위 앞으로 나아가 꿇어앉으면 집사는 술 주전자를 들어 종헌 때 7부를 따라 올렸던 술잔에 세 번 첨작하여 술잔을 가득 채운다.
- 체천遞遷: 바꾸어 옮긴다는 뜻으로 신주가 옮겨짐을 의미한다.
- 초변복初變服: 머리를 풀고 신발을 벗어 맨발 되게 한다.
- 초분草墳: 일종의 풀무덤으로 시신 또는 관을 땅 위에 올려놓은 뒤 짚이나 풀등으로 엮은 이엉을 덮어 두었다가 2~3년 후 남은 뼈를 씻어(씻골) 땅에 묻는 무덤을 말한다. 남해와 서해의 섬 지역에서 주로 행해지던 장례 풍습으로 초빈草殯, 고빈藁殯, 출빈出殯, 외빈外賓이라고도 한다. 일단 땅 위에 올려놓았다가 2~3년 뒤 뼈를 씻어 다시 땅 속에 묻는 까닭으로 복장제復葬制, 이중장제二重葬制라고도 하며, 현지에서는 빈소殯所, 최빈草殯, 예빈外賓 등으로 부르기도 한다. 이장移葬은 특히 '공달', '손 없는 달'이라 하여 윤달에 많이 한다. 현재까지 초분 풍속이 행해지는 지역으로는 전라남도 완도군 청산면의 청산도, 여수시 금오도, 안도, 개도, 고흥군 나로도, 신안군 증도, 도초도, 비금도, 영광군 송이도, 전라북도 군산시 무녀도, 부안군 계화도 등이 있다.
- 초빈草殯: 가빈家貧이라고도 한다. 장례 기간이 길 경우 빈소와 시신 안치 장소를 분리하는데 이때 시신이 안치되는 곳을 초빈이라고 한다. 삼일장을 넘어 5, 7, 9일장 등 그 이상이 도면 시신을 방안에 모시지 않고 마당의 뜰이나 헛간에 안치한다. 조선시대는 왕은 5월장, 대부는 3월장, 선비는 1월장을 치르도록 장기葬期를 규정했다. 국상에서는 찬궁을 설치하여 임금의 재궁을 안치하는데 빈궁 내부 사방 벽에는 사신도를 그린다. 사대부의 경우는 담장 밑이나 헛간 등에 장목을 깔고 그 위에 관을 안치한 후 모래와 떼를 덮어 가매장을 한다. 이렇게 시신을 따로 가매장 형태를 취하는 것은 긴 장기葬期로 인한 시신의 부패를 방지하는 일종의 위생처리라 할 수 있고, 실내로부터 격리되어 화재의 위험으로부터 예방될 수 있다.

- 초석草席: 풀로 만든 자리로 기름종이 겉에 덧싸는 데에 쓰인다.
- 초우제初虞祭: 반혼返魂한 혼백을 빈소에 모시는 것을 초우라 하며, 이때 지내는 제사를 초우제라 한다. 초우제와 반혼제를 함께 하는 경우가 많으며 초우제는 발인 당일에 지내야 한다. 초우제를 지내고 나면 상주 이하 상제들은 비로소 목욕을 할 수 있지만 빗질을 하지 못한다. 집이 멀 경우에는 초우제를 중간에 머무는 집에서라도 지낸다.
- 초종初終: 상례의 시작으로 운명하는 순간, 별세하는 순간을 의미하며 임종臨終, 종신終身 등과 같은 뜻으로 죽음을 맞이하는 절차라 할 수 있다.
- 초헌初獻: 제사 지낼 때 신위神位에 처음으로 잔을 올리는 것이 초헌이다. 상주가 영좌 앞으로 나가면 집사가 영좌 앞에 있는 잔을 상주에게 주고 술을 따른다. 상주는 이것을 받아서 모사茅沙위에 세 번 따르고 집사에게 준 다음 엎드렸다가 일어선다. 집사는 잔을 받아서 다시 영좌 앞에 놓고 집사는 메 뚜껑을 열어 놓는다.
- 촉대燭臺: 촛대
- 최衰: 눈물받이. 애절한 마음의 효자와 상복을 모두 최라 하고 그 애절함이 몸에 두두 미쳐 마음에 그치지 않음을 취한 것이나.
- 최복衰服: 상복 또는 제복이라고 부르는 상제의 겉옷을 말한다.
- 최상衰裳: 상중에 여자들이 입는 베로 만든 치마이다.
- 최장방最長房: 고조 아래로 생존자 중 가장 항렬이 높은 자. 체천할 신주가 있으면 최장방으로 옮긴다.
- 축祝: 제사 등의 의례에서 의례의 목적과 의미를 적어 의례의 대상에게 고하는 글이다. 축문祝文이라고도 한다.
- 축관祝官: 축문을 읽는 사람을 축관이라고 하고, 축관은 제사의 끝남을 알리는 이성利成을 고하고 축을 태우는 역할까지 두루 행하는 중요한 역할을 담당한다.
- 출주出主: 제사 때 사당에서 신주를 모셔내는 것.
- 출회秫灰: 차조의 짚을 태운 재나 찹쌀재로 관 안에 깐다. 두께는 적당히 하여 4~5말을 넣고 그릇에다 까맣게 볶거나 혹은 숯을 피워서 불살라 가루로 만들어 고운체로 친다. 껍질을 벗기지 않은 것을 사용할 수도 있고 없으면 숯가루로

대신한다.

- 취토取土: 맏상주가 상복 자락에 흙을 세 번 받아 광중 맨 위에 한 번, 가운데 한 번, 아래쪽에 한 번씩 차례로 놓는데 이를 상주의 취토라 한다. 취토가 끝나면 광중을 메운다.
- 충이充耳: 귀마개. 《가례》에는 백광을 쓰며, 크기는 대추씨 정도라고 하였다. 세속에서는 설면(雪綿: 흰솜)을 쓴다.
- 치관治棺: 관을 마련하는 것을 일컫는 말로, 호상은 목수에게 명하여 관을 만들도록 한다. 관을 만드는 재료로는 유삼(油衫: 이깔나무)이 제일 좋고 그 다음은 잣나무이다. 천판天板, 지판地板 각 하나에 사방판四方板이 각각 하나씩 필요하며, 높이나 길이는 시신에 따라 약간 여유있게 한다.
- 치금緇衾: 검은 이불로 붉은 안감을 쓰며 이불깃은 없다.
- 치장治裝: 장지葬地를 정하는 일과 묘지를 조성하고 광중壙中을 만드는 일을 치장이라 한다. 옛날에는 천자는 7개월, 제후는 5개월, 대부는 3개월, 선비는 1개월 만에 상례를 거행하였으나 오늘날에는 상기喪期가 많이 짧아져서 3일 또는 5일 만에 거행한다.
- 친빈親賓: 친척과 손님
- 친상親喪: 부모의 상喪을 말한다.
- 친진親盡: 제사를 지내는 대의 수가 다되어 친속관계가 끝나는 것으로 천자는 7묘廟, 제후는 5묘, 일반인은 4묘를 모시는 것이 통례이다. 4묘는 아버지로부터 고조까지인데, 그 친족관계는 8촌까지 미친다.
- 칠성판七星板: 칠성판은 관에 들어갈 정도의 크기로 만들어진 나무판으로 5푼 정도 두께의 송판에 북두칠성 모양의 구멍을 7개 뚫어 옻칠을 한 것이다. 칠성판의 구멍은 동그스름하나 약간씩 각이 졌다. 칠성판에 북두칠성 모양의 구멍을 뚫는 것은 죽음을 관장하는 북두신에 빌어 죽음을 구제받기 위한 것이다. 관 밑에 칠성판을 쓰는 것은 방상이나 무덤 앞의 석인과 같이 광중의 사귀를 쫓기 위한 것이라 할 수 있다.
- 칠승포七升布: 대공복을 만드는 7새 베로 승升은 직물에 실올이 들어가는 밀도를

나타내는 단위로 1승은 80올이다.

- 침枕: 베개로 대렴을 할 때 요 위에 시신의 머리를 안정시킬 때 사용하며 색깔 있는 명주로 하고 그 길이는 요의 너비에 맞춘다.
- 침채沈菜: 동치미

ㅌ

- 탁卓: 상으로 늘 사용하던 밥상을 말한다.
- 탈상脫喪: 상기喪期가 끝나 복服을 벗는 절차이다.
- 탕기湯器: 국을 담는 제기
- 택조宅兆: 무덤.
- 토수吐手: 토시의 잘못된 말로 원래는 한복에서 여름이나 겨울에 팔에 끼워 더위나 추위를 막는 복식이다. 수의에서도 토시를 사용한다.

ㅍ

- 패貝: 3가지로 금, 옥, 돈, 조개 모두 가능하며 세속에서는 구멍 없는 구슬을 쓴다.
- 패철佩鐵: 무덤 자리를 정할 때 풍수가風水家나 지관地官이 썼던 나침반이다. 하관할 때에도 관이 놓이는 방향을 바로잡기 위한 것이다. 《주역周易》에 기초한 오행과 십이간지 및 육십갑자가 표시되어 있다. 방위도 십육방 위에서 삼십육방위까지 세세하게 구분되어 있다.
- 편회片灰: 돌 지석을 대신하여 쓰는 석회조각
- 폄窆: 하관下棺하다.
- 평토제平土祭: 하관할 때 상주들이 차례로 흙을 뿌리고 나면 산역꾼들이 본격적으로 흙을 퍼부어 관을 묻는다. 흙으로 메우기 시작하여 평지와 같은 높이가 되면 평토제를 올린다. 평토제는 산에서 올리는 마지막 제사라 하여 제물을 특히 많이 차리는데 맏사위가 담당하도록 관례이다, 이때 사용한 제물은 산역꾼과 상두꾼

및 조문객들이 현장에서 고루 나누어 음복한다.

- 포布: 베를 일컫는 것으로 상복을 만드는 데 쓰임
- 포袍: 겉에 입는 옷으로 솜이 있는 긴 것을 말함
- 포脯: 북어, 건대구, 건문어, 건상어, 육포 등 말린 고기를 총칭한다.
- 포苞: 대나무 덮개 중의 하나로 어육 등을 갈대나 띠풀로 싸 놓은 것이며, 견전례를 하고 남은 포를 담는다.
- 포건布巾: 괄발 등 머리를 묶거나 감싼 베를 받치는 데 쓰는 것으로 흰 베로 만드는 두건이다.
- 포오袍襖): 속칭 저고리라 하며 겉에 입는 옷으로 솜이 있으면서 긴 것을 포袍, 솜이 있으면서 짧은 것을 오襖라 한다. 남자의 경우는 중치막, 여자의 경우는 저고리에 해당한다.
- 폭건幅巾: 흑색의 포를 사용하여 만든 건의 일종으로 모부는 둥글고 앞이 뾰족하며, 뒤에는 폭이 넓은 천을 수직으로 내렸다. 귀 위의 끈은 뒤로 돌려 매게 되어 있다.
- 표목標木: 푯말로 1개는 중앙에 세우고, 4개는 네 귀퉁이에 세우고, 둘은 남쪽 문에 세운다.
- 풍장風葬: 사체를 매장하지 않고 옷을 입힌 채 또는 관에 넣어 공기 중에 놓아두는 장법을 말한다. 폭장曝葬 또는 공장空葬이라고 하며 나뭇가지나 풀을 덮어 숲 속에 방치하거나, 관에 넣어 관을 풀이나 널빤지로 장집葬屋을 만들어 덮는 경우가 있다. 사체를 놓는 방식에 따라서 수장樹葬, 대장臺葬), 애장崖葬, 동혈장洞穴葬 등으로 나뉜다. 풍장의 풍습은 북아시아의 고古아시아족, 고지高地아시아의 여러 종족, 인도차이나, 인도네시아, 멜라네시아, 오스트레일리아의 섬 주민과 아메리카 인디언들에게서 볼 수 있다. 풍장의 경우 풍화하는 대로 두는 경우도 있으나 유체가 해체되기를 기다렸다가 뼈를 거두어 두는 예도 있다. 일본 오키나와의 섬에서도 풍장을 하였다. 대개 물가의 숲 속 그늘, 동굴 속, 장대한 거북 등 모양의 무덤 속에 넣어 두는데, 사체가 썩으면 유골만 골라 잘 씻어서 항아리에 담아 안치소에 모셔 놓고 제사를 지낸다.

- 피발被髮: 머리를 풂음

ㅎ

- 하관: 시신을 광중壙中에 모시는 것을 말하는데, 이를 폄窆이라고도 한다. 하관시간에 맞춰 시신을 광중에 내리는데, 관까지 매장할 때는 관을 버리고 시신만 묻을 때는 관을 열고 시신만을 들끈으로 잡고 조심스럽게 들어서 머리가 북쪽으로 발이 남쪽으로 가도록 하여 내광에 반듯하게 모신다. 고인의 머리를 북쪽으로 두는 것은 죽은 것으로 생각하기 때문이다. 고인의 머리가 북쪽으로 발이 남쪽으로 가도록 하고 좌향에 맞도록 상하좌우가 반듯하게 놓이면, 관 또는 주검과 광중 사이를 흙으로 메운다. 명정을 관 위에 덮고 운아雲亞를 관 위 고인의 가슴부분의 양쪽에 얹는다. 관을 해체하고 주검을 하관 하는 경우에는 동천개 라고 하는 나무를 광중에 가로로 걸쳐 덮는다, 하관 때에는 상주와 복인이 참여하여 곡은 하지 않는다.
- 한삼汗衫. 속옷으로 입는 석삼(저고리)를 말하며 땀이 여기까지 스며들자 한삼이라 함.
- 한식성묘: 한식은 24절기 중에서 청명 다음날, 즉 동지로부터 105일째 되는 날로 우선 조상에게 제사지내고 성묘를 감
- 합독合: 부부의 신주를 한 독안에 넣는 일. 또는 그 신주를 뜻함
- 합문闔門: 사당에서 제사를 지내는 경우, 첨착이 끝나면 축관이 사당 문을 닫고 상주 이하는 문 밖에서 서쪽을 향하고 그 외 사람들은 그 뒤에 서는데 이를 합문이라 한다. 주부 이하 여자들은 남자들 반대편에서 그처럼 하고 이런 자세로 식사하는 시간만큼 기다린다. 축관이 문을 여는 계문을 하면 상주 이하 본래의 자리로 가서 곡을 하면서 계문사신啓門辭神한다.
- 합폄合窆: 합장合葬을 하는 것으로 함께 묻는 것을 일컫는다.
- 해醢: 물고기를 절인 젓갈로 제사상에서 빠져서는 안될 제물중의 하나이다.
- 행전行纏: 늑백勒帛으로서 중의와 같은 새의 베로 만든다. 상복에 포함되기도 하고 빠져 있는 경우도 있다. 바지를 입을 때 정강이에 감아 무릎 아래에 맨다.

- 향로香爐: 향을 피우는 작은 화로, 만드는 재료와 모양이 여러 가지이며 규방에 쓰는 것과 제사에 쓰는 것으로 구분한다.
- 향안香案: 향상香床, 향탁香卓이라고도 하며, 향로香爐나 향합香盒 따위를 올려놓는 상을 말한다.
- 향탕수香湯水: 임종을 확인하고 나면 시신을 깨끗이 씻기는데 이때 사용하는 물이 향탕수이다. 향나무 달인 물을 동이에 담아 준비했다가 몸을 씻기는 데 사용한다.
- 헌다獻茶: 갱을 내리고 숭늉을 올린 뒤 세 숟가락을 떠서 물에 말아 놓고 저를 고른다. 이때 참사자는 모두 머리를 숙이고 잠시 동안 앉아 있다가 고개를 든다.
- 헌현獻賢: 제물 중 좋은 것을 종자宗子에게 바치는 일.
- 현주玄酒: 정화수로 제사 지낼 때 술 대신 쓰는 냉수를 말한다.
- 현훈玄纁: 산신山神 또는 지신地神에게 드리는 폐백으로 검은 헝겊과 붉은 헝겊으로 이루어졌다. 검은 헝겊은 관 위를 덮고上玄, 붉은 헝겊은 관 아래에 깔아下纁 무덤 안에 묻는다.
- 호상護喪: 호상은 상주를 대신해 상장의례 전반을 주관하는 사람이다. 덕망과 식견을 가지고 복을 입을 근친이 아닌 예禮에 밝은 사람으로 정한다. 호상과 상주는 여러 가지 여건과 고인의 유지를 받들어 상례 방법 및 절차 등을 결정한다.
- 호상소護喪所: 초상을 치르는데 관한 모든 일을 맡아 보는 곳을 호상소라고 한다.
- 호준壺樽: 단지모양의 술병으로 가을, 겨울 제사 때 흰빛술을 담았다.
- 혼백魂帛: 혼백이란 몸을 떠난 혼이 머물라는 의미로 만드는 것이다. 혼백은 너비 한 폭에 길이 1자 3치(약 40 cm)인 흰 명주나 모시를 접어 색실로 만든 동심결을 끼워 만든다. 앞면에는 위에서 1/3쯤 되는 곳을 3 cm쯤 되는 베나 백지로 감고, 뒷면에는 상上 자를 위아래에 맞게 쓴다. 혼백은 두꺼운 종이로 혼백상자에 넣어 교의交椅 위에 모시고, 평소에는 혼백상자 뚜껑을 덮고, 혼백을 뵈올 때만 연다.
  - 삼혼칠백三魂七魄: 사람의 혼백을 총칭하는 말
    - 삼혼三魂: 사람의 몸속에 있다고 여겨지는 태광台光, 상령爽靈, 유정幽精의 3가지 정혼精魂
    - 칠백七魄: 죽은 사람의 몸에 남아 있는 7가지 정령精靈. 귀2, 눈2, 콧구멍2, 입1

- 홍동백서紅東白西: 제주가 제상을 바라보는 방향에서 오른쪽을 동東, 왼쪽을 서西라 하여 붉은 과일은 동쪽에 흰 과일은 서쪽에 놓는다.
- 효대絞帶: 상복 안에 입는 중단의를 매는 띠로 효대는 씨가 있는 삼끈 1조를 쓰는데, 크기는 요질의 반 정도이며 가운데를 접어서 양 갈래를 각각 1자 남짓하게 만들어 그 오른쪽 끝을 양 갈래의 사이에 끼우고 반대로 오른쪽에 삽입하여 요질의 아래에 늘어지게 한다.
- 화삽畵翣: 운삽雲翣이라고도 한다. 삽선翣扇의 종류 중의 하나로 구름 모양의 구름 운雲자를 그려 넣은 것이다. 구름은 하늘을 뜻하는 것으로 곧, 사람이 죽으면 영혼이 하늘로 올라가고 넋은 땅으로 떨어진다는 이야기에서 비롯된 것이다. 화삽은 보삽黼翣과 함께 상여의 옆에 서며 하관할 때 명정과 함께 묻는다.
- 환질環絰: 누인 베 한 가닥으로 감아 두건 위에 덧쓰는 것으로 그 굵기는 시마緦麻의 질과 비슷하다.
- 회격灰隔: 회 다지기로 하관을 한 후 성분成墳을 할 때 석회로 광중을 메우는 것을 말한다. 관과 내광內壙 사이의 틈이나 내광과 외광外壙의 사이를 석회로 메운다.
- 회격개灰隔蓋: 회다지기 뚜껑으로 횡대니, 횡판 5조각 혹은 7조각을 쓰는데 두께는 대강 3~4치쯤 되고, 길이와 너비는 넉넉히 회다지기 사방에 각각 2치 위에 덮이도록 한다.
- 회다지: 달구질이라고도 한다. 상주가 취토를 하고 나면 석회를 섞은 흙을 한 자쯤 채우고는 다지고 해서 광중을 메운다. 보통 3번 내지 5번 행한다. 상두꾼들이 상여를 맬 때 썼던 연추대나 대나무를 가지고 선소리꾼의 소리에 발을 맞추어 돌면서 다진다. 회다지를 하는 것은 광중에 나무뿌리나 뱀, 쥐, 여우와 같은 동물이 침범하지 못하도록 하기 위한 것이다.
- 횡대橫帶: 하관 할 때 관 위에 가로로 걸쳐 놓는 판자로서 나무판이나 대나무로 한다. 이것을 놓는 이유는 하관 후 위에 쏟아 붓는 회반죽이 직접 관에 닿지 않도록 하기 위함이다, 횡대를 놓는 것은 세월이지나 관이 썩어 없어질 때 흙이 내려앉아 해체解體를 덮지 않도록 하기 위함이다.
- 효絞, 효금絞衾: 시신을 싸서 묶는 띠. 빨아서 누인 고운 베로 만든다. 세로 매는

1폭으로 하는데, 길이는 10자쯤이다. 그 양쪽 끝을 각기 3갈래로 쪼갠다. 폭 중간 2/3는 쪼개지 않고 남겨 둔다. 가로 매는 3폭으로 하며 길이는 각각 4자 혹은 3자 정도로 하다. 매 폭 양끝은 각각 3갈래로 쪼갠다. 폭 중간 8치쯤은 쪼개지 않고 남겨둔다. 가로 매는 매듭을 정 중간에 해야 한다.

- 효건孝巾: 남자 상제나 친척 중 성인이 상중에 쓰는 두건을 말하는 것으로 관관복 또는 예복을 입을 때 망건 위에 쓰는 건을 받쳐서 쓴다. 상주, 상제 이외에는 모두 이 효건을 쓰는데 베로 머리를 싸고 꿰맨 솔기가 뒤 가운데에 있고 양쪽을 접어서 안에 넣고 그 위를 꿰매는 두건이다.
- 효대絞帶: 상복 안에 받쳐 입는 중단의를 매는 띠로 효대는 씨가 있는 삼끈 1조를 쓰는데, 요질보다 약간 줄어든 다섯 치 일곱 푼(17.1 cm)의 굵기로 만든다. 약 열여덟 자(약 540 cm) 정도 되는 한 가닥의 노를 가운데서 접어서 양 갈래를 만들어 각 한 자(약 30 cm) 남짓하게 하며, 허리를 둘러서 왼쪽으로부터 뒤를 돌아 앞에 이르러 그 오른쪽 끝으로 양고 사이를 뚫어서 다시 오른쪽을 당겨 요질 아래에 오게 한다. 자최 밑으로는 베로 만들며, 자최의 경우 너비 네 치(약 12 cm)의 베를 홀치기로 하여 오른쪽 끝을 한 자(30 cm) 정도 접어서 수질과 같게 한다. 베의 폭은 대공大功 밑으로는 차츰 좁아지고 생숙은 상복과 같이 한다.

장례식장 서비스 – 용어

(KS S 2021-1: 2007) 한국산업규격

Funeral home services – Terminology

산업자원부 기술표준원(2007년 12월 5일 개정)

머리말

이 규격에서는 장례식장 서비스 이용에 관한 각종 계약과 원활한 장례식장 서비스 수행 과정에서 용어 해석상에 발생할 수 있는 문제점을 해소하고, 사업자와 이용자 사이의 명확한 의사 전달을 위한 약속으로서 장례식장 서비스 용어를 정의하고 있다.

이 규격은 기본 용어, 장례 절차, 장례 용품 및 장례 시설 용어로 구분·정의하고 있다.

- 기본 용어: 장례식장 서비스와 관련한 기본적인 용어
- 장례 절차 용어: 장례 절차에서 사용되는 용어

- 장례 용품 용어: 장례 용품에 대한 용어
- 장례 시설 관련 용어: 장례식장 서비스를 제공하는 시설과 관련된 용어

1. 적용범위

이 규격은 장례식장 서비스 계약을 체결한 후 장례식장에서 임종 후부터 발인까지 행해지는 서비스에 대하여 적용한다. 단 임종 전에 일어나는 용어와 발인 이후에 일어나는 화장 및 매장 등에 수반되는 용어는 이 범위에 적용되지 않는다.

2. 기본용어

번호	용어	정의
2. 1	장례葬禮	죽음을 처리하는 과정에서 행해지는 일련의 의례
2. 2	장사葬事	시신을 화장하거나 매장하는 등의 시신을 처리하는 일련의 행위
2. 3	고인故人	장례를 진행하는 과정에서 죽은 이에 대하여 예禮로서 높여 부르는 말
2. 4	시신屍身	죽은 사람의 몸체를 높여 부르는 말
2. 5	사망진단서 死亡診斷書	의사가 사람의 사망을 의학적으로 증명할 때에 작성하는 문서
2. 6	시체검안서 屍體檢案書	의사의 치료를 받지 아니하고 사망한 사체(시신)를 살펴서, 의사가 사인死因을 의학적으로 검안하여 사망을 확인하는 증명서
2. 7	상가喪家	상을 당한 가정이나 장례식장에 마련된 개별 빈소
2. 8	상주喪主	고인의 자손으로서 자예를 주관하는 사람
2. 9	호상護喪	장례에 관한 모든 일을 맡아서 진행하는 사람
2.10	유족遺族	고인과 친인척 관계에 있는 사람
2.11	문상問喪	고인의 명복을 빌고 유족을 위로하는 일
2.12	문상객問喪客	고인의 명복을 빌고 유족을 위로하러 온 사람

3. 장례 절차 용어

번호	용어	정의
3. 1	임종臨終	운명하는 순간을 지켜보는 것
3. 2	운명殞命	숨을 거두는 것
3. 3	고복皐復	고인의 소생을 바라는 마음에서 시신을 떠난 혼을 불러들이는 것
3. 4	수시收屍	시신이 굳어지기 전에 팔과 다리 등을 가지런히 하는 행위
3. 5	안치安置	시신의 부패와 세균 번식 등을 막기 위하여 냉장 시설에 시신을 모시는 것
3. 6	부고訃告	고인의 죽음을 알리는 것
3. 7	염습殮襲	시신을 목욕시켜 수의를 입히고 입관하는 일
3. 8	입관入棺	시신을 관에 모시는 일
3. 9	보공補空	시신이 움직이지 않도록 관이 빈 곳을 채우는 일
3.10	영구靈柩	시신이 들어 있는 관
3.11	결관結棺	영구를 운반하기 편하도록 묶는 일
3.12	복인服人	고인과의 친인척 관계에 따라 상복을 입어야 하는 사람들
3.13	성복成服	입관 후 상주와 복인이 상복을 입는 일
3.14	상식上食	고인이 생시生時에 식사하듯 빈소에 올리는 음식
3.15	장지葬地	시신을 매장하거나 화장하여 봉안 또는 자연장을 하는 장소
3.16	발인發靷	상가 또는 장례식장에서 영구를 운구하여 장지로 떠나는 일

4. 장례 용품 용어

번호	용어	정의
4. 1	조등弔燈	상가喪家임을 표시하기 위하여 거는 등燈
4. 2	수시포收屍布	돌아가신 직후 시신을 덮는 홑이불
4. 3	혼백魂帛	고인의 영혼을 상징하기 위하여 빈소에 모시는 삼베나 명주로 접어서 만든 패牌
4. 4	영정影幀	고인을 상징하는 초상화 또는 사진
4. 5	수의壽衣	시신에게 입히는 옷
4. 6	복건幞巾	시신의 머리에 씌우는 건
4. 7	멱목幎目	시신의 얼굴을 덮는 천
4. 8	충이充耳	시신의 코나 귀를 막는 솜뭉치로 된 마개
4. 9	악수握手	시신의 손을 싸는 손 싸개
4.10	습신	시신에게 신기는 신발
4.11	조발랑爪髮囊	시신을 목욕시킬 때 빠진 머리타락·손톱·발톱 등을 넣는 작은 주머니
4.12	상장喪杖	상주와 복인이 짚는 지팡이
4.13	상장喪章	양복 형태의 상복을 입을 때 가슴에 부착하는 리본
4.14	두건頭巾	상복을 입을 때 머리에 쓰는 건
4.15	효건孝巾	굴건제복할 때 상주와 복인이 머리에 쓰는 건
4.16	굴건제복屈巾祭服	전통적인 상복
4.17	명정銘旌	고인의 관직이나 본관·성명 등을 쓴 붉은 색 깃발
4.18	칠성판七星板	시신을 받치기 위해 관 바닥에 놓는 널빤지
4.19	관보棺保	영구의 덮개
4.20	천금天衾	입관할 때 시신을 덮는 이불
4.21	지요地褥	입관할 때 시신 아래에 까는 요
4.22	횡대橫帶	매장할 때 영구 위에 흙이 직접 닿지 않도록 덮는 나무토막 또는 널빤지
4.23	부의록賻儀錄	문상객의 이름과 부의금을 기록한 명부
4.24	장의차량葬儀車輛	영구를 운반하는 자동차(장의자동차, 영구차)

5. 장례 시설 관련 용어

번호	용어	정의
5. 1	장례식장葬禮式場	전문적으로 장례 의식을 행하고 서비스를 제공할 수 있는 시설을 갖춘 장소
5. 2	빈소殯所	문상객의 문상을 받기 위하여 고인의 영정이나 혼백을 모셔 놓는 장소
5. 3	접객실接客室	문상객을 대접하기 위한 장소
5. 4	안치실安置室	시신의 부패와 세균 번식 등을 막기 위하여 시신 보관용 냉장시설을 갖춘 장소
5. 5	염습실殮襲室	시신을 목욕시켜 수의를 입히고 입관하는 장소
5. 6	유족참관실 遺族參觀室	염습할 때 유족이 참관하는 장소
5. 7	장례용품 전시실 葬禮用品展示室	유족이 직접 장례용품을 확인하고 구입할 수 있도록 전시 · 판매하는 장소

장례식장 서비스 - 프로세스

(KS S 2021-2 : 2007) 한국산업규격

Funeral home serveces - Process

산업자원부 기술표준원(2007년 12월 5일 개정)

1. 적용범위

이 규격은 장례식장 서비스 사업자와 이용자가 계약을 체결한 장례식장 서비스에 한하여 적용한다.

2. 인용규격

다음에 나타내는 규격은 이 규격에 인용됨으로써 이 규격의 규정 일부를 구성한다. 이러한 인용규격은 그 최신판을 적용한다.

KS S 2021-1 장례식장 서비스-용어

3. 용어와 정의

이 규격에서 사용하는 주된 용어의 정의는 KS A 0961 및 다음에 따른다.

3.1

장례식장 서비스 사업자

장례식장 서비스를 영업으로 하는 자

3.2

장례식장 서비스 이용자

장례식장 서비스 사업자와 계약을 체결한 상주 또는 유족

3.3

장례식장 서비스 종사자

장례 상담, 시신 처리 등의 장례식장 서비스 직무를 수행하는 자

4. 장례식장 서비스 사업 요건

4.1 인력의 전문성

장례 상담과 시신 처리 등의 장례식장 서비스를 수행하는 장례식장 서비스 인력은, 인간의 존엄성과 품위를 유지할 수 있도록 시신 관리 능력, 보건 위생에 관한 지식, 의례에 관한 지식, 서비스 실무 능력 등을 갖춘 전문 인력이어야 한다. 장

례식장 서비스 인력은 장례 상담, 시신 처리 등을 포함한 서비스의 각종 계약 내용을 충분히 숙지하고 계약 조건에 의거하여 장례식장 서비스를 수행하여야 한다.

4.2 직무의 명확성

장례식장 서비스 사업자는 종사자에게 직무 내용과 수행 범위 등 서비스 이행 기준을 명확하게 제시해 주어야 한다. 장례식장 서비스 직무에 필요한 요건에는 지식 · 기술 · 책임 및 의무 사항 등이 명시되어야 한다.

4.3 시설의 적합성

장례식장 서비스 사업자는 서비스를 원활히 수행할 수 있는 빈소, 접객실 및 기타 편의 시설, 안치실, 염습실 등을 갖추어야 한다. 시신 관리시 보건 위생상 위해를 방지하기 위하여 각종 시설과 장비는 사용 목적에 적합하여야 하며, 철저한 검사와 소독을 하여야 한다.

5. 절차

5.1 사망의 접수

a) 종사자는 전화 또는 전자 통신, 직접 방문을 통해 이용자로부터 사망의 접수를 받는다.
b) 고인의 인적 사항 및 유족의 연락처를 기록하여야 한다.
c) 종사자는 장례식장 시설 및 서비스 이용에 대해 상세한 정보를 제공하여야 한다.

5.2 장례 상담

a) 종사자는 이용자에게 장례식장 시설 및 서비스 이용과 이에 따른 비용에 대해 상세하게 설명하여야 한다.
b) 종사자는 이용자와 종교별 장례 절차 및 장례 방법을 상담하여야 한다.

c) 종사자는 이용자와 염습 및 발인 일정, 유족 참관 등에 관한 사항 등을 협의하여야 한다.
d) 종사자는 이용자에게 화장 및 봉안 시설, 자연장 시설, 매장 시설 등의 이용에 관한 정보를 제공할 수도 있다.
e) 종사자는 장례 상담 일지를 작성하고 서명하여야 한다.

5.3 계약 체결

a) 장례식장 서비스 기본 계약 사항은 '장례식장 표준약관'의 규정에 준하며, 사업자는 이용자에게 표준약관의 주요 내용 등을 알려주어야 한다.
b) 사업자는 장례식장 임대료와 서비스와 관련된 수수료 및 장례 용품의 품목별 가격을 표시한 가격표를 이용자가 보기 쉬운 장소에 게시하여야 한다.
c) 사업자는 이용자의 선택에 의해 합의된 시설 임대 계약서 및 거래 명세서를 작성하고 서명하여야 한다.
d) 사업자는 불필요한 장례 용품 또는 서비스를 강요하지 말아야 하며, 합리적으로 계약 체결된 항목 이외의 금품을 요구하여서는 안 된다.
e) 사업자는 기본적인 장례식장 서비스 이외에 이용자가 요구하는 서비스에 대해서는 당사자 사이의 합의에 의해 계약할 수 있다.

5.4 수시

a) 종사자는 수시를 행하기 전 사망사실(사망진단서, 검사지휘서 등)을 확인하여야 한다.
b) 종사자는 시신이 굳기 전에 팔 · 다리를 주물러 경직되지 않도록 반듯이 하여야 한다.
c) 종사자는 탈지면으로 시신의 입 · 코 · 귀를 막고, 눈을 감기고 머리를 반듯하게 하여야 한다.
d) 종사자는 수시포를 사용하여 시신을 덮어 주어야 한다.
e) 사업자는 시신을 허가 · 등록된 영구 차량으로 운구하여야 한다.

5.5 안치

a) 종사자는 사망 종류(사체 검안서가 필요한 경우 등)를 반드시 확인하고, 고인 식별표를 붙여 안치하여야 한다.

b) 종사자는 안치실의 장비 점검, 출입자 통제 및 기록에 대한 일지를 작성하여야 한다.

c) 사업자는 종사자에게 시신을 통한 질병 감염을 예방할 수 있는 조치를 숙지시키고, 약품 사용시 정확한 사용 방법을 숙지시켜야 한다.

5.6 빈소 설치

a) 사업자는 빈소에 필요한 시설물을 설치하고, 수시로 점검하여야 한다.

b) 사업자는 종교 의식에 따라 제단을 설치하여야 한다.

5.7 접객실 설치 및 운영

a) 사업자는 접객실에 필요한 시설물을 설치하고, 청결 및 환기 상태를 수시로 점검하여야 한다.

b) 사업자는 접객실에 비치된 시설물의 이용 방법을 안내하며, 정기적인 방문을 통해 이용자의 불편이 없도록 하여야 한다.

c) 사업자는 접객실에서 식음료를 제공할 경우 위생적(식중독 예방, 음식물 쓰레기 등)으로 관리하여야 하며, 식음료는 적정한 수준의 질과 가격이 제시되어야 한다.

5.8 문상 예절

a) 종사자는 이용자에게 부고 방법과 문상 예절에 대해 상세하게 안내하여야 한다.

b) 종사자는 유족과 문상객이 경건한 마음으로 애도를 할 수 있도록 주의 사항(휴대폰 사용 금지 등)을 안내해 주어야 한다.

c) 종사자는 다른 상가의 문상에 방해가 되는 고성방가, 지나친 음주, 가무, 지나친 종교 행사 등 불쾌감을 주는 행위가 사전에 예방되도록 조치하여야 한다.

5.9 염습

a) 종사자는 시신을 위생적으로 목욕시키고, 인간의 존엄성을 유지하고 예禮를 갖추어 절차에 따라 수의를 입혀야 한다.

b) 종사자는 시신을 관에 넣고 보공하여야 한다.

c) 종사자는 영구를 안전하게 운반할 수 있도록 결관한 후 명정과 관보를 덮어야 한다.

d) 종사자는 입관 시 부장품을 넣을 수 없음을 설명하여야 한다.

5.10 성복

a) 종사자는 상주와 복인에게 올바르게 상복을 입도록 안내하여야 한다.

b) 종사자는 상주와 복인에게 종교별 성복 의식을 안내하여야 한다.

5.11 발인

a) 종사자는 이용자가 선택한 종교별 절차를 진행하도록 하여야 한다.

b) 종사자는 영구차를 준비하고, 고인이 떠나기 전 유족들을 향해 예를 표시하여야 한다.

5.12 정산

a) 사업자는 거래 계약서 및 명세서에 따른 비용을 정산하고 영수증을 발행하여야 한다.

b) 사업자는 이용 요금에 대해 현금 또는 신용카드로 결제가 가능하도록 해야 한다.

c) 사업자는 이용자에게 게시된 가격 이상의 비용을 청구하거나 계약에서 정한 이용료 이외의 일체의 금품을 요구하지 않아야 한다.

5.13 고객 불만 및 분쟁 처리

a) 사업자는 분쟁 발생을 최소화하기 위해 고객 불만 요인을 파악하여야 하며, 재발 방지를 위한 예방 및 수정 조치를 수행하여야 한다.

b) 사업자는 분쟁 발생 시 계약 당사자 간의 협의에 의해 원만히 처리하도록 하며, 합의에 실패한 경우 소비자기본법 등에 따른 분쟁조정기구에 분쟁조정을 신청하거나 중재법 등에 따라 운영 중인 중재기관에 중재를 신청할 수 있다.

5.14 고객 만족도 평가

사업자는 서비스 수준을 향상시키기 위해 고객의 만족도 조사를 정기적으로 실시하고 실시 결과를 업무의 개선활동에 반영하여야 한다.

6. 거래 계약서

6.1 일반적인 사항

장례식장 서비스의 계약서에는 사업자와 이용자 사이의 서비스 이용에 관한 각종 계약 사항을 규정한다.

6.1.1 계약의 일반 조건

장례식장 서비스 사업자는 이 규격의 규정에 부합하는 조건에 의해 계약을 체결하여야 한다. 사업자는 거래 계약서상의 서비스 세부 비용 항목에 대한 계산서 및 영수증을 발행하여야 한다.

6.1.2 서비스에 영향을 미치는 관련 정보 제공

a) 사업자는 고객으로부터 서비스 수행과 성과에 영향을 미치는 제반 정보를 수집하기 위해 노력하여야 한다. 고객은 사업자의 요청에 따라 서비스와 관련한 제반 정보를 제공할 수 있다.

b) 사업자는 정보 제공의 오류 및 누락으로 인해 고객이 추가로 부담할 수도 있는 비용 및 책임에 관한 사항을 고객에게 알려주어야 한다.

6.1.3 계약 조건의 변경

고객이 계약 조건의 변경을 신청한 경우, 사업자는 업무에 지장이 없는 범위내에서 승낙하여야 한다.

6.2 거래 계약서 내용

a) 계약 기간, 계약 조건, 계약 해지, 계약 위반 책임 규정 등을 명기하고, 계약 당사자가 상호 서명하여야 한다.

b) 시설 이용료, 장례식장 서비스 품목, 수량, 가격 등이 포함되어야 한다.

장례식장 서비스 - 기반구조

(KS S 2021-3 : 2007) 한국산업규격

Funeral home servcces Infrastructure

산업자원부 기술표준원 (2007년 12월 5일 개정)

1. 적용범위

이 규격은 장례식장에서 사업자와 이용자 사이의 서비스 계약을 체결한 상업적인 서비스 및 장례식장 서비스의 기본 구조, 인력, 시설과 서비스 품질 유지 등과 같이 장례식장 서비스 사업자가 갖추어야 할 기반 구조에 대하여 적용한다.

2. 인용규격

다음에 나타내는 규격은 이 규격에 인용됨으로써 이 규격의 규정 일부를 구성한다. 이러한 인용규격은 그 최신판을 적용한다.

KS S 2021-1 장례식장 서비스 - 용어

KS S 2021-2 장례식장 서비스 - 프로세스

3. 기본 사업 체계

3.1 경영

장례식장 서비스 사업자는 체계적인 운영을 위한 경영 시스템을 갖추어야 한다.

a) 사업자는 사업 운영 및 관리상에 대한 책임 영역을 명확히 구분하여야 한다.

b) 사업자는 장례식장 서비스 사업과 계약 내용에 대한 모든 책임을 져야 한다.

c) 사업자는 장례식장 서비스 중에서 외주업체와 계약에 의해 제공하는 서비스에 대해서 관리 및 책임의 의무를 가져야 한다.

3.2 조직 구조

a) 사업자는 서비스 관리 부문, 경영 관리 부문 등으로 구분된 운영 조직과 인력을 갖추어야 한다.

b) 사업자는 장례식장 서비스 업무를 장례 상담, 시신 관리, 시설 관리, 협력사 관리, 식음료 관리, 총무 등으로 세분화하여 운영하여야 한다.

c) 사업자는 종사자에 대한 책임 보험(국민건강보험, 국민연금, 산재보험, 고용보험 등 4대 사회보험 포함)에 가입하여야 한다.

3.3 안전 관리

사업자는 이용자의 도단·화재 등의 사고에 대비하여 안전 관리에 대한 대책을 마련하여야 한다.

a) 사업자는 이용자의 안전사고 및 질병 감염 등을 위한 예방 조치를 하여야 한다.

b) 사업자는 이용자의 귀중품 도난, 분실 사고를 막기 위해 주의사항을 알려주고, 이용자가 원할 경우 귀중품을 보관하여야 한다.

c) 사업자는 이용자가 맡긴 귀중품을 파손 및 분실한 경우, 보관한 귀중품 가액에 상응하는 보상을 하여야 한다.

4. 인력 자원

4.1 기본 사항

a) 사업자는 양질의 서비스를 제공할 수 있는 전문 인력을 확보하여야 한다.

b) 사업자는 종사자에게 사진이 부착된 신분확인 카드를 발급하고, 업무를 수행할 때 착용하도록 하여야 한다.

c) 종사자는 정기건강검진을 통해 건강한 상태에서 서비스를 수행하여야 하며, 안치실과 염습실에서 업무 수행할 때에는 소독 처리된 마스크, 위생장갑, 가운 등을 착용하여야 한다.

4.2 직무 능력

a) 장례 상담 종사자는 장례 절차, 장례 방법, 서비스 내용 등을 정중한 예禮를 갖추어 친절하게 상담할 수 있는 전문적 지식을 갖추고, 거래 계약서 작성 능력을 갖추어야 한다.

b) 시신 관리 종사자는 시신 관리와 염습 서비스 등의 기본 직무와 안치실 및 염습실의 소독을 포함한 위생적인 업무에 충분한 능력을 갖추어야 한다.

c) 시설 관리 종사자는 장례식장의 시실 및 장비에 대한 전문적 지식과 유지 보수의 기술을 갖추어야 한다.

d) 협력사 관리 종사자는 협력사와 계약 사항에 관한 사항을 숙지하고 지도·

감독의 능력을 갖추어야 한다.

e) 식음료 관리 업무 종사자는 식음료 관리의 보건 위생에 관한 지식과 능력을 갖추어야 한다.

f) 총무 업무 종사자는 기획, 인사, 장례 비용 정산 등의 직무를 수행하며, 업무 전반을 총괄할 수 있는 능력을 갖추어야 한다.

5. 시설

5.1 기본 사항

a) 시설물 형태 및 내·외장재는 적정한 채광 및 조명 시설을 갖추고 경건한 분위기를 유지하여야 한다.

b) 시설물은 방습·방충·환기, 냉·난방 등 보건 위생상 위해 방지를 위한 안전 조치를 우선적으로 강구하여야 한다.

5.2 기본 시설

5.2.1 빈소

a) 빈소는 문상할 수 있는 충분한 공간을 확보하며, 종교 의식에 따른 제단과 필요한 시설물을 설치하여야 한다.

b) 빈소는 경건성을 확보하기 위해 음료와 음식을 대접하는 공간과는 분리·운영하여야 한다.

5.2.2 접객실

a) 접객실은 빈소와 일정한 거리를 두고 독립적인 장소에 설치하여야 한다.

b) 접객실은 문상객을 위한 식음료를 제공할 수 있는 식탁 등을 설치하여야 한다.

c) 접객실은 이용자의 편의를 위해 환기 시설 및 냉·난방 시설을 갖추어야 한다.

d) 접객실은 상주와 문상객, 문상객 사이의 원활한 의사소통 등, 의례儀禮의 공동체 결속 기능을 수행할 수 있는 시설과 환경을 갖추어야 한다.

5.2.3 안치실

a) 안치실 출입문에는 '질병 감염의 우려가 있으므로 출입을 금함'이라는 경고문을 부착하고, 출입이 허용된 종사자 이외에는 출입을 통제하여야 한다.

b) 안치실 내의 창문과 문에는 외부와 차단할 수 있는 장치를 설치하여야 한다.

c) 시신을 안치할 수 있는 냉장시설을 갖추어야 하며, 실내 공기 청정을 유지하기 위한 환기 시설 및 상 · 하수도 시설을 갖추어야 한다.

d) 안치실은 시신 처리 후 반드시 청소 및 소독을 실시하고, 이를 기록한 대장을 비치하여야 한다.

5.2.4 염습실

a) 염습실 출입문에는 '질병 감염의 우려가 있으므로 출입을 금함'이라는 경고문을 반드시 부착하여야 한다.

b) 염습실 내에는 스테인리스 등 내부식성 금속 물질로 만들어진 염습대를 설치하여야 한다.

c) 염습실 내에는 시신의 소독과 위생에 필요한 소독제를 구비하여야 한다.

d) 시신 보관 및 운송 시설, 염습대, 기타 장비 등은 수시로 소독하여야 한다.

e) 적출물, 감염성 오염 물질, 쓰레기 등은 반드시 지정된 용기에 보관 · 처리하여야 한다.

f) 적출물, 감염성 오염 물질은 반드시 허가받은 자에 의해 처리되도록 하여야 한다.

g) 염습실은 반드시 시신 처리 전후 청소 및 소독을 실시하고, 이를 기록한 대장을 비치하여야 한다.

5.2.5 유족참관실

유족이 경건한 분위기에서 참관할 수 있도록 유리 칸막이로 염습실과 분리된 공간을 설치하여야 한다.

5.2.6 장례용품 전시실

a) 장례용품 전시실은 이용자가 직접 장례용품 및 부대 용품을 비교·확인하여 선택할 수 있도록 운영하여야 한다.

b) 장례용품 및 부대 용품은 시신을 보호할 수 있는 모양과 재질·크기 등 적정 수준의 품질을 유지하여야 한다.

c) 장례용품은 합리적인 가격이 책정되어야 하고 가격, 품질 표시, 원산지 등을 명기하여야 한다.

d) 화장 또는 매장에 직접 사용되는 장례용품(관, 관보, 명정 등)은 친환경 제품을 구비하여야 한다.

5.3 관리 시설

a) 사업자는 장례 상담 등 장례식장 서비스 총괄 업무를 담당하는 관리 사무실을 설치하여야 한다.

b) 사무실은 환기가 잘되는 쾌적한 공간에 냉·난방 시설이 설치되어야 한다.

c) 사업자는 상담실이 별도로 없는 경우, 관리 사무실에 칸막이를 설치하여 상담 시 개인의 신분보장이 이루어지도록 한다.

5.4 부대 시설

5.4.1 휴게실

장례식장 서비스 이용자들이 대기하며 휴식을 취할 수 있는 공동 휴게실과 합리적 가격의 매점을 운영할 수 있다.

5.4.2 화장실

a) 장례식장 서비스 이용자를 감안하여 적절한 규모의 남·여 화장실을 설치하여

야 한다.

b) 화장실 내에는 세수와 세면을 위한 기본적인 도구와 시설을 갖추어야 한다.

5.4.3 준비실

사업자는 종사자의 감염 예방을 위해 염습 서비스 전후에 씻을 수 있는 시설을 설치하여야 한다.

5.4.4 주차 시설

장례식장 서비스 이용자들이 불편이 없도록 적정한 규모의 주차 시설을 갖추고, '주차장법'이 정한 주차 공간을 확보하여야 한다.

5.5 시설 관리 카드

장례식장 서비스 사업자는 사업 운영 및 관리 활동에 대한 관리 카드를 작성·보관하며 다음과 같은 사항을 포함한다.

a) 대표자 성명, 주민등록번호, 주소

b) 시설 업소명, 영업신고 일자, 주소, 건물에 대한 사항

c) 기본시설, 관리시설, 부대시설 등의 시설 현황

d) 기본시설, 관리시설, 부대시설 등의 관리 상황과 청소·소독의 실시 내용, 개·보수 사항

6. 교육 훈련

사업자는 장례식장 서비스 종사자의 서비스 직무 수행 능력을 향상시키기 위해 정기적인 교육 훈련을 실시하여야 한다.

6.1 교육 훈련 계획

a) 종사자는 직무 능력 향상을 위한 연간 교육 훈련 계획을 수립하여야 한다.

b) 신규 종사자는 현당 실무 교육을 실시하고, 기존 종사자는 보수 교육을 실시하여야 한다.

c) 교육 훈련 계획서와 교육 훈련 실시 기록은 일정한 기간 보관 · 유지하여야 한다.

6.2 교육 내용

종사자들의 직무 능력과 자질 향상을 위한 교육 훈련 내용은 다음 사항들을 포함한다.

a) 장례 관련 법 내용, 보건 위생에 관한 내용, 친절 서비스 및 서비스 환경 변화에 대한 내용 등

b) 종사자 직무별 서비스 향상 프로그램 내용과 안전사고 및 비상사고 발생에 대비한 내용 등

c) 종사자 교육 훈련 평가 및 효과에 대한 내용

7. 품질 시스템의 확립

7.1 품질 방침

사업자는 장례식장 서비스 향상과 양질의 서비스 품질유지를 위해 종사자들의 적극적인 참여와 협조를 꾀해야 한다. 장례식장 서비스 품질에 영향을 미치는 종사자들에게 책임과 의무를 직무별로 부여하도록 시스템을 갖추어야 한다.

7.2 품질 매뉴얼

사업자는 장례식장 서비스 부문별로 책임자의 업무가 명시된 매뉴얼을 작성하여 사용하여야 한다. 이 매뉴얼은 최소한 다음과 같은 사항을 포함하여야 한다.

a) 서비스 품질을 유지하기 위해 시설 설비 장비 및 유지 · 보수에 관한 사항

b) 시설 · 장비의 사용 승인에 관한 절차 및 내용에 관한 사항

c) 서비스 수행 시 발생될 수 있는 문제 예방 조치 및 시정 조치에 관한 사항

7.3 품질 관리 문서

관리 문서는 '장사등에관한법률'과 '장례식장 표준약관' 서식을 준용하여 다음 사항을 포함하여야 하고, 일정 기간(1년 이상) 보존 · 관리하여야 한다.

a) 장례식장 관리 운영 상황 보고

b) 장례 상담 일지

c) 염습 및 위생처리 관리 대장

d) 장례식장 시설 관리 대장

e) 거래 계약서 및 명세서, 영수증 사본

f) 사망 진단서 및 시신 인도증 사본

g) 종사자 교육 훈련 기록 사본

h) 장례식장 영업 실적 관리 대장

I) 불만처리 개선 대책

7.4 불만 처리

이용자의 불만 처리 창구를 운영하며, 불만과 분쟁은 신속히 처리한다. 이용자의 불만 유형과 빈도를 기록 · 분석하여 사전 예방 조치를 체계를 갖추어야 한다.

a) 사업자는 서비스 이용에 대한 불만 처리 창구를 일정한 장소에 설치 · 운영하여야 한다.

b) 사업자는 불만 및 피해 구제에 대한 처리 결과는 일정 기간 이내에 민원인에게 등기 우편, 전화, 또는 전자통신으로 통보하여야 한다.

c) 불만 사항 접수와 결과에 대한 문서는 담당자를 명기하고 보관하여야 한다.

7.5 평가 체계

a) 사업자는 이용자의 서비스 만족 여부 측정을 통한 서비스 평가할 수 있는

평가 체계를 갖추어야 한다.

b) 서비스 평가 결과에 대한 반영 여부를 명시하여 공개하여야 한다.

c) 합리적이고 객관적인 평가 기준은 다음 사항들이 평가 항목에 포함되어야 한다.

- 종사자의 서비스 자세, 직무능력, 전문성에 관한 사항
- 시신 처리 시설과 장비의 소독, 시신관리의 보건 위생 상태
- 장례용품 및 부대 용품 제공의 충성도
- 식음료, 접객 시설 및 기타 편의 시설의 이용 만족도
- 인력 · 시설 · 장비의 활용도
- 시설 이용료 및 장례용품의 가격 만족도
- 이용자의 불만 사항과 처리 결과에 대한 평가

참고문헌

『家禮』.

『家禮輯覽』.

『國朝五禮儀』.

『論語』.

『四禮便覽』.

『三國志』.

『三國史記』.

『北史』.

『喪禮備要』.

『禮記』.

『魏志』.

『朱書』.

국사편찬위원회, 『상장례, 삶과 죽음의 방정식』, 두산동아, 2005.

김시덕, 「누구를 위한 의례인가?」, 민속학연구 7호, 민속박물관, 2000.

______, 「한국 유교식 상례의 연구」, 고려대학교 박사학위논문, 2007.

박태호, 『장례의 역사』 서해문집, 2006. p.49.

이병찬, 『표준 상장제 의례』, 효사랑, 2009.

이철영, 『상제례의 정신』, 효사랑, 2008.

임민혁, 『주자가례』, 예문서원, 2003.

임재해, 『전통상례』, 대원사, 1990.

유교학술원, 『국역 주자가례』, 2005.

장철수, 『옛무덤의 사회사』, 웅진, 1995.

______, 『한국전통사회의 관혼상제』, 한국정신문화연구소, 1984.

정종수, 「조선 초기 상장의례 연구」, 중앙대학교 박사학위논문, 1994.

✤ 편집인

김갑석 창원문성대학 장례복지과 외래교수

김영목 대전보건대학 장례지도과 외래교수

박원진 을지대학교 보건산업대학 장례지도학과 외래교수

조희욱 서라벌대학 장례서비스경영과 초빙전임교수

상장의례의 이론과 실무

발　　행 2011년 3월 3일 초판발행

편　　저 김갑섭 · 김영목 · 박원진 · 조희욱

발 행 인 윤 진 영

발 행 소 도서출판 대학서림

110-530

주　　소 서울시 종로구 혜화동 78-2

대표전화 (02)763-1220, (02)745-1220

팩　　스 (02)744-1210

등　　록 1965. 1. 20

번　　호 1-88

http://www.daihaks.co.kr

ISBN 978-89-8016-859-0 93380

정가 / 15,000원